자산투자의 이해

유승동

박영사

들어가며

저자는 다년간 금융시장에서 종사하고 경영대학의 박사과정에 입학하였다. 당시 미국의 부동산금융 시장에서 촉발된 세계 경제위기가 발생하였고, 이로 인하여 가계금융과 관련된 연구가 전 세계적으로 폭발적으로 확대되었다. 저자의 경우 생산자의 금융투자 전략, 구체적으로 부동산 시장에서 개발금융 전략을 연구하였다.

학계에 입문한 이후 대학(원)생, 산업계 종사자, (해외) 공무원 등 다양한 계층을 교육할 기회가 있었다. 특히 상명대학교에서는 금융, 경제, 부동산, 보험 등 여러 분야에 서로 다른 약 20개의 교과목을 강의할 기회가 있었다. 이와 같이 귀중한 경험을 통하여 대부분 교육자료는 기업을 중심으로 진행되고 있다는 것을 인식하게 되었다.

자산시장에서 최근 활발하게 언급되고 있는 '영끌' 혹은 '하우스 푸어' 등 단어들의 출현과 관련된 다양한 논의들은 자산시장 일반 참여자들에게 적절한 교육이 필요하다는 시사점을 제공한다. 자산시장에 노출되지 않았던 독자들 혹은 자산시장에 입문하였지만 전문지식이 미약한 투자자들이 기본 원리와 원칙을 공부할 자료가 필요한 것이다. 결국 자산투자에 대한 전문지식을 손쉽게 학습할 수단이 필요하다는 것이다.

하지만 사실 저자는 책을 집필할 시간이, 아니 용기가 충분하지 않았다. 다행히 2020－2021년 UBC Centre for Urban Economics and Real Estate에 방문교수로 연구에 집중할 수 있는 기회로 초고를 만들었다. 그리고 동 초고는 한국연구재단에서 진행하는 "산학협력 선도대학(LINC＋) 육성사업"의 지원도 받았다. 그러나 이를 대폭 개선하여 책으로 출간하는 것을 여전히 주저하고 있었다. 한 해가 지나서 2022년 어느날, 책을 출간하면서 부족한 점을 개선할 수 있다는 박영사의 새로운 제안에 새로운 책을 출간할 작업에 용기를 갖게 되었다.

저자는 그 동안 자산투자와 금융전략 관련 다수의 연구, 논문발표를 진행하였다. 그리고 다양한 기관들을 대상으로 관련 자문도 진행하였다. 중앙부처(기획재정부, 국토교통부, 보건복지부, 국방부, 과학기술정보통신부, 한국은행 등), 공기업(국민연금공단, 주택도시보증공사, 토지주택공사, 부동산원, 대한적십자사, 콘텐츠진흥원, 주택금융공사 등), 연구원(한국개발연구원, 국토연구원, 서울연구원, 경기연구원, 지방행정연구원, 부동산연구원 등), 협회/재단(감정평가사협회, 개인정보보호위원회, 서민주택금융재단 등)과 다수의 금융기관이 있다. 그리고 국제연합(UN)과 여러 나라의 정부(필리핀, 베트남, 그리고 캄보디아)를 대상으로 국제 컨설팅도 진행하였다. 관련 자문주제는 주식, 파생상품, 그리고 부동산을 포함한 대체자산에 대한 투자전략과 금융상품 개발, 가치평가, 연기금 운영, 그리고 보험과 위험관리 등을 포함한다. 이와 같은 과정에서 관련 분야 종사자들에게도 기본 지식에 대한 보완이 필요함도 인식하게 되었다.

이 책을 집필하는 기본 목적은 대학생, 초보 투자자, 관련 업계에서 경력을 쌓기 시작한 신입에게도 도움이 될 수 있는 지식을 평이한 언어로 설명하는 것이다. 그리고 이들이 향후 합리적인 의사결정을 진행할 수 있도록 지원하는 것이다. 기본 개념을 직관적으로 설명하려고 노력하였고, 수익만을 강조하는 기존 자료들과 차별적으로 위험관리와 가치평가의 중요성을 부각하였다. 무엇보다 복잡한 수식의 활용을 최소화하고, 일상 생활과 연관되어 전문지식을 설명하려고 노력하였다. 최근 유행하는 온라인 자료나 동영상은 대부분 개인 경험에 근거하여 발생한 현상을 중심으로 설명한다. 이를 통하여 일부는 관련 지식을 잘못 이해할 가능성도 있다. 따라서 자산시장에 투자와 관련된 개념을 정확히 전달하도록 노력하였다.

책의 출간은 저자의 주변 많은 지인의 관심과 지원으로 가능하였다. 저자의 가족은 저자와 같이 보낼 수 있는 시간을 희생해 주었다. 저자의 학술활동과 연구를 지원해준 많은 학계, 산업계, 그리고 이와 같은 과정에 우정을 맺은 선후배 그리고 동료들이 있다. 동시에 앞의 언급한 기관에서 저자에게 중요한 주제를 연구할 기회를 제공해 주신 전문가 분들에게도 깊이 감사를 드린다. 특히 본

책의 발간에 동의해주신 박영사의 대표님과 원고의 편집과 교정을 담당해 주신 선생님들께도 감사를 전한다.

2023년 1월
유승동

목 차

시간가치와 시간가치의 활용

PART 03

자산의 가치평가

PART 04

리스크와 리스크관리

PART 01

자산과 자산시장

CHAPTER

자산투자의 이해

CHAPTER 01

자산의 정의와 유형

○ ● ○

　사람들은 현재와 더불어 내일 그리고 미래에 대한 고민을 한다. 지금의 의사결정은 현재의 만족감 일명 효용만을 위한 것은 아니며, 사람들은 앞으로 전개될 미래와 더불어 현재 효용을 동시에 고려한 의사결정을 한다. 그러나 앞으로 전개될 미래는 애석하게도 현재에 정확히 알 수 없는, 즉 우리는 미래가 불확실한 상황에 직면하고 있다. 따라서 현재를 살아가고 있는 합리적인 사람은 당연히 불확실한 미래를 고려한 의사결정을 진행한다.

　불확실한 상황에서 합리적인 사람은 현재에 누릴 수 있는 효용의 일정 부분을 희생하고 미래에 대한 경제적 혜택을 위하여 자산을 축적한다. 사실 영구적으로 사는 사람은 없으며, 동시에 사회에 무한히 노동력을 제공할 수는 없는 상황이다. 인생에서 노동력 제공이 제한적인 상황에 직면할 수 있는 것이다. 노동활동이 어려운 상황에 직면하는 것을 알고 있는 사람들은 당연히 자산 보유가 불가피하다는 것을 인정할 수밖에 없다. 특히 노동소득으로 노후의 삶을 보장받을 수 없다는 불확실성에 대비하기 위하여 사람들은 향후 경제적 혜택을 향유할 수 있는 자산에 관심을 갖게 되는 것이다. 결국 미래에 경제적 혜택이 지속되기를 희망하는 동시에 이와 연관된 다양한 위험, 다시 말해 리스크(risks)의 관리가 필요한 것이다.

　본 장에서는 불확실한 상황을 대비하기 위한 출발로 자산과 관련된 다양한 개념을 살펴본다. 자산의 정의, 자산과 연관된 개념 그리고 자산의 유형을 이해하고, 이를 통하여 미래를 대비하기 위한 첫 발걸음을 내디딘다.

1. 자산의 정의와 특성

자산이란 광의의 개념으로 경제적 혜택(economic benefits)이라고 정의된다. 경제적 혜택은 현재와 더불어 미래와도 연관되어 있다. 하지만 현재시점에서 향후 발생할 경제적 혜택을 예상하는 것은 쉽지 않은 일이다.

현재 시점에 미래에 대한 완전한 정보(complete information) 조합을 보유하고 있더라도, 지금 예측한 (미래) 경제적 혜택이 반드시 실현되는 것은 아니다. 과거 예측한 혜택이 현재에 실현되었다고 하더라도, 실현된 혜택의 절대 크기는 과거에 예상한 규모와 다를 수도 있다.

미래에 혜택과 관련하여 어떤 상황(state[1])이 발생할 가능성, 즉 확률(probability) 과 현실화된 경우 이로 인한 혜택, 즉 가치(value)의 크기가 중요하다. 여기서 가치란 예상되는 혜택의 기대(anticipation of benefits)이며, 가치는 시점에 따라 변화할 수 있고 사람들에 따라 그 의미가 다르게 해석될 수 있다.[2]

자산에 대한 학습과 연구에 있어서 현재에도 변화하고 있는 시간에 대한 이해는 필수적이다. 사건 혹은 (경제 주체의) 의사결정으로 인하여 발생하는 (현재 그리고 미래의) 경제적 혜택의 정확한 내용과 규모를 예측하는 것은 단순한 작업은 아니다. 자산은 시간의 연속선상에서 현재보다는 미래와 더욱 강한 연관관계가 있다는 것을 이해할 필요가 있다.

자산에 대한 협의의 정의로 회계기준에 따르면 자산은 미래 직간접적 (경제적) 혜택을 창출할 것으로 기대되는 (경제 주체가 소유 또는 통제하고 있는) 자원이다. 앞에서 이미 정의한 자산의 정의보다 회계기준에서는 매우 제한적으로 자산을 정의하고 있다. 참고로 국가회계기준에서 자산은 "직접적 또는 간접적으로 경제적 효익을 창출하거나 창출에 기여할 가능성이 매우 높다"고 한다. 한국회계기준원에서는 자산을 "과거의 거래나 사건의 결과로서 직접 또는 간접적으로 (기업 실체의) 미래에 경제적 효익을 창출할 것으로 기대되는 자원"이라고 정의한다.[3] 국가회계기준에서도 "과거의 거래나 사건의 결과로 현재 국가회계

---

1 실현된 혜택이 발생하는 시점과 장소도 중요한 주제이기는 하다.
2 가치란 주체 그리고 가치측정을 위하여 목적이 중요하다. 자세한 설명은 유승동(2021) 그리고 제9장을 참조할 수 있다.
3 이는 미국의 재무회계기준심의위원회(Financial Accounting Standard Board)에서 1985년 정

실체가 소유(실질적으로 소유하는 경우를 포함한다) 또는 통제하고 있는 자원으로서, 미래에 공공서비스를 제공할 수 있거나 직접 또는 간접적으로 경제적 효익을 창출하거나 창출에 기여할 것으로 기대되는 자원"이다.

시장에서는 회계학에서 정의한 자산의 범위가 자주 언급되고 있다. 회계학에서는 자산을 '과거에 발생한 거래나 사건' 그리고 '자원'이라는 관점에서 그 범위를 제한한다. 이것은 경제 주체가 자산을 소유하거나 자산에 대한 영향력을 행사하기 위해서는 (과거 또는 현재의) 거래나 사건의 필요성을 고려한 것이다. 이는 다양한 회계적 주체에 대한 고려와 더불어 실제적인 소유나 영향력이 없이 회계적 규율에 부합하는 인식이 어려울 수 있기 때문일 것이다.

자원의 경우 시대와 장소 그리고 환경과 상황에 따라 변화하며, 경제 주체에게 어떤 목적을 이루는데 활용할 수 있는 자원이 그 외 다른 경제 주체에게는 동일한 자원으로 역할을 수행할 수 있다고 평가할 수 있는 것은 아니다. 개별 경제 주체가 어떤 목적을 달성하는데 도움이 되지 않는 자원을 회계적으로 인식하고, 동 자원을 관리할 필요가 있지는 않을 것이다. 따라서 회계적인 측면에서 자원을 자산으로 인식하지 않는다고, 그 자원이 반드시 자산이 아니라고 단정할 수는 없다.

따라서 자산의 실질적 범위는 회계학적 자산의 범위보다는 넓다. 그리고 실체가 있는 자원과 더불어 실체를 정의하기 어려운 자원도 경제적 혜택을 제공하는 경우도 있다. 물론 가치로 인식 혹은 인정(recognition)하기 위해서는 실재하는 유형(tangible)의 근거가 있는 것이 바람직하다. 최근 기술의 발전으로 무형(non-tangible) 자산의 중요성도 높아지고, 그 규모도 증대되고 있다는 것을 고려할 필요가 있다.

경제적 혜택의 경우 시간, 장소, 그리고 환경에 따라 변화한다. 동시에 그 혜택에 대한 당사자의 인식과 선호가 변화할 수 있고, 그 규모를 측정하는 방식도 바뀔 수 있다. 흔히 자산은 "그 가액을 신뢰성 있게 측정할 수 있을 때에 인식" 한

의한 자산의 개념과 유사하다. 동 위원회에서는 자산이란 과거의 거래 혹은 이벤트로 특정 실체가 획득하거나 통제할 수 있게 된 미래 경제적 혜택("probable future economic benefits obtained or controlled by a particular entity as a result of past transactions or events") 이라고 정의한다.

다. "역사적, 자연적, 문화적, 교육적 및 예술적으로 중요한 가치를 갖는 자산"을 유산자산으로 인식하고 있지만, 이는 국가회계기준에 고려하는 자산으로 인식하고 있지 않다. 자산의 규모는 일반적으로 금전, 즉 화폐의 단위로 전환한 금액인 가액으로 표현하기도 하지만, 항상 가액으로 표현할 수 있는 것은 아니다.

2. 자산으로 인식(recognition)

개별 경제 주체가 자산으로 인식하기 위해서는 세 가지 중요한 요소가 고려되어야 한다. 첫 번째로 혜택은 미래와 연관되어 있다. 미래에 혜택은 현재 확실한 것과 더불어 현재 시점에 미래에 발생할 것으로 기대되는 경우를 포함한다. 동시에 이와 같은 미래의 혜택은 직접적일 수도 있지만 동시에 간접적일 수도 있다. 과거에 혜택이 발생하였지만, 현재와 미래에 혜택을 창출하지 못하는 자원은 자산으로 보기는 어려울 것이다. 그리고 현재에 중요한 자원으로 인식하지 않던 자산이 경제적, 사회적, 그리고 문화적 변화로 인하여 미래에는 자산으로 인식될 수 있다.

사례

러시아 제국은 점령하고 있던 알래스카(Alaska) 지역을 1867년에 미국에게 매각하였다. 미국에서는 알래스카의 매입에 대한 내부 여론이 극히 호의적이지 않았음에도 불구하고, 당시 미국은 미화 720만 달러에 매입하는 결정을 한다. 이에 따라 알래스카는 미국의 49번째 주(state)가 되었다.

조사사항

1) 당시 러시아 제국의 정치적, 군사적, 그리고 경제적 상황과 알래스카 매각에 대한 러시아의 시각을 조사하시오.
2) 알래스카 매입에 대한 미국의 여론을 조사하고, 이와 같은 여론이 조성된 이유를 설명하시오.
3) 알래스카 매각의 과정을 설명하시오.
4) 미국과 러시아 제국의 알래스카 거래에 대한 경제적, 사회적, 그리고 문화적 의미를 오늘날의 시각으로 정리하시오.

두 번째로 경제 주체 혹은 특정한 실체가 자산을 소유하고 있거나 통제할수 있어야 한다. 예를 들어 기업회계기준에서는 기업이며, 국가회계기준에서는국가이다. 경제 주체가 소유한 자산의 경우 해당 자산을 소유하거나 통제할 수있는 권리가 주어지는 경우가 일반적이다. 물론 소유권과 통제권이 서로 다른경제 주체에게 분리된 경우도 있다. 일부 무형자산(예를 들어 특허와 디자인, 상표등)은 법률적 권리가 보장되어 자산으로 인정될 수 있지만, 법적인 권리가 있어도 통제가 현실적으로 불가능한 경우도 있다.

사례

해외에서는 부동산을 99년 동안 임대차 계약을 체결하는 사례가 빈번하다.

조사사항

1) 해외에서 99년 임대차 계약을 진행한 사례를 조사하시오.
2) 99년 임대차 계약이 이루어지는 의미를 조사하시오.
3) 99년 임대차 계약이 종료된 이후 분쟁사례를 조사하시오.

마지막으로 과거 발생한 거래나 사건의 결과로 혜택이 기대되어야 한다. 자산에서 기대되는 미래의 혜택은 대부분 현재 혹은 과거의 거래나 사건의 결과로 이루어진다. 동시에 거래나 사건은 일반적으로 비용이 소요되어, 이는 경제주체가 비용과 편익을 동시에 고려한 의사결정이 진행된 경우가 대다수이다. 따라서 자산은 투자와 밀접한 관련이 있다.

앞에서 언급한 것처럼 일부 자산, 예를 들어 천연자원의 경우 반드시 경제주체의 거래나 연관된 사건의 결과가 아닐 수도 있다. 천연자원 등은 경제 주체가 직접적으로 관련되지 않는 사건으로 자원이 자연적으로 생성될 수도 있다. 여기에서 주의가 필요한 사항은 해당 자원을 개별 경제 주체가 소유 혹은 통제하기 위해서는, 해당 경제 주체가 관련된 어떤 거래나 사건이 필요하다.

자산은 화폐단위로 가액을 전환하고 이를 회계기준 등을 통하여 측정과 인식한다면 자산의 관리에도 도움이 될 수 있다. 하지만 일부 자산의 경우 화폐단위로 표시하기 어려울 수도 있다. 그리고 거래되는 시장이 없어 일반적으로 가액으로 표현되는 가치는 추정하기 어려운 경우도 있다.

3. 경제적 혜택

사회적 혜택(social benefits)과 비교하여 경제적 혜택의 범위는 제한적일 수 있다. 즉 사회적 혜택을 유발하는 일부 요인들은 경제적인 혜택으로 연결되지 않을 수도 있다. 예를 들어 사회적으로 긍정적 유발효과가 있는 문화자산이 실제 개인 또는 사회적 자산으로 인정받지 못하는 경우도 있다. 개인과 개인의 집합으로 사회의 웰빙(well-being)의 확대도 사회적 혜택으로 이해할 수 있지만, 이를 경제적인 혜택으로 인정하고 측정하는 것은 쉽지 않은 일이다.

경제적 혜택이란 재화와 용역을 소비 혹은 생산하기 위하여 각각 소비자 혹은 생산자가 실제 지출로 측정이 가능한 경우를 의미하는 경향이 있다.[4] 참고로 단순한 경제체계에서 경제 주체는 소비자와 생산자가 있다. 소비자는 재화와 서비스를 소비하는 주체로 가계이며, 생산자는 재화를 생산하여 소비자에게 판매하는 기업이다. 그리고 생산자와 소비자로 구성된 시장의 원활한 운영을 지원하는 정부를 고려하는 경우도 있다. 그리고 이미 앞서 살펴본 회계기준에서는 경제적 혜택의 경우 신뢰성 있는 가액에 대한 측정이 가능한 것을 고려하고 있다.

본 도서에서 자산이란 사회적 혜택보다는 경제적 혜택에 초점을 맞추고 있으며, 그리고 측정할 수 있는 경제적 혜택을 중심으로 논의한다. 여기에서 측정할 수 있는 것이란 어떤 자산이 혜택이 있다는 사실 자체, 그리고 그 혜택을 측정할 수 있으며 그리고 혜택의 크기를 가액 혹은 다른 단위로 표현할 수 있다는 것은 서로 다른 논의란 것을 참고할 필요가 있다. 가계가 미래에 발생하는 경제적 혜택을 창출하는 방식은 크게 두 가지 방식, 즉 노동에 대한 보상 그리고 자산에 대한 투자이다. 이미 언급한 것처럼 개인이 노동소득을 영구적으로 창출할 수 있다면 자산투자의 필요성이 대두되지 않을 수도 있다.

---

4 소비 혹은 사용을 통하여 효용을 증가시킬 수 있는 재화(goods)와 용역 혹은 서비스(services)의 생산에 활용된 자산을 자본(capital)이라고 지칭한다. 따라서 자산은 포괄적 의미에서 재화를 포함하지만, 재화가 항상 자산으로 간주되는 것은 아니다.

과거 우리나라 사회에서는 대가족 제도를 통하여 개별 가계에서 세대에 거친 노동력 제공과 이에 대한 보상으로 한 가족에서 여러 세대가 경제적 혜택을 유지할 수 있었다. 다른 사례로 자산투자가 불가능한 일부 국가에서 가축 등의 자산을 통하여 경제적 혜택을 추구하는 경우도 있다. 물론 자산시장에 대한 접근이 용이한 국가에서 예를 들어 가축을 자산으로 인식하고 있지만, 이와 같은 경우는 자산시장에 접근이 제한된 후진국과는 다소 다른 환경을 형성하고 있다.[5]

미래에 대한 불확실성에 직면한 가계의 경우 사회와 경제적 상황에 맞추어 경제적 혜택이 지속될 수 있는 방안이 필요하다. 따라서 가계가 안정적인 경제의 혜택을 유지할 수 있는 자산투자는 불가피하다. 일부에서는 부동산 등 특정 자산에 대한 투자를 통하여 창출하는 경제적 혜택은 노동을 통한 소득이 아니므로, 그 생산된 혜택이 정당하지 않다는 의견도 있다. 자산소득은 불로소득으로 간주하는 사회환경을 예로 생각해 볼 수 있다.

투자는 항상 긍정적인 혜택만으로 이어진다고 볼 수는 없으며, 시장 상황에 따라 손해로 이어질 수도 있다. 그리고 투자자산에 대한 운영과 관리에 비용이 소요된다. 투자 철학과 목표를 설정하고, 자산 전략을 수립하고, 투자자산을 탐색하고 선택하며, 투자집행을 하고 모니터링을 진행하는 과정에는 다양한 노력과 더불어 시간 등 비용이 수반된다. 물론 투자에 있어 손해를 예상하거나, 또는 관리 및 유지에 과다하게 비용이 지출될 것을 알고도 투자를 진행하는 경우는 거의 없다.

따라서 자산투자에 대한 부정적 시각 특히 자산투자는 불로소득, 즉 노동이 없이 획득한 소득이라는 견해는 균형된 시각으로 조정될 필요가 있다. 이는 자산투자에는 비용이 소요되며, 불확실성 상황하에서 미래에 대한 예측을 기반으로 의사결정이 진행된다는 것에 대한 고려도 필요하다.[6] 미래에 수익이 확실히 보장되고 시장에서 투자자의 경쟁이 증가한다면 확실한 수익은 사라지게 될 것이다. 그렇지 않고 일부의 자산에서 항상 확실한 수익이 창출된다면, 이는 시스

---

[5] 자산운영전략 측면에서 자산포트폴리오로 가축이 있는 경우와 미래를 대비하는 자산으로 가축만이 있는 경우는 다른 상황이다.

[6] 우리나라에서 부동산시장 등의 경우 시장의 구조와 체계 그리고 다양한 자산군 가운데 선택에 대한 이슈에 대한 논의도 필요하다.

템적인 문제를 야기할 것이다.

4. 자산의 유형과 분류

자산에 대한 기존 관심은 유형자산 가운데 실물자산(physical asset)에 집중되었다. 산업 구조의 변화에 따라 금융자산(financial asset)과 인적자산(human asset)이 조명을 받았고, 최근에는 다양한 문화자산(cultural asset) 그리고 정보기술의 발전으로 정보자산(information asset), 지적자산(intellectual property)과 같은 무형자산(intangible asset)이 주목을 받고 있다. 정보자산 혹은 지적자산은 인터넷을 필두로 기술의 발전으로 그 중요성이 더욱 강조되고 있으며, 가상자산(virtual asset)은 향후 자산시장의 새로운 변화를 도모할 것으로 시장에서 기대하고 있다. 즉 사회, 경제, 그리고 기술과 제도의 환경변화로 새로운 자산이 등장할 것이며, 자산시장에서 주목을 받는 자산의 유형은 변화할 것으로 기대된다.

사례[7]

지구로부터 40광년 떨어진 우주공간에는 지구 지름의 2배인 행성의 1/3이 다이아몬드로 이루어졌다고 한다.

질의

1) 다이아몬드 행성은 자산인지 논의하시오.
2) 자산으로 볼 수 있다면, 다이아몬드 행성은 누구의 자산인지 논의하시오. 즉 만일 다이아몬드 행성을 한국으로 가져온다면, 이는 누구 (우주, 공공, 개인)의 자산인지 논의하시오.

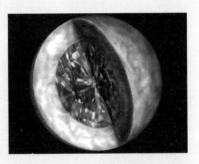

다이아몬드 행성도의 상상도
자료: https://www.mk.co.kr/news/
economy/view/2012/12/807315/

---

7 매일경제(2012년 12월 5일): 다이아몬드로 꽉 찬 보물별이 있다.

자산은 다양한 기준으로 분류되고 있다. 그리고 자산시장에서 많은 자산들이 활발하게 거래되지만, 천연자원 그리고 문화자산 등은 거래가 거의 없는 경우도 있다.

1) 유형자산과 무형자산

물리적 실체를 기준으로 물리적 실체가 있는 자산은 유형자산, 물리적 실제가 없는 자산은 무형자산이다. 단순하게 유형자산은 손으로 만질 수 있는 자산이라고 간주할 수도 있다.

a) 유형자산

유형자산은 실물자산 그리고 천연자원이 있다. 실물자산이란 토지, 건물, 구축물, 기계, 공장, 재고 등이다. 천연자원은 자연에서 있는 자산으로 경제적 생산 혹은 소비에 활용될 수 있다. OECD에서는 천연자원을 광산 혹은 에너지 자원(mineral and energy resource), 토양자원(soil resource), 수자원(water resource) 그리고 생물자원(biological resource)으로 구분한다.

사람이 사용하여 없어지는 천연자원이 있으며, 그렇지 않은 경우도 있다. 해수, 강수(우수), 지하수, 그리고 지표수 등 수자원 가운데 마실 수 있는 물의 경우 과거에는 인간의 소비로 줄어들지 않을 것이란 생각도 있었다. 하지만 인간의 무분별한 소비와 하천과 지하수의 오염 등으로 이와 같은 생각은 변화하였다. 마실 수 있는 물의 양은 급격하게 감소하였고, 우리나라도 물이 부족한 국가로 분류되고 있다.[8] 따라서 최근에는 마실 물은 희소한 자원으로 간주되며, 귀중한 자산으로 인식되고 있다.

사례

OECD에서는 물 부족국가를 발표하고 있다. 이를 조사한 이후 논의하시오.
1) 우리나라는 물 부족국가인가?

---

[8] '물부족 국가'의 다양한 의미를 통해 본 우리나라 수명의 원고를 참고하기 바란다(http://koreascience.kr/article/JAKO200445178882585.pdf, 2022년 10월 19일).

2) 물 부족국가라면 우리나라에서는 물 부족을 체감하지 못하는 이유는 무엇일까?
3) 우리나라 국토에서 있는 물은 자산인지 논의하시오.

b) 무형자산

물리적인 실체가 없지만 경제적 혜택을 창출하는 무형자산에 대한 관심이 높다. 무형자산의 대표적 예로 기업의 입지조건, 노하우, 브랜드 등을 활용하여 초과이익을 창출할 수 있는 영업권(goodwill)이 있다. 기업의 이름 혹은 브랜드와 노하우를 다른 기업이 이용할 수 있는 프랜차이즈 계약(franchise agreement)도 있다. 기술이나 아이디어를 배타적으로 이용할 수 있는 권리인 특허권(patent)과 감정이나 생각을 표현한 창작물을 보호하는 저작권(copyright)도 있으며, R&D, 허가, 라이센스(license), 음악, 계약 등이 있다. 이와 같은 무형자산은 경제환경의 변화에 따라 그 유형과 시장 규모는 더욱 확대되고 있다.

사례

최근에 유튜브(youtube) 등 플랫폼에 자신의 영상자료를 올려놓고, 영상자료를 통하여 수익을 창출하는 창작자가 많다. 유튜버(youtuber)란 신조어도 널리 활용되고 있다. 오른쪽 그림은 먹방 BJ의 화면이다. 쯔양은 먹방으로 한달 수입이 1억이 넘는 것으로 일부 대중매체에서 추정한다.

쯔양 유튜브 화면
자료: youtube 쯔양 먹방

질의

1. 유튜브 플랫폼이 쯔양에게 수입을 제공하는 비즈니스 모델은 무엇인가?
2. 쯔양의 유튜브 동영상이 무형자산이 될 수 있는지 논의하시오.
3. 유튜브 이외에 다른 창작자가 자신의 창작물을 올리는 플랫폼을 조사하고, 차이점을 설명하시오.

2) 금융자산과 비금융자산

금융(finance)이란 (경제) 주체들 사이에서 자금을 융통하는 것이며, 금융의 측면에서 자산은 금융자산과 비금융자산으로 구분된다. 금융자산(financial asset)이란 자금 융통에 있어서 한 주체에게 발생한 자산을 지칭하고, 다른 상대방에게는 부채(debt) 혹은 자본(equity)이 될 수도 있다. 부채와 자본은 서로 다른 특성을 가진 자산이다. 부채를 표시하는 증서인 채권과 자본을 표시하는 증서인 주식에 대하여 각각 제11장과 제12장에서 살펴본다. 그리고 금융자산이 아닌 자산은 비금융자산이다.

부채와 자본뿐만 아니라 화폐(money), 파생상품(derivative) 그리고 이들의 조합으로 구성된 상품도 금융자산이다. 부채란 과거의 거래나 사건의 결과로서 직접 또는 간접적으로 미래에 자원의 유출 혹은 사용이 예상되는 의무이다. 그리고 자본은 자산에서 부채를 제외한 부분으로 잔여 자산 청구권(residual claim)이며, 14장에서 살펴볼 파생상품이란 기초자산(underlying asset)의 가치에 근거한 파생된 계약 또는 증서이다.

자산은 소비 혹은 사용을 통하여 효용을 증가시킬 수 있는 재화(goods)와 용역 혹은 서비스(service)의 생산에 활용된 자산을 자본(capital)으로 지칭하기도 한다. 따라서 자산은 포괄적 의미에서 재화를 포함하지만, 재화가 항상 자산이 되는 것은 아니다. 예를 들어 소비 재화가 자산이라고 할 수는 없다.

사례

영업권(goodwill)이란 것이 있다. 영업권이란 회계에서는 "특정기업이 동종의 타기업에 비하여 더 많은 초과이익을 낼 수 있는 능력을 자본화한 가치"를 지칭한다.

만일 한 사업가가 대학 앞에서 매일 같이 아이스크림 가판대를 설치하고 아이스크림을 판매하였다고 하자. 이로 인하여 아이스크림 가판대 사장님은 자주 방문하는 대학생들 고객들과 원활한 관계를 유지하여 단골손님도 생겼다.

단골손님과의 친근한 관계는 아이스크림 사장님이 아이스크림을 많이 팔 수 있으므로 자산으로 정의할 수 있다. 이와 같은 아이스크림의 판매에 대한 영업권을 다른 사업가에게 판매할 수도 있을 것이다.

유사한 개념으로 상가에서 임차인이 영업활동이나 투자로 인하여 형성된 신용 및 지명도 그리고 상권 등을 영업권과 차별적으로 권리금이라고 지칭한다.

3) 인적자산(자본)과 문화자산

인적자산(자본 혹은 자원)은 사람의 능력, 지식과 자질, 그리고 전문성과 능력 등이다. 인적자산은 사회 또는 경제의 목표 달성과 경제적 성과에 지대한 영향을 미친다. 인적자산은 사람의 초기 능력(early ability), 교육을 통한 지식과 자질(knowledge and qualification), 직업을 통한 전문성과 능력(expertise and competences)으로 축적된다(Blundell et al., 1999). 개인의 초기 능력은 선천적일 수도 있고, 가정 교육 그리고 직간접적 경험을 통하여 습득될 수도 있다.

인적자산은 무형자산(intangible asset)으로 분류되며, 그 속성상 개별 사회 또는 경제가 소유하고 있는 인적자산의 규모를 정확히 측정하기는 어렵다. 개인의 인적자산 크기를 정확히 측정하기는 쉽지 않은 일이다. 하지만 다른 자산과 마찬가지로 인적자산에도 전략적 투자를 통하여 그 규모를 확대할 수 있다. 따라서 전 세계 대부분의 국가는 그 나라 국민이 보유한 인적자산의 확대를 위하여 여러 가지 교육제도를 운영한다.

문화자산이란 사회에서 (세대에 거쳐) 형성한 인간의 사회적 그리고 문화적 성과이다. 문화자산은 유형자산 혹은 무형자산인 경우도 있다. 역사적 건물과 예술 작품 등의 유형자산은 실물자산이다. 반면 언어, 사회 유산, 예술, 지식 등은 무형자산이다.

문화자산 가운데 일부는 개인의 신체나 정신에 있는 개인적 단계(embodied state)에 국한되기도 한다. "그림, 서적, 도구, 기계 등" 사회 및 문화적 자산으로 전환되는 객관적 단계(objectified state)로 확대되기도 한다. 그리고 최종적으로 조직화된 형태로 나타나는 기관화 단계(institutionalized state)를 구성한다(Throsby, 1999).

4) 정보자산과 지식자산

정보자산과 지식자산의 중요성은 최근 관심을 받고 있다. 무형자산으로 정보자산은 지식, 기술을 포함하며(Brynjolfsson, 1994), 소프트웨어와 데이터베이스 등으로 거래도 할 수 있다. 지식자산 혹은 지식재산은 "인간의 창조적 활동 또는 경험 등에 의하여 창출되거나 발견된 지식, 정보, 기술, 사상이나 감정의 표현, 영업이나 물건의 표시, 생물의 품종이나 유전자원, 그 밖에 무형적인 것으로서 재산적 가치가 실현(지식재산기본법, 제2조)"되는 것이다. 정보자산과 지식자산은 무형자산으로 경제적 혜택을 창출할 수 있는 것이다. 하지만 포괄적으로 실현 가능한 것을 포함할 수 있다.

지식재산은 산업재산권, 저작권, 그리고 신지식재산권으로 분류된다. 산업재산권의 경우 "특허권, 실용신안권, 상표권, 디자인권 등 산업상 이용가치를 갖는 발명 등"이다. 저작권의 경우 "인간의 사상 또는 감정을 표현한 창작물(문학작품, 음악, 방송, 미술 등 문화예술 분야의 창작)에 대하여 주어진 독점적 권리"이다. 그리고 신지식재산이란 "경제, 사회 또는 문화의 변화나 과학기술의 발전에 따라 새로운 분야에서 출현하는 지식재산(지식재산기본법, 제3조)"이다. 본 도서도 저작권이 있으며, 소설, 시 등 그리고 어문물, 음악물, 사진물, 도형물, 영상물 등도 저작권이 부여된다. 그리고 최근 물품의 디자인, 제품생산을 위한 설계도, 영업방법 등 영업비밀 등 기존의 전통적 산업재산권과 저작권으로 분류되지 않던 대상을 보호하기 위한 신지식재산이 지식자산의 범위에 포함되었다.

5) 가상자산(Virtual Asset)

가상자산은 디지털로 거래, 이전될 수 있는 가치의 표현이다. 기존 전통적 화폐, 증권 등이 최근 디지털화(digital representation)가 되고 있지만, 단순 디지털화를 가상자산이라고 할 수는 없다. 가상자산은 전통적인 화폐, 증권 등과 교환 및 이전이 가능하고, 다른 가상자산과도 교환과 이전이 가능한 자산이라고 생각된다.

2020년 개정된 특정 금융거래정보의 보고 및 이용 등에 관한 법률(일명 특정금융정보법)에서 "가상자산이란 경제적 가치를 지닌 것으로서 전자적으로 거래 또는 이전될 수 있는 전자적 증표(그에 관한 일체의 권리를 포함한다)"로 정의하였다. 그러나 화폐, 재화, 용역 등으로 교환될 수 없는 전자적 증표 또는 그 증표에 관한 정보로서 발행인이 사용처와 그 용도를 제한한 것은 제외한다. 동시에 게임물의 이용을 통하여 획득한 유·무형의 결과물, 선불전자지급수단, 전자등록 주식, 전자어음 등도 제외된다.

　가상자산에 대한 정의와 범위에 대한 논의는 여전히 진행형이다. 특히 정부의 보호, 통제, 그리고 규율 제정 등은 지속적으로 시장에서 다양한 논의가 진행되고 있다. 이는 새로운 가상자산이 출연하고 동시에 기존 가상자산의 융통성의 변화로 인하여 상당기간 논의가 지속될 것으로 기대된다. 가상자산은 사실 정부에 의해 관리되던 시스템에서 탈피하여, 기존의 정부시스템을 대체할 수 있는 P2P(People-to-People)를 지향하여 탄생하였기 때문으로, 그 논의는 현재 진행형이다. 기술발전으로 민간에서 자체적으로 자율 규율에 의해 공신력을 확보할 수 있다는 믿음에 기반하여 발전하였다는 사실을 감안할 필요가 있다.

　가상자산의 대표적인 것은 암호'화폐' 혹은 '코인'이다. 하지만 가상자산이 정부가 발행한 화폐와 동일한 공신력을 확보하고, 거래에 자유롭게 활용될 수 있는지에 대한 추가 논의가 필요하다. 물론 일부 국가에서는 가상자산을 화폐로 채택하려는 노력도 진행하는 것으로 알려져 있다. 향후 발전이 기대되어 지속적 관심이 필요한 자산의 한 유형이라고 볼 수 있다.

5. 회계학에서 자산 분류

　자산의 분류는 앞서 살펴본 바와 같이 다양한 분류기준이 있다. 회계학에서는 자산의 분류를 현금으로 전환할 수 있는 능력(convertibility)에 따라서 유동자산(current asset)과 고정자산(fixed asset)으로 구분한다. 즉 현금 혹은 현금으로 전환할 수 있는 능력이 높은 자산을 유동자산 그렇지 않은 자산을 고정자산으로 구분한다.

　특정 시점에서 (일반적으로) 회계 결산주기 1년을 기준으로 그 기간 동안 현금으로 전환이 가능한 경우 유동자산으로 지칭하며, 그 기간을 초과하는 경우 고정자산이라고 구분한다. 경제 주체가 경제활동을 위해서 활용하고 있는 자산을 운영자산(operating asset) 그리고 그 외 활동을 위해서 보유하고 있는 자산을 비운영자산(non-operating assets)으로 분류한다.

그림 1-1_ 자산의 분류

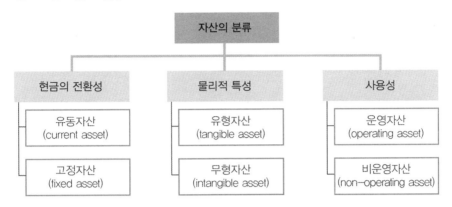

참고문헌

유승동, 2021, 감정평가액의 다양성에 관한 이론, *감정평가학논집* 20(1), pp. 3 − 17.

Blundell, R., Dearden, L., Meghir, C., & Sianesi, B. (1999). Human capital investment: the returns from education and training to the individual, the firm and the economy. *Fiscal Studies*, 20(1), 1 − 23.

Throsby, D. (1999). Cultural capital. *Journal of Cultural Economics*, 23(1 − 2), 3 − 12.

Brynjolfsson, E. (1994). Information assets, technology and organization. *Management Science*, 40(12), 1645 − 1662.

Choong, K. K. (2008). Intellectual capital: definitions, categorization and reporting models. Journal of Intellectual Capital.

연습문제

1. 나의 장래의 계획을 이야기하시오. 구체적으로 5년 이후, 10년 이후, 그리고 20년 이후 나의 모습과 목표 그리고 이를 달성하기 위한 구체적 수단을 제시하시오.

2. 미래의 혜택의 규모를 현재에 평가하기 위하여, 중요한 두 가지 변수는 무엇인가. 그리고 이들을 논의하시오.

3. 내가 가지고 있는 가장 중요한 자산은 무엇인가? 그리고 왜 동 자산이 중요하다고 생각하는지 설명하시오.

4. 자산으로 인식하기 위한 고려요소를 설명하시오.

5. 인적자산은 선천적인지, 후천적인지 설명하시오.

6. 친구들과 서로 인적자산을 높일 수 있는 방법에 대하여 설명하시오.

7. 내 주변에 지적자산을 사례로 들고, 지적자산을 확보할 수 있는 방법을 고민해 보시오.

8. 가상자산을 '자산'이라고 지칭하는 게 적합한지 설명하시오. '가상화폐'에 대한 의견을 제시하시오.

9. 가상자산으로 지칭되는 자산을 찾아보고, 이 자산을 설명하시오.

국가 및 가계의 자산 현황

○ ● ○

　본 장에서는 국민대차대조표를 통하여 우리나라 자산규모를 살펴본다. 그리고 가계금융복지조사를 기반으로 일반 가계의 자산구조와 규모를 이해한다. 한 국가가 보유한 자산 현황과 규모를 이해하기 위해서는 추계과정이 필요하다.[1] 가계가 보유한 자산의 현황은 가계를 대상으로 진행한 설문조사를 통하여 파악할 수 있다.

　자산이 창출하는 편익은 일정 기간 발생하는 유량(flows)의 개념이며, 일정 시점에서 자산규모는 저량(stock)의 개념이다. 참고로 시간이 지남에 따라서 자산이 창출하는 편익의 양과 질이 변화할 수 있다. 그리고 만일 자산의 편익이 질과 양적으로 변화하지 않더라도, 시간 변화에 따라 사회적, 경제적 상황이 변화할 수 있어 가액으로 표시한 편익은 변화할 수 있다. 자산의 양과 질을 동시에 고려하여 이를 화폐단위인 가액으로 자산을 평가하기 위해서는 다양한 방법론을 활용할 수 있다.[2] 이와 같은 방법론이 달라짐에 따라 자산의 평가가액도 변화할 수 있다.

　일부 유형의 자산은 그 규모와 그 가액을 정확하게 추정하는 것은 결코 쉬운 작업은 아니다. 예를 들어 지하자원 등의 경우 자산 규모는 추정을 통하여 파악하고 있다. 지적자산 등과 같이 자산을 실제 그 편익을 가액으로 측정하기 매우 어려울 수 있다. 다른 사례로 영업권 등의 경우 경제적 상황 혹은 시장의

---

1 추계란 추정하여 계산한다는 의미로, 정확한 계산이 어려운 경우를 지칭한다. 예를 들어 일정 시점에 우리나라의 인구를 정확히 파악하는 것은 불가능할 수 있으므로 흔히 추계인구를 계산한다.
2 대표적으로 비용접근법, 소득접근법 혹은 거래사례 비교법이 있지만, 자산 가액을 평가하기 위한 방법론은 앞서 언급한 대표적 3가지 방식에 국한되지는 않는다.

상황에 따라 가치가 변화한다.

1. 국가대차대조표

1) 국가 자산 현황

국가의 자산 현황을 국가별로 서로 일관적으로 작성되어 상호 비교가 가능할 수 있도록, 국제연합(UN)에서는 2008년 국민계정체계(2008 SNA)를 발표하였다. 이 기준에 따라서 통계청·한국은행(2020)은 우리나라 경제가 보유한 자산을 비금융자산과 금융자산(또는 금융부채)으로 구분하여 추정하였다.[3]

2019년 말 기준 우리나라 국민순자산의 규모는 1경 6,621조원이다. 순자산의 규모를 추정하는 이유는 금융자산을 생각해 보면 쉽게 이해가 가능하다. 금융자산의 규모는 1경 7,213조원이지만, 국가 경제시스템에서 개별 경제 주체에게 자산은 다른 경제 주체에게는 부채이다. 금융부채의 규모는 1경 6,633조원이며 이로 인하여 순금융자산은 580조원에 이른다. 순 금융자산과 비금융자산을 합한 국민순자산의 크기를 통하여 국가의 경제의 규모를 이해할 수 있다.

표 2-1_ 국민순자산 규모(2019년 기준 잠정치)

(단위: 조원, %)

	2019	전년대비 증감액	전년대비 증감률
국민순자산	16,621.5	1,057.7	6.8
비금융자산	16,041.5	965.4	6.4
순금융자산	580.0	92.3	18.9
금융자산	17,213.1	1,261.9	7.9
금융부채	16,633.1	1,169.6	7.6

자료: 통계청·한국은행, 2020.

2018년 대비 2019년 금융자산과 금융부채의 증가액은 비금융자산의 증가액

---

3 이와 같은 과정에서 귀중품, 군용재고, 수자원, 계약·리스 및 면허권, 영업권 및 마케팅 자산 등은 자산의 규모에 포함되지 않는다는 것도 참고할 필요가 있다.

을 넘어섰다. 순금융자산의 증가율은 비금융자산의 증가율을 초과하여, (대외부분을 상대로) 보유한 금융자산이 확대되었다. 비금융자산은 생산자산과 비생산자산으로 구분된다. 생산자산은 건물 및 토목건설인 건설자산, 운송장비, 기계류 등의 설비자산, 연구개발(R&D)을 포함하는 지식재산생산물, 그리고 생산물인 재고자산을 의미한다. 그리고 비생산자산은 토지자산, 지하자원, 입목자산이다. 생산자산에서는 고정자산인 건설자산 그리고 비생산자산에서 토지자산의 비중이 높으므로 자산에서 토지와 건축물, 즉 부동산이 차지하는 비중이 높다.

표 2-2_ 비금융자산 규모(2019년 기준 잠정치)

(단위: 조원, %)

	2019	전년대비 증감액	전년대비 증감률
비금융자산	16,041.5	965.4	6.4
생산자산	7,221.5	422.7	6.2
고정자산	6,797.6	395.5	6.2
건설자산	5,353.1	309.7	6.1
설비자산	921.7	45.7	5.2
지식재산생산물	522.9	40.1	8.3
재고자산	423.8	27.2	6.9
비생산자산	8,820.0	542.7	6.6
토지자산	8,767.0	541.4	6.6
지하자원	27.1	0.7	2.5
입목자산	25.9	0.6	2.3

자료: 통계청·한국은행, 2020.

순자산의 보유현황을 경제주체별로 살펴보면, 가계와 비영리법인 순자산의 56%인 9,307조원을 보유하고 있다. 정부에서 26.4%인 4,390조원을 보유하고 있고, 나머지는 (금융 및 비금융) 법인이 보유하고 있다.

표 2-3_ 제도부문별 국민순자산 규모(2019년 기준 잠정치)

(단위: 조원, %)

	2019		전년대비 증감액	전년대비 증감률
국민순자산	16,621.5	(100.0)	1,057.7	6.8
가계및비영리	9,307.1	(56.0)	596.0	6.8
일반정부	4,390.7	(26.4)	316.3	7.8
법인(비금융 및 금융)	2,923.7	(17.6)	145.5	8.6

주: 1) ( )는 각 경제주체의 순자산이 국민순자산에서 차지하는 비중(%)
자료: 통계청·한국은행, 2020.

2) 최근 자산 규모 변화의 특징

2019년 말 기준 순 자산의 규모는 국내총생산(GDP) 대비 8.7배를 기록하여 점차 상승하는 추세이다. 비금융자산에서 토지와 건물이 차지하는 비중이 높아지고 있는 추세이다. 2019년 기준 비금융자산에서 토지와 건물이 차지하는 비

그림 2-1_ 국민순자산/GDP(명목) 배율

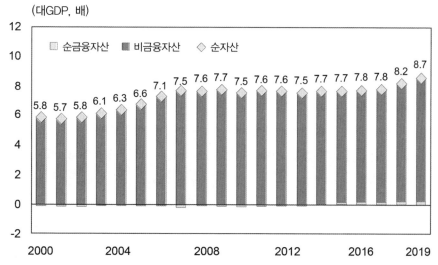

주: 2000~2007년중 순금융자산은 국제투자대조표(IIP)에 나타난 순대외금융자산의 원화
    환산액임
자료: 통계청·한국은행, 2020.

중은 76.1%에 이른다. 토지는 2011년에 53.6%에서 일부 감소하였지만, 비금융자산에서 차지하는 비중은 확대되었다.

　참고로 최근 지속적으로 증가하는 자산은 지식재산이다. 그리고 국내 산업구조의 변화로 향후에도 지적자산의 규모는 확대될 것으로 전망된다. 비금융자산 대비 지식재산의 비중은 2011년에는 2.6%에 불과하였지만, 2019년에는 3.3%로 상승하였다. 자산시장에서 지적자산의 중요성은 조명을 받고 있다.

그림 2-2_ 비금융자산 대비 토지, 건물, 지적재산 비중

자료: 통계청 · 한국은행, 2020.

2. 가계금융복지조사(2021년 가계금융복지조사)

　우리나라에서 일반 가계가 보유하고 있는 자산의 평균적 규모는 약 5억원(2021년 기준)이다. 가계가 보유한 자산을 유형별로 살펴보자면, 77.5%가 실물자산이며, 금융자산의 경우 전체 자산의 22.5%에 불과한 상황이다. 실물자산에서 거주주택과 거주주택 외의 주택에 해당하는 중도금 또는 계약금이 차지하는 비중이 전체 자산에 73.0%에 해당한다. 따라서 가계가 보유한 자산의 큰 규모가 주택과 관련되었다는 것을 확인할 수 있다. 개별 가계의 측면에서 소비자에게 주택이 보유한 의미와 더불어 자산으로 주택이 보유한 의미는 중요하다.

표 2-4_ 자산 유형별 가구당 보유액 및 구성비

(단위: 만원, %, %p)

	자 산	금 융 자 산			실 물 자 산				
			저축액	전·월세보증금		부동산	거주주택	거주주택이 외[1]	기타실물자산
규모	50,253	11,319	8,099	3,220	38,934	36,708	22,876	13,833	2,276
구성비	100.0	22.5	16.1	6.4	77.5	73.0	45.5	27.5	4.4
전년대증감률	12.8	7.8	6.1	12.1	14.4	14.8	20.7	6.3	7.2

주: 1) '거주주택 이외'에는 '계약금 및 중도금'이 포함됨
자료: 통계청·금융감독원·한국은행, 2021.

　　가계가 보유하고 있는 자산들 가운데 가구주의 연령이 증가할수록 부동산 비중은 높아지고 있다. 가구주의 나이가 60세 이상인 경우 실물자산이 가계자산에서 차지하는 비중이 약 82%에 달하고 있다. 우리나라 가계가 부동산에 편중된 투자를 하고 있어, 우리나라 가계가 부동산을 과도하게 보유하고 있다는 비판이 있다. 이와 같은 비판에 대하여 시장에서는 일반 가계가 실질적으로 투자할 수 있는 자산의 유형이 그리 많지 않다는 측면과 우리나라의 자산시장 상

그림 2-3_ 연령대별 자산유형별 구성비

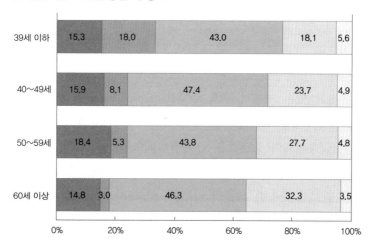

자료: 통계청·금융감독원·한국은행, 2021.

황을 고려하여 가계가 경험적으로 신뢰하고 있는 자산은 부동산이란 반론도 있는 상황이다.[4]

흥미로운 사실은 금융자산에 일반 가계가 투자할 기회가 있다면 대부분(약 90%)은 예금으로 저축하기를 희망하고 있는 상황이다. 반면 상대적으로 고도의 위험관리가 필요한 주식에 투자를 원하는 가계의 비중은 13.0%에 불과하다.

하지만 2020년대 들어서 금융시장의 변화는 과거의 일반적 동향에 변화를 야기한 것도 사실이다. 최근 젊은 세대의 일부가 주식 등 상대적으로 위험한 자산에 투자활동을 확대하였다. 이는 코로나 직후에 자산시장의 급격한 상승 추세와 더불어 다양한 플랫폼을 통하여 개인투자자가 손쉽게 자산시장에 접근할 수 있는 환경이 조성되었기 때문이다. 더불어 자산시장에 참여를 촉진하는 정부의 정책들도 자산시장에 관심을 높일 수 있는 계기가 되었다는 의견이 있다.

표 2-5_ 금융자산 투자 시 선호하는 운용 방법에 대한 비율

예금				개인연금	주식			곗돈	기타
	은행예금	저축은행예금	비은행금융기관예금			주식(직접투자)	수익증권(간접투자)		
83.2	67.9	5.3	10.0	2.4	13.0	11.0	2.0	0.1	1.3

자료: 통계청 · 금융감독원 · 한국은행, 2021.

2021년 기준 우리나라 전체 가구의 63.6%가 부채를 보유하고 있으며, 이들 부채를 보유하고 있는 가계의 부채 중앙값(median value)은 약 6천 7백만원이다. 그리고 금융부채를 보유하고 있는 가계는 전체 가구의 57.4%로 이들이 보유하고 있는 금융부채의 중앙값은 약 6천 1백만원이다. 부채 가운데 38.9%가 담보대출이고, 신용대출의 경우는 22.9%이다. 가계가 대출을 받기 위하여 주택 등 부동산을 담보로 제공한 대출의 비중은 비부동산 담보대출 비중과 비교하여 현저히 높은 것으로 알려져 있다. 여기에 우리가 활용한 일부 통계는 부채를 보

---

4 이와 같은 비판은 과거 경제가 성장하던 시절에 금융시장과 자산시장이 생산자 중심으로 운영되었기 때문이란 지적도 있다.

유하고 있는 가구를 대상으로 설문조사를 통해 도출한 결과이다.

부채를 보유한 가계와 부채를 보유하고 있지 않은 가계를 동시에 고려하고, 동시에 임대보증금을 부채로 고려한다면 변화가 불가피하다. 참고가 필요한 사항은 부동산을 임대하는 임대인에게 임대보증금은 부채이지만, 임차인의 경우 임대보증금은 (임대계약이 종결된 이후 돌려받을 자금이므로) 자산이다.

임대보증금과 금융부채를 동시에 고려하며 일반 가구를 대상으로 조사한 가계금융조사에서는 일반 가구의 부채는 평균 약 8천 8백만원이다. 그리고 전체 부채 가운데 담보대출이 차지하는 비중은 58.2% 그리고 임대보증금이 차지하는 비중은 25.9%이다. 따라서 부동산과 관련이 있을 것으로 예상되는 담보대출의 비중이 높다. 물론 그 외 자동차, 선박 등 담보를 제공한 대출의 유형은 다양하지만, 이미 언급한 것처럼 부동산 이외에 담보로 자산을 제공한 대출은 일부분에 불과한 것으로 알려져 있다.

표 2-6_ 부채 유형별 가구당 보유액 및 구성비

(단위: 만원, %)

	부 채	금 융 부 채					임대 보증금
			담보대출	신용대출	신용카드 관련대출	기 타1)	
금액	8,801	6,518	5,123	966	63	366	2,283
비중	100.0	74.1	58.2	11.0	0.7	4.2	25.9

주: 1) 개인·직장에서 빌린 돈, 외상 및 할부, 넬 곗돈 등이 포함
자료: 통계청·금융감독원·한국은행, 2021.

일반 가계에서 무형자산인 인적자산이 다양한 자산 유형에서 가장 중요할 수 있다. 하지만 일반적인 가계자산에 대한 조사에서 인적자산에 대한 조사가 어려운 것도 사실이다. 과거와 다르게 2020년대 초반까지 초저금리가 유지되었던 것을 감안하면, 특히 시장금리가 낮은 상황에서 향후 가계 수입을 결정할 수 있는 인적자산의 중요성은 높다. 즉 가계의 노동소득을 가계가 보유한 자산에서 발생하는 (일정한 수준의) 현금흐름을 유지하기 위해서는 과거와 비교하여 저금리 상황하에는 더욱 큰 규모의 자산이 필요하기 때문이다.

내 자신의 자산, 부채, 그리고 순자산을 조사하시오. 그리고 지난 1년 동안 나의 수입과 지출을 (대략적으로) 계산하시오.

조사사항

주식투자와 관련하여 다음을 논의하시오.

1) 주식투자를 하고 있는지 여부를 말하고, 투자하는 이유와 투자하지 않는 이유를 설명하시오.
2) 주식에 투자하고 있다면 사용하는 플랫폼에 대하여 장점과 단점 그리고 다른 유사 플랫폼에 대해 이야기하시오.
3) 주식투자를 하지 않는다면 주식투자가 가능한 플랫폼을 조사하고 조사내용을 논의하시오.

참고문헌

통계청 · 한국은행, 2020, 2019년 국민대차대조표.
통계청 · 금융감독원 · 한국은행, 2021, 2021년 가계금융복지조사.

연습문제

1. 유량과 저량을 설명하시오.

2. 향후 자산시장에서 관심이 증가할 자산은 무엇인지 논의하시오. 동시에 자신이 개인적으로 관심을 갖고 있는 자산은 무엇이고, 그 이유는 무엇인지 논의하시오.

3. 가구당 자산의 보유액과 보유비중을 보고 설명하시오. 이에서 흥미로운 사항이 있다면, 이를 설명하시오.

4. 가구의 부채유형별 보유액과 비중을 설명하시오. 이에서 흥미로운 사항이 있다면, 이를 설명하시오.

5. 금융시장의 유형을 구분하고 설명하시오.

CHAPTER 03

자산투자의 환경과 철학

○ ○ ● ○

본 장에서는 투자의 개념을 소개하고 시장환경의 변화를 이해한다. 미래에 경제적 혜택을 위한 활동, 즉 투자란 관점에서 투자와 자산은 서로 관계를 가지고 있다. 투자환경의 변화에 대한 이해를 통하여 미래를 대비한 자산투자도 가능하다. 그리고 이를 위해서 투자철학의 확립이 우선적으로 필요하며, 이를 통하여 투자의 목표와 방향을 설정하는 것이 바람직하다.

예를 들어 바다에서 돛단배를 타고 여행을 시작한다고 생각해 보자. 멋지고 항해에 적합한 배, 항해사가 바람에 대한 이해와 성난 파도를 조정할 수 있는 능력이 뛰어나고, 바람이 불지 않는 경우 열심히 노를 젓거나 효율성이 높은 엔진을 보유하고 있는 돛단배를 가지고 있다. 하지만 그 돛단배도 이를 운전하는 사람이 목적지를 알지 못한다면, 그 배는 오랜 시간을 여행하더라도 제자리에 그냥 머물러 있을 수 있다.

이처럼 항해와 그리고 다른 경제활동과 마찬가지로 투자에서도 목표의 정의 혹은 설정이 필요하다. 그리고 시장상황의 변화, 즉 날씨와 바다의 항해조건의 변화를 이해해야 한다. 바다에서 혼자 항해를 하는 경우와 다르게 만일 다른 배와 항해에서 경쟁을 하고 있다고 생각한다면, 이와 같은 경쟁에서 상호 존중해야 하는 경쟁의 원칙이 있을 수 있다. 즉 투자자들도 시장에서 서로 존중해야 하는 원리와 원칙이 있다. 이에 대하여 생각해 보는 시간을 갖기로 한다.

1. 투자란

투자는 자원을 향후 보다 큰 가치의 자원을 획득할 것을 기대하여 활용하는 것을 지칭한다. 여기에서 자원이란 용역과 서비스로 자산과 비자산을 포함하며, 물론 시간과 더불어 관련 서비스를 포함한다.

예를 들어 이 도서를 학습하는 것도 미래에 대한 투자로 간주할 수 있다. 시간의 흐름에서 향후란 의미는 물론 미래를 지칭하며, 미래에 보다 큰 가치를 위하여 현재 자원을 지금에서 소비하지 않고, 미래로 이전하는 것이다. 이와 같은 관점에서 독자들은 컴퓨터 게임 등 다른 활동을 통하여 즐거움을 누릴 수 있음에도 불구하고, 책을 읽고 자산투자 공부를 하고 있으므로 시간과 노력을 투자하고 있다고 간주할 수 있는 것이다.

합리적인 대부분의 사람들은 현재 경제적 혜택보다 미래에 더욱 큰 경제적 혜택을 '기대'하면서 투자를 실행한다. 미래의 상황을 현재에 확정할 수 없으므로, 단순한 경우의 수가 하나가 아니라 여러 가지 경우의 수들을 감안해야 하는 것이다. 수많은 가능성의 평균이란 측면에서 이해할 수 있는 "기대"란 용어를 활용하였다. 물론 현재에 확정적 가치보다 미래에 경제적 혜택의 기대 가치 (expected value)가 작다면 투자하지 않을 것이다.[1]

예를 들어 연초에 주식에 투자한 경우 해당 주식이 연말 배당이 얼마일지를 투자자가 예측한 값은 실현 가능성이 있지만, 그렇다고 반드시 실현되는 것은 아니다. 연초에 은행에 연말이 만기인 저축상품에 가입하는 경우, 해당 저축액의 원금과 이자를 (은행이 파산하지 않는 일반적 상황에서 저축자는) 받을 수 있다. 연초에 은행이 파산하지 않을 것이라고 항상 단언하기는 어려울 것이며, 현실적으로 은행이 파산하여 과거 기대한 현금흐름(즉 이자와 원금의 수령)의 시기와 규모가 변화할 가능성도 있다. 그리고 투자한 이후의 활동으로 기대한 현금흐름의 변화를 도모할 수도 있다.[2]

---

[1] 투자와 관련된 원리와 원칙을 설명하기 위하여, 본 도서에서는 종종 미래에 대하여 알고 있다는 "가정"을 한다.
[2] 다른 예로 부동산에 투자한 경우 해당 부동산의 관리와 운영에 따라 투자자가 기대할 수 있는 현금흐름이 변화할 수 있다.

예금보험공사가 발행한 '2020년도 상호저축은행 구조조정 특별계정 관리백서'에서는 2011년 저축은행의 사태로 31개 업체가 구조조정 되었다. 만일 (저축)은행이 파산을 하는 경우 저축상품 고객은 저축액과 그 이자를 받지 못할 수 있다. 이로 인하여 예금자보호법을 마련하고 예금보험공사는 저축자의 원리금을 최대 5천만 원까지 지급 보장하는 예금자 보호 제도를 운영하고 있다.

고객이 만일 정확하게 5천만 원을 한 은행에 저축했는데 은행이 파산한다면 고객은 5천만 원에 대한 이자를 받지 못할 수 있다. 만일 원리금이 5천만 원을 넘지 않는다면, 은행이 파산하더라도 고객은 원리금 전액을 예금보험제도를 통하여 예금보험공사로부터 저축한 금액을 돌려받을 수 있다. 참고로 이와 같은 5천만 원 보장한도는 은행별로 적용된다. 따라서 일부 고객은 A은행과 B은행에 각각 5천만 원 이내의 원금을 저축하여, 이자와 원금이 5천만 원을 초과하지 않게 저축하는 사례도 있다.

동전 던지기 게임을 생각해 보자. 동전 던지기 게임에 초기에 판돈은 없지만, 앞면이 나오면 보상이 100원을 받고 뒷면이 나오면 보상이 -100원, 즉 100원을 납부하는 동전 던지기 게임을 생각해 보자. 동전의 앞면이 나올 확률은 0.5 그리고 뒷면이 나올 확률은 (확률은 합은 1이므로) 1-0.5란 것을 우리는 알고 있다. 즉 동전은 일반적인 형태로 게임의 승패에 영향을 줄 요인은 없다고 생각하자.

다수가 이미 어릴적 배운 대로 동전 던지기에 기댓값은 0(= 100×.5+-100×.5)원이다. 하지만 만일 동전을 1회만 던지는 게임을 한다면 0원이란 값은 실현될 수 없다.

그렇다면 기댓값이 0원이란 것은 어떤 것을 의미하고 있을까 생각해 보자. 만일 동전 던지기 게임을 연속 두 번 하는 경우 보상의 경우는 0원이 될 수도 있지만, 보상이 200 또는 -200인 경우도 있다.

한 아이가 유치원 때 동전 던지기를 10번 한다면, 그 결과를 이미 잘 알고 있다고 확신에 찬 모습으로 저자에게 이야기한 경험이 있다. 과거 이 아이가 직접 10번을 던져보니 앞면은 7번, 뒷면은 3번 나왔다고 한다. 따라서 자기가 동전 던지기를 또 다시 10번을 연속하여 던지면, 반드시 과거와 동일한 결과, 즉 앞면은 7번 뒷면은 3번 나온다 믿고 어린 마음에 이를 저자에게 이야기한 것이다.

하지만 이와 같은 믿음과 여러분들이 이미 배운 통계학의 내용은 어떤 차이가 있을까 생각해 보자. 독자들이 이미 알고 있는 것과 같이 이와 같은 조건의 동전 던지기 게임을 수없이 많이 실행한다면, 이와 같은 게임들의 평균적으로 보상은 0원에 근접하게 된다는 의미인 것이다.

만일 동전 던지기 게임을 1만 번 실행하면, 평균적인 보상은 0원이 진짜 될 것인가. 만일 이에 대한 의심이 있다면 동전 던지기 1만 번을 해볼 수 있다.

미래에 직면할 상황에 대하여 전지전능하게 모두 알고 있다면, 투자자의 고민거리는 많이 없어질 것이다. 이 경우 투자자가 직면할 잠재적 위험(risks)의 크기는 줄어들며, 이에 따라 수익을 창출할 가능성도 당연하게 하락한다. 물론 한 투자자가 미래에 사실을 알고 있다면, 그 미래를 알고 있는 투자자는 높은 수익을 달성할 수 있을 것이다. 하지만 모든 투자자가 미래에 대하여 알고 있다면 당연히 수익을 추구하는 투자자들은 자신의 지식과 정보를 활용하여 수익을 창출하려고 노력할 것이고, 이와 같은 경쟁으로 결국에 투자로 인한 수익은 크게 감소할 것이다.

현실은 이와 같지 않으며, 수시로 변화하는 금융시장에서는 한 시간 아니 1초 이후의 결과도 예상하기 어려운 상황이다. 주식투자의 경험을 보유한 독자들은 본인이 확신을 하고 주식거래를 실행한 직후, 확신한 주식가격의 방향과 달리 실제 시장에서 다른 방향으로 움직이는 것을 경험하였을 것이다.

투자에서는 보상 혹은 수익(return)과 더불어 리스크(risk), 즉 위험에 대한 고민이 필요하다. 수익과 위험의 상충(trade-off)관계에 대한 이해가 없다면, 미래에 보다 큰 가치의 자원을 획득하기 위한 투자를 실행한 경우 잘못된 결과에 이를 가능성이 높다.

사례

<투자와 저축의 차이는 무엇일까?>

저축의 경우 미래와 연관하여 불확실성이 거의 없거나 혹은 없는 경우를 지칭한다. 예를 들어 빨간 돼지 저금통에 동전을 모으는 것을 투자라고 부르지는 않는다. 이는 돼지 저금통을 잃어버릴 가능성이 거의 없다고 생각하기 때문이다.[3] 하지만 돼지 저금통에 하는 저금도 투자의 일종으로 볼 수 있다.

즉 저축도 일종의 투자라고 할 수 있다. 은행이 파산할 것을 알면서 은행에 저축하는 사람은 없을 것이다. 우리나라에서 은행에 저축한 경우 대부분 원금과 이자를 받게 된다. 물론 최근에는 은행에서 저축자가 적은 금액을 저축한다면 이자가 지급되지 않는 경우도 있다.

하지만 일반적으로 은행에 저축한 경우 저축 자금을 회수하지 못할 가능성이 극히 낮다. 은행의 저축도 위험이 전혀 없다고 할 수는 없다. 은행도 파산할 수 있기 때문이다.

본 교재는 투자란 현재의 자산을 대신하여, 미래에 더욱 큰 가치의 자산을 획득하기 위한 투자를 논의한다. 따라서 자산투자 환경을 적절하게 이해하고 건전한 투자철학을 통하여 합리적 투자를 진행하는 것이 바람직하다.

2. 최근 투자환경 변화

자산투자 시장에서는 세계화, 즉 글로벌화(globalization)가 빠르게 진행되고 있다. 한 세기가 변화에 직면하였던 1990년대와 다르게 최근에는 기관투자가뿐만 아니라 개인 투자가들도 해외 자산시장에서 다양한 자산에 직접 투자할 수 있는 환경이 조성되었다. 국내 자산시장에서도 해외 투자자가의 활동이 확대되었다. 해외 투자자들은 우리나라 자산시장에서 다양한 상품에 투자하고 있고, 동시에 국내 투자자들도 해외 자산시장에서 투자를 활발하게 진행하고 있다. 독자들 가운데 일부는 해외 주식을 보유하고 있는 투자자도 있을 것이다.

자산시장의 글로벌화로 자산시장들 간의 동조화가 강화되고 있다. 먼 남미혹은 유럽의 자산시장 소식이 우리나라 자산시장에 직접적 영향을 미치고 있다. 이로 인하여 자산시장 간 그리고 자산 간 경쟁이 심화되고 있다. 그리고 과거와 다르게 소수 투자자들이 제한적인 사적 정보(private information)를 통하여 과거와 비교하여 막대한 수익을 창출할 수 있는 가능성은 점차 축소되고 있다. 이는 정보통신기술의 급격한 발전으로 시장에서 정보에 대한 공유와 유통이 빠른 속도로 진행되고 있기 때문이다. 시장에서 한번 공개된 정보는 과거와 비교하여 보다 빠른 속도로 자산시장에서 투자자들에게 전파되고 교류되고 있다. 자산시장에서는 투자자들에게 다양한 정보를 제공해 주고 있는 기관들의 활동이 확대되고 있다. 때로는 바람직하지 않지만 경우에 따라서 신뢰도가 극히 낮은 정보가 급격하게 시장에 확산되어, 자산시장에 부정적인 영향을 미치는 경우도 발

---

3 그리고 물론 어린 학생들에게 이자는 부모님의 저축에 대한 보상 혹은 선물이라고 생각할 수도 있을 것이다.

생하고 있다. 하지만 이와 같은 흐름은 정보의 중요성을 더욱 높여서, 공개되지 않은 사적정보에 대한 관리가 엄격하게 강화되고, 이들의 가치가 더욱 높아졌다는 흐름과 다소 다른 방향임을 이해할 필요가 있다.

이와 같은 추세에 대한 반향으로 자본시장에서는 최근 지역투자를 촉진하려는 움직임도 있다. 투자자금은 전 세계를 자유롭게 이동할 수 있지만, 일부 자산의 경우 지역에 머물러 있으며, 일부 지역에서는 지역을 위한 서비스도 제공해야 한다는 흐름도 새롭게 발생하고 있다. 예를 들어 일부 지역에서는 해당 지역을 위한 인프라 펀드를 조성하고, 지역공동체를 위하여 활용하자는 움직임도 있는 것은 사실이다. 예를 들어 최근에 우리나라에서는 폐광지역의 개발을 지원할 수 있는 자금을 확보할 수 있는 방안에 대한 논의도 진행되고 있다. 투자자들 사이에서 사회적 책임투자가 조명을 받고 있는 상황도 고려해 볼 필요가 있다.

사례

최근 지역개발을 촉진하기 위하여 조성되고 있는 기금, 채권, 펀드 등에 대하여 조사하고 이를 설명하시오. 대표적인 사례로 지역개발기금, 지역개발채권, 폐광지개발기금 등이 있다.

조사사항

최근 투자시장에 조명을 받고 있는 ESG(Enviromental, Social and Governance)가 무엇인지 조사하시오.
ESG를 고려한 투자사례를 조사하고 이를 설명하시오.

다양한 자산시장에서 자산유동화(asset securitization)가 적극적으로 활용되고 있다. '자산유동화'란 경제 주체(예를 들어 금융기관 또는 일반기업)가 보유하고 있는 비유동성 자산을 시장에서 판매 유통하기 용이한 형태의 증권으로 변환시킨 후 이를 현금화하는 일련의 과정(금감원, 2013: p. 2)이다. 비유동 자산을 유동성이 높은 자산으로 전환하는 것이 유동화라고 볼 수 있다. 하지만 비유동성 자산의 유동성을 높이기 위해서는 전문화된 기술과 지식이 요구된다. 무엇보다 수학적 혹은 통계학의 정교한 분석 도구를 활용하여 다양한 자산을 분석하는 기법인 금융공학(financial engineering)의 출현과 발전은 자산유동화를 촉진하게 되었다. 초기에는 일부 분야에서 자산유동화가 활용되었지만, 최근에 다양한 자산시장에서 폭넓게 유동화 기법이 활용되고 있다.

2000년대 후반 미국에서 발생한 비우량 대출인 서브프라임(subprime) 주택담보대출과 이를 담보로 발행된 MBS(mortgage backed securities) 시장에서 촉발된 세계경제위기는 유동화와 유동화 기법이 일반 대중에게도 알려지는 계기가 되었다. 물론 초기에는 자산유동화의 내재된 위험이 부각되었지만, 동시에 유동화에 대한 긍정적 측면도 일반인에게 알려지는 계기가 되었다. 자산의 풀링(pooling)과 이를 통한 위험을 통제, 그리고 유연한 상품개발 가능성은 정보기술의 발전과 더불어 유동화가 다양하게 활용될 수 있는 계기가 되었다. 구조금융(structure finance)이 일반화되고 파생상품이 적극적으로 활용되게 되었다. 일부 금융전문가 집단 흔히 그루(Guru)들의 전유물이던 지식과 기술이 금융시장에서 빠르게 전문지식으로 자리를 잡았다.

그림 3-1_ 유동화(securitization)의 구조

앞에서 간략하게 언급한 것처럼 시장에서 다양한 통계적 그리고 수학적 방법론이 활용되고 있다. 특히 파생상품 시장의 성장과 유동화 시장의 발달로 인하여 자산의 가치평가와 위험관리 등에서 활발하게 활용되고 있다. 금융수학과 통계학에 대한 전문지식이 광범위하게 가치평가와 거래에서 활용되고 있다. 수학과 통계학을 기반으로 하는 경제와 금융의 문제를 해결하는 금융공학의 발전은 자산시장에서 수많은 새로운 자산이 개발될 수 있는 기반이 되었다.

정보화 기술의 발전과 특히 인터넷과 정보 네트워크, 그리고 지급 결제 시스템 등의 발전이 빠르게 이루어지고 있다. 이는 정보에 대한 저장, 활용, 분석 등과 관련된 비용과 더불어 기술이 빠르게 발전하였기 때문이다. 하드웨어와 소프트웨어의 구축과 발전도 급속도로 진행되었으며, 그동안 축적된 다양한 정

보를 분석 및 활용하는 비용도 절감되었다. 따라서 데이터 등 정보를 빠르게 발전하는 기술과 접목하여 생산성의 확대를 도모할 수 있게 되었다. 이는 다시금 자산투자에 따른 적정성과 각종 위험분석과 관리도 다양한 방식으로 진행이 가능하게 되었다. 게다가 정보기술의 발전은 최근 화두가 되고 있는 가상자산 활성화의 토대가 되었다. 다양한 자산 서비스도 개발되었고, 이는 실제 투자자의 행동에 영향을 미치고 있다.[4]

무엇보다 2020년부터 중요한 세계적인 이슈로 자리잡은 COVID – 19로 인하여 금융산업에서도 디지털 환경에 급격하게 적응하는 계기가 되었다. 자산투자에서도 디지털화가 빠르게 진척되고 있고, 자산시장에서도 자산전략, 인사관리, 고객관리, 영업전략, 리스크관리 등에서 디지털화는 피할 수 없는 흐름이며, 앞으로도 이와 같은 흐름은 심화될 것으로 기대된다.[5]

3. 투자철학

투자자는 자신의 상황을 이해하고 자신의 투자철학을 확립해야 한다. 그리고 시장에서의 기대 그리고 사회, 경제, 및 문화적 환경을 이해해야 한다. 뉴욕대학교의 에스우스 다모다란(Aswath Damodaran) 교수는 투자철학이란 시장의 운영원리를 바라보는 사고방식이라고 정의하며, 투자자의 반복되는 실수를 극복할 수 있는 방안이라고 한다. 투자자는 급속하게 변화하는 시장정보를 수용하고, 새롭고 다양한 지식을 접하고 습득하면서, 지속적인 탐구와 고민을 하는 작업을 통하여 목표의 달성이 가능하다. 시장에서 미래에 대한 불확실성에 대한 정확한 이해를 기반으로 합리적인 의사결정이 필요하다. 투자를 집행함에 있어서 투자자는 자신만의 고유한 투자철학을 설정하여 투자의 방향을 세우고, 투자를 집행하는 것이 필요하다.[6]

---

4 각종 투자 플랫폼을 활용하여 소액투자자도 자유롭게 해외 금융상품에 직접투자가 가능한 환경이 되었다.
5 예를 들어 고객과의 대면접촉은 급속히 줄어들었고, 고객들은 디지털을 통한 거래에 친숙하게 되었고, 금융업무도 가상환경을 통하여 이루어지고 있다.
6 투자자가 자신의 선호와 육체적, 재정적, 사회적 상황을 정확히 인식해야 한다는 것이다. 투자자 자신에 대한 이해가 없이는 미래의 보상에 대한 방향과 크기 그리고 현실화된 보상의 활용은 제한적일 것이다.

1) 투자철학 정립을 위한 기반

투자철학을 정립하기 위해서는 투자자 자신에 대한 이해와 자산시장에 참여하는 시각의 확립이 필요하다. 사회, 경제, 문화적 환경의 변화는 자산시장의 변화를 야기한다. 최근 일반적으로 제4차 산업혁명이라고 지칭될 정도로 빠르게 정보기술이 발전하면서 자산시장에서 다양한 관련 지식이 폭발적으로 확대되고 있다. 이로 인하여 과거보다 최근에는 투자자들의 새로운 지식에 대한 열정과 탐구 그리고 이해가 더욱 필요한 상황이 되었다. 자산시장에서 투자자들은 정보에 대한 비대칭성에 노출될 가능성이 높아졌으므로, 새로운 기술, 지식, 그리고 노하우 습득에 대한 필요성을 인식할 필요가 있다.[7]

시장에 대한 견해가 중요한 것은 시장에서 움직임은 서로 견해가 다른 투자자들이 (균형적인 측면에서) 시장을 결정한다는 것이다. 물론 최근에는 행동주의적 관점에서 새로운 시각이 부각되는 것도 사실이지만, 시장에서 개별 투자자의 결정은 크게 주목을 받기 어렵다는 것이다. 대형 기관투자자 혹은 일부 대규모 투자자를 제외하고는 시장의 움직임을 결정하는 것은 쉽지 않은 일이다.

투자자는 자신의 의사결정에 미치는 요인과 시장의 움직임 그리고 이와 관련된 최근 정보 등을 고려하여 자신만의 투자철학을 수립하는 것이 바람직하다. 이는 자신에 대한 생각과 믿음과 다른 사람들에 대한 견해를 바탕으로 구축한 미래에 대한 방향성은 투자성과의 차이를 유발할 수 있기 때문이다. 투자철학을 기반으로 투자의 목표와 방향성을 설정하고, 리스크에 대한 태도를 기반으로 자산의 집합인 포트폴리오(portfolio)를 구성해야 한다.[8] 다양한 자산과 다양한 투자자들이 자산시장에서 상호작용을 하고 있어 자산시장은 다이내믹하다. 급격하게 변화하는 자산시장에 대한 생각과 믿음에 기초가 되는 효율성에 대한 생각을 반영한 투자철학도 필요하다. 시장효율성에 대해서는 제10장에서 논의한다.

---

7 이와 같은 환경에서 일부 투자자는 의미 없는 시장정보와 잘못된 지식에 근거하여, 투자전략을 변경하거나 포트폴리오를 조정하는 경우도 발견된다.
8 목표가 없는 바다에 돛단배의 사례에서 목표가 결정되더라도 그 목표가 자신의 철학에 부합하는지 생각해 볼 필요가 있다. 예를 들어 자신이 향하는 목적지를 설정하였지만, 목적지에 도착해 보니 자신이 원하는 목적지가 아니었다. 사실 그 목적지는 친구가 원하는 목적지였을 수도 있다. 따라서 자신이 원하는 자신에게 적합한 목적지에 대한 이해가 필요한 것이다.

자산시장에서 전략과 수단에 대한 생각과 이에 대한 합리적인 보완은 적절한 보상이 뒤따른다. 이와 같은 전략의 보완은 보상과 더불어 전략보완에 따른 직접 비용과 정보탐색과 같은 간접적 비용도 수반한다. 따라서 투자자는 견고한 투자철학을 통하여, 투자전략에 대한 수립과 변경 및 보완 그리고 투자집행에 효율성을 확대할 수 있다. 예를 들어 수익을 절대적으로 높이는 목표를 설정할 수 있지만, 이는 위험을 수반한다. 다른 예로 일정한 수익을 투자목표로 설정하였고, 그 목표가 시장 평균과 유사한 수준이라면 적절한 포트폴리오 구축과 더불어 비용 절감에 보다 세밀한 관심을 기울이는 것이 유효한 전략일 수도 있다.

2) 투자철학 설정의 구성요소

　현재 투자의 성과는 미래에 발생하므로, 그 성과가 요구되는 시점이 과연 미래는 어떠한 시점 혹은 언제의 미래인가에 대한 고민이 필요하다. 구체적으로 현재부터 3개월 이후의 미래를 위하여 투자하는가, 현재부터 3년 후의 미래를 위하여 투자하는가, 혹은 현재부터 30년 후의 미래를 위하여 투자하는가에 따라 목표와 목표달성을 위한 과정이 다를 수 있다. 해당 미래시점에 투자자 자신의 상황 그리고 자신을 둘러싼 환경의 변화도 고려되어야 한다. 시간의 흐름이란 관점에서 미래의 상황과 그 당시 나의 모습에 따라 투자성과의 진정한 가치가 변화할 수 있기 때문이다.

　투자성과에 대한 준비는 현재부터 시작한다. 현재 소비를 줄이는 것이 미래의 혜택을 추구하는 투자의 출발점이 된다. 따라서 현재에 대한 인식과 이해가 필요하다. 현재는 소비를 줄이지 않기로, 즉 투자하지 않기로 결정한다면 향후 언제 투자가 필요한지에 대한 고민도 필요하다. 투자는 시간에 대한 끊임없는 생각과 자신과 시간과의 경쟁이라고 볼 수 있다.

　현재 투자를 결정하였다면 구체적으로 어떤 포트폴리오를 설정하고, 그 안에 어떤 자산에 투자할지에 대한 의사결정이 필요하다. 이를 위한 첫 번째 단계는 대상자산과 비교자산에 대한 과거의 성과와 시장에서의 현재 위치에 대한 이해가 진행되어야 한다. 물론 이는 시장정보에 대한 고민도 필요하다. 시장정보가 충분하지 않은 상황에서도 가시적 성과가 나올 수 있다. 하지만 이는 우연일 수도 있으며, 지속적이고 안정적인 성과로 이어질 가능성은 높지 않다. 따라서 포트폴리오와 자산의 과거 동향 그리고 현재 상황에 대한 정보를 기반으로 미래에 방향성을 설정할 수 있고, 이를 통한 포트폴리오 구성과 대상자산의 선택이 바람직하다.

자산의 투자에서 자산의 위치 혹은 장소 그리고 자산의 주변 환경의 중요성을 간과할 수 없다. 일반적인 자산의 경우 지역간 이동이 어느 정도는 자유로울 수도 있다. 하지만 일부 자산은 지리와 연관성이 높은 경우도 있고, 위치가 고정되어 주변 지역의 상황에 영향을 받을 수 있다. 따라서 위치, 장소 등 지리적 환경에 대한 고민이 투자철학에 반영되어야 한다. 즉 시점과 대상과 더불어 일부 투자자들이 지리적 환경을 간과하기도 한다.

3) 투자철학 개발과 실행의 절차[9]

투자철학을 개발하는 첫 번째 단계로 투자자 자신의 현재 상황을 정확하게 이해하고 평가하는 것이다. 투자자는 자신이 보유한 자산과 자신을 둘러싼 경제적 그리고 사회적 상황 등을 이해하고 이를 기반으로 적절한 평가가 이루어져야 한다. 즉 미래 상황을 대비하기 위한 투자에서 현재 상황에 대한 적절한 이해와 평가를 기반으로 한다.

투자자는 장기 목표와 단기 목표를 구분하여 수립하는 것이 필요하다. 물론 향후 기대하는 현금흐름의 수준과 그 외 투자를 진행하는 필요와 이유 등도 인지해야 한다. 투자를 통해 확보하려는 미래 경제적 혜택을 (사전적으로) 정의해야 하는 것이다. 물론 투자자가 부담할 수 있는 위험과 보상의 상충관계(trade-off)의 정립도 필요하다.

두 번째 단계는 구체적 포트폴리오 전략(portfolio strategy)을 개발한다. 재무적 관점에서 구체적으로 투자목표를 고려한 자산의 전반적인 포트폴리오 전략이다. 포트폴리오의 크기, 위험부담, 시간 계획, 그리고 법률 및 행정적 고려도 필요하다. 실물자산에 대한 대규모 투자의 경우 법률과 행정적 요인의 고려가

---

9 본 절에서는 투자철학의 개발절차를 논의하며, 기존 연구인 Panagopolos and Gaysina(2015)에 근거한다. 투자전략의 절차를 다섯 가지 단계로 구분하여 각각의 전략이 유기적으로 조합하고 전반적인 투자철학으로 자리잡을 수 있다고 주장한다.

더욱 중요할 수 있다. 자금조달의 관점에서는 부채에 대한 인식과 이해 그리고 신용위험과 관련하여 위기관리 능력도 고민할 필요가 있다. 부채의존이 높아지면 (수익이 발생하는 경우) 투자수익은 증가하지만, 반대로 필요한 수준에 수익이 발생하지 않는 경우 투자의 손실이 확대될 수 있다. 이와 같은 부채의 지렛대 효과(leverage effects)에 대한 이해를 기반으로 적절한 부채의 활용이 필요할 수 있다.[10]

세 번째 단계는 투자자산의 배분(asset allocation) 전략수립이 요구된다. 거시적인 관점의 포트폴리오 전략을 반영하여 미시적인 관점의 자산배분이 진행되어야 한다.

이를 위해서는 세계적 경제의 흐름과 국내 경제상황에 대한 이해가 바람직하다. 통화정책, 금융정책, 물가의 변화, 자산 시장의 변화, 정치적 환경의 변화에 대한 고려가 필요하다. 미시적인 관점에서는 채권과 주식 그리고 파생상품에 대한 배분과 실물자산의 투자에 대한 관점이 고려되어야 한다. 다양한 투자의 기회를 고려하여 실질적 배분 전략을 수립한다.

이는 포트폴리오를 구성하고 있는 자산의 배분을 의미한다. 이를 통하여 투자철학에 부합하는 포트폴리오를 구성하는 것이 필요하며, 자산의 배분을 통한 포트폴리오 구성에서 자산들의 상관관계가 중요할 수 있다.

네 번째 단계는 자산투자의 실행, 즉 전략 실행(strategy implementation)이다. 투자전략의 실행은 투자자가 직접 할 수도 있지만, 해당 분야 전문가들의 도움을 받아 간접적인 투자를 진행할 수도 있다. 간접투자가 보완적일 수 있는 것은 포트폴리오에서 자산의 유형은 다양할 수 있으며, 특정 분야에 정보를 투자자가 가지고 있지 않을 수도 있기 때문이다.

개인 투자자는 다양한 투자자산에 대한 접근이 제한적일 수 있다. 사실 기관 투자자들도 세부적 분야의 정보에 대한 접근성이 극히 제한적이며, 관련 전문인력이 부재한 경우도 있다. 정보에 대한 접근성을 개선하고 양질의 정보를 수집하고 활용하는 것이 필요한 분야도 있다. 따라서 아웃소싱이 필요한 경우도 있다. 직접투자와 간접투자는 상호 보완적이며, 투자자의 선호, 취향, 그리고

---

10 부채조달에서 일반적 원칙은 부채의 이자율보다 투자의 수익률이 높아야 한다. 다른 방식으로 투자의 수익률은 부채의 이자율보다 높아야 지렛대 효과로 인하여 혜택을 향유할 수 있다.

상황 등에 따라 변화할 수 있다. 물론 직접투자의 경우에서 간접적으로 기회비용(opportunity cost)이 발생하고 있다는 것을 명심해야 한다.

　마지막 단계는 투자한 포트폴리오에 대한 모니터링을 통한 투자전략과 투자실행에 대한 평가이다. 사후관리의 과정으로 기존에 진행한 투자의 성과를 추적하고, 투자전략과 투자실행 과정을 점검하는 것이다. 이와 같은 절차를 통하여 자산의 기존 배분전략을 조정하고, 적절한 상황에서 수익을 실현하고, 손실을 단절하는 전략이 필요할 수 있다.

　수익의 실현과 수익의 변화는 다를 수도 있어서 시간전략이 중요할 수 있다. 예를 들어 보유기간 동안 주식 가격은 지속적으로 변동할 수 있고 이로 인하여 평가의 가치는 지속적으로 움직이지만, 실제 수익의 실현은 매각을 통해서만 결정할 수 있다는 점을 이해할 필요도 있다.

　투자의 성과를 모니터링하고, 모니터링 결과를 평가하여, 기존 투자전략을 수정 및 보완하고, 신규로 진행되는 투자전략에 반영해야 한다. 즉 투자철학과 전략은 영원히 고정되어 있다고 생각할 수 없다. 시간의 흐름에 따라 투자성과와 시장상황도 변화하게 된다. 새로운 전략을 채택하여 기존 포트폴리오의 재조정 과정은 투자목표 달성에 기여할 수 있다. 따라서 사후적인 모니터링과 성

그림 3-2_ 투자철학의 개발과 실행

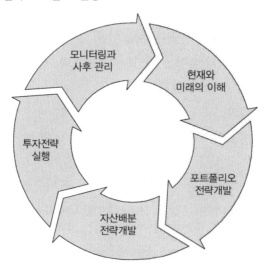

과평가는 궁극적으로 투자성과를 변화시킬 수 있으며, 특히 위험을 관리하는데 필요한 절차이다.

4. 투자철학을 고려한 투자전략 실행[11]

투자전략을 실행하기 위한 절차는 두 가지 절차로 양분할 수 있다. 첫 번째 절차로 투자한 자산의 집합인 포트폴리오를 구성하는 것이다. 지금 투자철학을 개발하고 현재 보유하고 있는 자산에 대한 포트폴리오를 구성하는 것이다. 이를 위해서는 투자하기 위한 자산 유형의 구분이 필요하다. 일반적으로 위험자산과 무위험자산을 분류하고, 위험자산의 포트폴리오를 구성하는 것이다. 두 번째 절차로 구분된 자산의 유형에서 구체적인 실제 자산을 선택하는 것이다. 이를 위해서는 개별자산의 수익과 위험 그리고 자산들 사이의 상관관계를 고려해야 한다.

가치투자(value investing)는 자산의 가치를 공정하게 평가하여, 평가된 가치보다 그 자산이 낮은 가격에 거래되는 경우 자산에 투자를 진행하는 것이다. 자산이 시장에서 거래되는 가격은 공정하게 평가된 근본가치(intrinsic value)에 근접할 것이라는 믿음에 근거한 전략이다. 물론 평가된 가치보다 그 자산이 높은 가격에 거래되는 경우 자산을 보유하고 있다면 매각해야 한다.

성장투자(growth investing)는 여타의 자산과 비교하여 평균적으로 높은 성장성을 가지고 있는 자산에 투자하는 전략이다. 자산가치는 그 자산의 성장성과 밀접한 관계를 맺고 있다. 시장에서는 해당 자산의 분류체계 안에서 일반적인 혹은 평균적인 성장성에 주목한다. 하지만 해당 자산이 평균보다 높은 성장성을 보유하고 있는 자산에 투자하는 전략으로 볼 수 있다. 물론 해당 자산이 평균보다 낮은 성장성이 있다면 보유한 자산을 매각하는 전략이 바람직하다.

사회적 책임투자(socially responsible investing)란 자산과 관련된 이해당사자 특히 소유자와 운영자가 높은 도덕성과 윤리의식을 갖고 투자를 진행하는 것이다. 자산의 개별적 가치와 더불어 사회적으로 바람직한 가치를 고려하고, 이에

---

11 투자철학을 고려한 전략은 다양한 방식이 있으며, 여기에서는 Damodaran (2007)의 분류체계를 활용한다.

높은 의미를 부여하는 투자전략이다. 자산의 소유자와 운영자의 도덕성과 윤리의식에 대하여 높은 의미를 부여하는 것이다.[12]

　최근 우리나라와 더불어 국제적으로 점차로 주목을 받는 투자방식이라고 볼 수 있다. 국내 연금과 기금에서는 사회적 역할을 강조하고 사회적 책임투자를 강화하고 있다. 사회적 책임을 다하고 있는 기업이 보유한 자산에 투자를 진행하는 전략이다.

표 3-1_ 투자전략의 유형

유형	내용
가치투자	자산의 가치를 평가하고 그 자산의 가치보다 낮은 가격이 형성되어 있는 자산에 투자
성장투자	평균적인 관점에서 높은 성장성을 가지고 있는 자산에 투자
사회적 책임투자	이해당사자 특히 소유자와 운영자가 높은 도덕성과 윤리의식이 있는 경우 투자
역행투자	시장에서 과민반응이 형성될 수 있다는 생각으로 일반적으로 시장에서 생각되고 있는 감성과 다른 행동을 통하여 수익을 창출하는 투자
모멘텀투자	어느 정도 성과가 있는 자산이 향후에도 유사한 성과가 있다는 믿음에 근거한 투자

　역행투자(contrarian investing)란 시장에서 과민반응이 형성될 수 있다는 생각에 기반을 두고 있다. 일반적으로 시장에서 생각되고 있는 감성(sentiment)에 역행하는 투자전략을 활용하여 수익을 창출하는 전략이다. 예를 들어 좋은 소식이 있는 경우 시장 가격은 평소의 가격보다 높이 형성되고, 나쁜 소식이 있는 경우 평소의 시장가격보다 낮게 형성될 수 있다. 전자의 경우 매도전략 그리고 후자의 경우 매수전략을 구사하여 수익을 창출하는 전략이다. 주식시장에서 과거 좋은 소식이 있었던 경우 주식의 성과가 낮고, 과거 나쁜 소식이 있었던 경우 주식의 성과가 높게 실현되는 현상을 de Bondt and Thaler(1985)도 보고하고 있다. 자산시장에서 가격은 시장의 과민반응을 내포하고 있다는 믿음을 바

---

12 자산시장에서 자산의 소유자 혹은 운영자의 도덕성과 윤리의식을 어떻게 인식하고 평가하여야 하는지에 대한 다양한 논란도 있다.

탕으로 투자전략을 구사하는 것이다.

모멘텀투자(momentum investing)란 시장에서 성과가 있는 자산이 향후에도 유사한 투자 성과를 창출한다는 관점이다. 반대로 성과가 없는 자산은 향후에도 그와 마찬가지일 것이란 관점의 투자전략이다. 주식시장에서 Jegadeesh and Titman(1993)가 이를 활용한 투자전략이 유효할 수 있다는 것을 보였다. 이는 효율성이 높지 않은 자산시장에서 적합한 투자전략으로 간주되고 있으며, 일반적으로 주식시장에서 가장 적합성이 높지 않다고 생각되는 경향이 있다. 이는 주식시장이 다른 자산시장에 비교하여 상대적으로 효율적이란 생각이 광범위하게 수용되고 있기 때문이다.

5. 투자의 윤리

사전적으로 윤리란 사람이 마땅하게 지켜야 할 도리이다. 사람은 사회적이며, 개인들이 모여서 사회를 구성한다. 이는 자신의 이기적인 관점에서 혹은 이타적인 관점일 수 있지만, 적어도 사회를 통하여 인간은 자신을 보호할 수 있다고 알려져 있다. 사회에서 개인의 행동과 의사결정은 개별적이라기보다는 다른 사람 또는 다른 사람들에게 직간접적인 영향을 준다. 직접적이란 상대방에게 영향을 준다는 의미이며, 간접적이란 제3자를 통하여 영향을 미친다는 것이다. 사람들이 자신을 보호하기 위하여 사회를 형성하였고 이를 통하여 발전을 할 수 있었다는 생각은 사회학자들에게 일반적으로 수용되고 있다.

사람들이 혼자 개별적으로 살고 있다면, 윤리란 것의 의미가 그리 크게 다가오지 않을 수도 있다. 자산시장에서 투자도 전적으로 개인적인 범위에 국한된 것은 아니며, 시장을 통하여 여러 사람들과 관계를 맺고 있으며 개별 투자자의 투자는 다른 투자자에게 영향을 미치며 이는 결국 자산시장에 영향을 미친다고 볼 수 있다. 따라서 투자도 직간접적으로 다른 사람 그리고 나와 다른 사람이 속한 시장 궁극적으로 이는 시장이 속한 사회에 영향을 미친다.

투자의 궁극적 목표는 일반적으로 생각하는 개인의 수익 극대화라기보다는 한 걸음 더 나아가 수익을 활용하여 달성할 수 있는 개인의 만족감 혹은 효용의 극대화라는 점을 생각해 볼 필요가 있다. 수익 극대화란 측면에서 단순하게 투자를 평가하기보다, 투자와 투자자가 속한 사회에 바람직한 만족감 혹은 사회적 효용을 동시에 고려해야 한다. 개별 투자자의 순간적인 만족감을 위하여 투자를 진행하고, 사회에 부정적 영향을 미치는 투자는 궁극적으로 바람직한 투자라고 볼 수는 없다.

　미래의 경제적 혜택을 도모하기 위해 비윤리적인 투자를 하거나 혹은 비윤리적인 자산 그리고 기업에 투자한다면 일시적인 이익을 창출할 수도 있다. 하지만 중장기적으로 안정적인 수익, 즉 개인적 그리고 사회적 만족감을 달성하기 어려울 수 있다. 따라서 경제적인 혜택을 추구한다는 투자의 정의는 '사회적으로 바람직한' 경제적 혜택을 추구해야 한다. 사회에서 살고 있는 개별 투자자의 비윤리적인 행동은 궁극적으로 해당 투자자의 장기적 안정성을 보장하지 않을 수 있기 때문이다.

참고문헌

금융감독원, 2013, 자산유동화 실무안내.
어스워스 다모다란, 이건, 2020, 어스워스 다모다란의 투자철학, 리딩리더.
Damodaran, A., 2007. Investment Philosophy: The secret ingredient in investment success. Presentation at New York University School of Business.
De Bondt, Werner F. M. and Richard Thaler, 1985, "Does the Stock Market Overreact?", *Journal of Finance*, Vol. 40, pp. 793−805.
Jegadeesh, Narasimhan and Sheridan Titman, 1993, "Returns to Buying Winners and Selling Losers: Implications for Stock Market Efficiency" *Journal of Finance*, Mar., 1993, Vol. 48, No. 1, pp. 65−91.
Panagopoulos, P., and Gaysina, R., 2015, *Investment Philosophy*.

연습문제

1. 투자를 정의하시오.

2. 투자의 정의에 근거하여 내가 지금까지 진행한 투자를 생각하고, 설명해 보시오.

3. 어려서부터 저축한 잘 알려진 00은행이 갑자가 파산을 했다고 가정해 보시오. 그렇다면 내가 저축한 돈을 돌려받을 수 있을까 생각해 보시오.

4. 투자와 저축의 차이를 논의하시오.

5. 세계적인 투자환경의 최근 변화에 대하여 논의하시오.

6. 자산 유동화에 대하여 설명하시오. 그리고 유동화가 가능한 자산을 생각해
   보시오.

7. 최근에 유동화된 자산들의 유형을 조사하시오. 그리고 유동화된 자산들 가운
   에 홍미로운 자산이 있다면 선택하여 설명하시오.

8. 디지털 자산을 조사하고, 이를 설명하시오.

9. 투자철학이 투자에서 중요한 이유를 이야기하시오.

10. 투자철학의 실행절차를 논의하시오.

11. 투자철학을 고려한 투자전략을 제시하고, 나에게 적합한 투자전략을 선택하고 설명하시오.

12. 공간적으로 이동이 가능한 자산과 이동이 불가능한 자산을 비교하여 설명하시오.

13. 하나의 자산을 여러 개로 분리가 가능한 자산과, 자산을 분리하는 경우 그 자산의 역할을 수행하지 못하는 사례를 생각해 보시오.

14. 투자윤리가 필요한 이유를 설명하시오.

CHAPTER 04

자산시장의 개념

○ ● ○

    자산시장에서 거래가 이루어지기 위해서는 일반적으로 거래 단위 그리고 이에 대한 가치(혹은 가격)의 개념이 정리되어야 한다. 거래단위는 물리적 기준과 더불어 양적 그리고 질적 기준 그리고 가치와 가격과의 관계에 대한 거래당사자의 이해도 선행되어야 한다.

    주식처럼 상장된 자산시장에서는 일반적으로 거래단위가 사전에 정의되어 있다. 따라서 규격화된 정의에 따라 시장에서는 시간의 변화에 따라 거래가격으로 시장의 관심이 집중되기도 한다. 자산 시장에서 (동일한) 한 단위의 자산가격은 시간 경과에 따라 지속적으로 변화할 수 있기 때문이다. 하지만 본 장에서는 가격에 대한 고려에 선행하여 양(quantity)적 그리고 질(quality)적 기준 그리고 가치(value)와 가격(price)의 일반 관계에 대한 논의를 진행한다.

1. 자산거래의 기준

    자산거래를 위한 자산시장에서 거래 당사자들 사이에서는 거래단위(trading unit)에 대한 합의가 필요하다. 거래단위를 합의하기 위하여 자산의 분할 가능성(divisibility)이 고려되어야 한다.

    예를 들면 비행기 한 대라는 거래단위가 있다. 이와 같은 단위는 개별 부품이 거래되는 부품시장의 거래 단위와는 다른 기준일 수 있다. 물론 개별 부품의 전체를 조합하여 한 대의 비행기를 만들 수도 있다. 하지만 부품을 조립해서 만든 비행기와 완제품으로 생산된 비행기가 동일한 기능과 역할을 갖고 있다고 볼 수는 없다. 물론 완제품을 구성할 수 있는 개별 부품들로 다시 비행기를 조립할 수는 있지만, 부품 가격의 합이 완제품의 가격과 동일하지 않을 것으로 예상할 수 있다.

다른 예로 금의 경우에는 앞의 비행기와 사뭇 다르게 분할하여 거래도 가능하다. 금 거래 시장에서 무게(그램 등)가 실제 거래 기준이 된다. 금융자산의 경우 화폐 단위로 가격이 책정되어 거래가 이루어지게 되며, 이론적으로는 무한하게 분할도 가능하다. 다른 예로 주식은 1주, 2주 등 규격화된 거래단위가 있지만, 일부 주식시장에서는 주식도 1주를 분할하여, 일부분에 대한 거래가 가능한 경우도 있다.

사례
2022년 9월부터 국내 주식의 소수점 거래가 가능해졌다. 소수점 거래의 장점과 단점을 알아보자.

시장에서 거래하기 위해서는 거래단위에 대한 정의가 필요하다. 거래단위의 정의가 사전에 명확히 합의된 기준이 없을 수도 있다. 예를 들어 아파트의 경우 1호와 주택의 1호는 동일하지 않다는 것을 이해할 수 있다. 주택의 경우 주택이 건축된 토지는 주택과 같이 거래되는 경우도 혹은 개별적으로 거래되는 경우도 있다. 하지만 아파트의 경우 그 아파트가 차지하고 있는 토지는 공동지분의 형태로 간주된다. 이로 인하여 자산의 거래에서 분할 가능성과 거래의 단위에 대한 정의와 관련한 고려가 필요하다.

자산시장에서 자산의 거래가 활성화되기 위해서는 거래단위에 대한 표준화(standardization)가 바람직하다. 표준화는 양적인 그리고 질적인 표준화로 구분할 수 있다. 예를 들어 비행기가 거래되는 시장에서 비행기 1대가 기준이 되지만, 각 비행기의 성능과 유형은 다를 수 있다. 비행기의 거래를 위하여 비행기의 모델이 중요하다. B787는 보잉(Boeing)사에서 나온 A350은 에어버스(Airbus)사에서 나온 항공기를 의미한다.

대한민국이 처음으로 전략자산으로 보유한 스텔스 전투기는 록히드마틴(Lockheed Martin)사에서 나온 전투기이다. 전투기를 예를 들어 신규 구입한 전투기와 동일한 기종으로 이미 사용되고 있는 중고 전투기의 거래가격은 당연히 동일할 것이라고 기대할 수 없다. 신규 전투기의 경우 최초 판매 당시의 표준적인 기술을 충족하고 있는 규격화된 자산으로 볼 수 있다. 하지만 중고로 이미 사용된 전투기는 일부 기능이 활용 과정에서 변화하였을 수도 있다. 그리고 일반적인 자산은 그 활용에 따라 자산의 유용이 감소할 수도 있다. 그리고 비행기의 경우 신규 비행기와 그 비행기를 구성하고 있는 관련 부품이 거래되는 시장도 있다. 부품시장에서 거래단위가 비행기 시장의 거래단위가 다를 것이라는 것은 쉽게 이해할 수 있다.

다른 사례로 금이 거래되는 시장에서 우리나라의 경우 거래단위는 그램(gram)이다. 하지만 국제 시장에서 금의 거래단위는 트라이 온스(troy ounce)이고 이는 약 31g 정도이다. 이로 인하여 금을 거래하기 위해서는 사전에 해당 시장과 거래단위에 대한 당사자들의 합의도 필요하다.

금의 질적인 측면에서, 즉 금의 순도에 대한 상호합의도 필요한 것은 당연하다. 금을 거래할 때 14k, 18k, 그리고 24k란 용어가 많이 활용된다. 금의 경우 24진법을 적용하므로 14k의 경우 14/24=58.5% 순도의 금이다. 24k는 100%의 순금을 의미한다. 하지만 현실에서 100%의 순금이란 세상에 있지 않을 수도 있으므로 99.9% 순도의 금을 24k라고 한다.

자산의 유형에 따라 실제 자산거래의 과정에서 거래 기준이 되는 양과 질이 불가피하게 변화하는 경우도 많다. 예를 들어 옥수수, 밀, 쌀 등 곡물 거래에서는 운반과정에서 손실이 발생할 수 있으며 또는 일부 변질도 가능하다. 이와 같이 질적인 변화를 거래 장소와 시점을 확정하고, 이에 따른 거래 조건을 계약단계에서 이와 관련된 내용을 서로 인지하고 계약에 반영해야 한다. 만일 이를 적절하게 고려하지 않는 경우 분쟁에 휘말릴 가능성이 발생하게 된다.

다른 사례로 광물을 채취하는 광산을 거래할 수도 있다. 시장에서 거래되는 광산의 경우 개별 광산에 매장된 광물의 유형, 그 질적 수준 그리고 양에 따라 광산의 거래 가격이 변화할 것이란 것은 당연히 이해할 수 있다. 하지만 거래를 실행하기 이전에 광산에 매장된 광물의 추정결과는 동 광산을 발굴하여 실제 채굴한 광물의 수준 그리고 매장된 광물의 양이 시장에서 광산이 거래되던 시점이전에, 즉 사전적으로 거래 당사자들이 예측한 값과 반드시 같지 않다는 것은 손쉽게 예상할 수 있다.

그리고 자산거래에서 유동성(liquidity)도 고려가 필요하다. 유동성이란 현금으로 전환할 수 있는 가능성을 의미한다. 이로 인하여 현금은 유동성이 가장 높은 자산으로 간주된다. 자산들은 서로 자산들과 서로 상호 교환할 수도 있고, 이와 같은 체계를 물물교환(barter system)이라고 지칭한다.

19세기의 세계무역의 체계에서 인도의 홍차와 중국의 도자기를 서로 교환하였다. 이와 같은 물물교환 체계에서 실물들 간의 상호 교환비율을 합의하는 것은 쉬운 작업이 아닐 것이란 예측이 가능하다. 이로 대신하여 금(특히 서로 상호 인정한 화폐)을 상호무역에서 교환의 매개로 활용한다면, 안정적이고 장기적인 거래가 신뢰에 근거하여 이루어 질 수 있다. (개별 시장에서 해당 국가의 혹은 상호 합의한 국가의) 화폐를 통하여 자산이 거래될 수 있어, 이와 같이 화폐로 전환할 수 있는 능력을 우리는 유동성이라고 지칭한다. 제품을 제공하고 받은 화폐를 가지고 다른 시장에서 거래 당사자는 자신이 필요로 하는 다른 자산, 상품 혹은 서비스를 구입할 수 있다.

이미 앞에서 언급한 대로 자산거래에 있어서 규격화와 표준화가 이루어지지 않는 경우 해당 자산의 유동성은 현저하게 하락할 수 있다. 동시에 소규모의 거래가 이루어진다면, 대규모의 거래가 이루어지는 경우와 비교하여 유동성이 하락할 수밖에 없다. 예를 들어 주식도 주식회사가 대량의 주식을 발행하여, 시장에서 활발하게 거래되는 경우가 있지만, 해당 회사가 소량의 주식만을 발행할 수도 있다. 이 경우 소량의 주식만이 시장에서 거래되는 경우 해당 주식의 유동성은 하락할 수밖에 없다. 따라서 주식의 유동성은 발행된 주식의 숫자와 더불어 해당 주식회사의 기업규모에 따라 변화할 수 있다. 그리고 공개 시장에서 거래되는 주식과 시장에서 거래가 되지 않는 주식의 유동성은 서로 동일하다고 볼 수는 없다.

다른 예로 아파트와 단독 주택을 비교하는 경우, 아파트는 상대적으로 규격화되어 있고 유사한 아파트가 시장에 다수로 거래될 수 있다. 그러나 단독 주택은 단독 주택에 따라 그 특징이 서로 매우 다를 수 있어 아파트들과 비교하여 서로 유사성이 낮을 수 있다. 따라서 주택시장에서 아파트가 단독주택보다 유동성이 대체로 높은 경향이 있다.

기존 연구에서 논의되고 있는 다양한 의미의 유동성을 살펴보자.

"자산시장에서 유동성이란 일반적으로 자산을 가격에 대한 영향이 거의 없이 혹은 최소의 영향을 주며, 신속하게 익명성을 담보로 사거나 팔 수 있는 능력이다. 유동성은 세 가지 유형으로 분류된다.

첫 번째, 거시적 관점에서 유동성이란 중앙은행의 통화정책, 예를 들어 M2 등과 연관되어 시중에 자금이 풍부한 정도를 의미한다. 두 번째, 기업 측면에서 유동성이 존재하며 채무 상환 능력과 기업의 경영과 관련하여 기대하지 못한 위험이 발생하는 경우 이에 대한 대응능력을 나타낸다. 마지막으로 세 번째, 시장의 유동성이란 가격변화에 최소 혹은 거의 영향을 주지 않으며 수많은 거래가 신속하고 익명으로 처리될 수 있는 정도를 의미한다."

(유승동·이태리, 2020: 8)

금융시장에서 IPO, 즉 기업공개(Initial Public Offering)가 있다. IPO의 역할과 의미 그리고 두 가지 유형의 IPO를 분류하여 이해하시오.

2. 자산의 이질성(heterogeneity)

자산들 가운데 많은 자산은 개별 자산이 고유한 특성을 가지고 있으며 서로 동질하지 않은 이질성을 보유할 수 있다. 이와 같은 자산은 상대적으로 동질성이 하락할수록 거래와 투자에 있어서 어려움이 발생할 수 있다. 이와 같이 이질적인 자산의 거래 또는 투자를 촉진하기 위해서는 자산의 이질성을 최대한 줄이고, 동질적(homogeneous)인 자산으로 전환이 바람직하다. 이질성을 최대한 감소시키기 위하여 거래단위에 대한 기준을 정하여 표준화하는 것이 필요하다. 이는 시장에서 거래가 수월하게 이루어지는 경우 자산의 가격은 높아질 수 있다. 예를 들어서 한국거래소(Korea Exchange: KRX)와 같은 자산거래소에서는 거래 활성화를 위하여 자산들의 이질성을 줄이기 위한 노력을 하고 있다.

그럼에도 불구하고 동질적인 자산의 가치가 항상 이질적인 경우보다 높다고 할 수는 없다. 예를 들어 고대 문화유산, 예술작품 등의 경우 유사하거나 같은 재화가 많이 있는 경우 반드시 재화의 가치가 높다고 할 수 없기 때문이다. 이와 같은 자산은 희귀성이 그 자산의 가치를 높여줄 수 있다. 이는 결국에 이질적인 자산이 그 이질적인 특성에 의하여 가치가 상승할 수 있다. 이는 물론 희소하다는 개념과 연관되어 있지만, 즉 질적으로 다른 자산이 서로 다르게 취급되어 희소성이 높다는 것이다.

Weinbaum(2010)에 따르면 이질적 자산의 경우 동질적 자산과 평균적으로 동일한 가격을 보유하고 있더라도 시장 참여자의 선호 혹은 자산의 특성을 고려하여 가격의 변동성이 높을 수밖에 없다. 일반적으로 평균 가격에 대한 관심과 더불어 가격 변화의 정도인 분산을 고려하는 경우, 시장 참여자들이 자산에 대한 평가가 훨씬 이질적으로 분포될 수 있다고 이해할 수 있다.

3. 시장에서 가격변화

자산시장에서 (거래가 되는 기준 단위에 대한) 가격은 일정하지 않을 수 있으며, 즉 시간의 변화에 따라 가격이 변화하는 경우가 빈번하다. 우리는 이미 앞에서 자산의 거래에서 양적 그리고 질적 기준에 대한 합의가 필요하다는 것을 언급하였다. 양적 기준이란 분할의 가능성과 연관되어 있으며 질적 기준은 거래의 표준화와 연관되어 있다. 앞의 예에서 금 거래에서는 양적 수준, 즉 질량과 질적 수준은 순도에 대한 거래 당사자의 합의가 필요하다. 24k 금의 1g 가격이 5만원이라고 가정하는 경우 0.1g만 부족하더라도 5천원이 차이가 나는 것이다. 동시에 24k 금과 14k 금의 1g의 가격은 서로 다르다는 것을 알고 있다.

2014년부터 한국거래소에서도 금의 거래가 가능하며, 물론 은행에서도 금을 구입할 수 있다. 동시에 금을 기초로 개발된 파생상품인 금 펀드에 투자도 가능하다. 거래소에서 금의 거래를 위하여 양적 질적인 기준을 마련하였다고 하더라도, 정확한 양적인 질적기준의 금의 가격이 항상 일정한 것은 아니다. 24k, 즉 99.99%의 순금 1g의 가격추세를 한국거래소에서 확인할 수 있다. 따라서 자산가격은 매시간 다양한 요인에 의하여 변화할 수 있으며, 시장에 영향을 주는 다양한 요인에 따라 가격이 변화가능한 것이다.

표 4-1_ 금 투자상품 비교

		KRX 금시장	은행 골드뱅킹	금펀드
거래단위		1g 단위	0.01g	상품별로 상이
가격		공정가격 -시장에서 형성되는 실시간가격	고시가격 - 원화로 환산된 국제가격을 고려한 은행고시가격	상품별로 상이
장내거래	수수료	증권사 온라인수수료 (0.3% 내외)	통장거래시: 매매기준율 X 1% 실물거래시: 매매기준율 X 5%	선취수수료(1~1.5%)
	세금	양도소득세 면제 부가가치세(10%)면제	매매차익에 대한 배당소득세(15.4%)	매매차익에 대한 배당소득세(15.4%)
실물인출	인출비용	1개당 20,000원 내외	실물거래만 인출 가능 (실물거래수수료 5%에 포함)	실물 인출 불가
	VAT	거래가격의 10%	거래가격의 10%	
금인출		증권사 지점에서 인출(수령) 가능 (약 2일 소요)	은행 영업점에서 인출(수령) 가능 (약 1주 소요)	

자료: 금시장 소개(KRX 홈페이지).

금의 거래에 있어서 지금의 99.99% 순금 1g과 50년 이전 또는 50년 이후 99.99% 순금 1g은 동일하다. 하지만 자산의 거래에서 자산을 직접적으로 거래하기 보다는 일반적으로 돈의 단위인 화폐를 이용하여 거래한다. 물론 금을 사기 위해서는 다른 재화를 대신하여 거래하는 경우도 있지만, 화폐를 매개수단으로 자산의 거래를 진행한다.[1]

---

1 화폐는 교환의 매개, 가치의 척도, 그리고 가치저장의 기능이 있다. 화폐가 본연의 기능을 하기 위해서는 발행국가와 해당 중앙은행의 신용이 절대적으로 중요하다.

그림 4-1_ 2019년 99.99%의 순금 1g의 가격추세

(단위: 원)

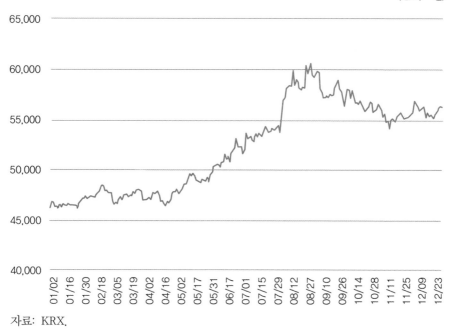

자료: KRX.

　자산가격은 이미 언급한 것처럼 시간의 경과에 따라 변화를 한다. 예를 들자면 99.99% 순금의 가격 1g이 5만원이라고 가정하면 순금 1g을 사고자 하는 경우 현재 5만원의 화폐의 가액, 즉 금전적인 가액을 지불해야 한다. 현재 24k의 순금 1g과 50년 후 24k 순금 1g은 서로 동일하다고 할 수 있다. 하지만 시장에서 금의 거래에서는 가액인 화폐 단위로 거래가 되는 경우, 화폐의 가치는 시간 변화에 따라 다를 수 있다. 즉 화폐의 시간가치에 대한 고려가 필요한 것이다.

　여기에 중요 개념은 화폐의 가격도 변화하여 자산의 가격이 변할 수 있다는 것이다. 시장에서 일반적으로 확인하는 가격은 명목가격(nonimal price)으로, 시간에 따른 물가의 변화에 영향을 받을 수 있다. 따라서 가격수준, 즉 물가의 변화에 따른 영향을 조정한 실질 가격(real price)이란 개념을 활용하기도 한다.

　동시에 가격의 변화에 따라 가격변동 위험도 포함되어 있다고 할 수 있다. 즉 금을 구입하여 보유하고 있는 투자자들은 시장에서 금 가격 변화에 투자한

자산의 가격이 오를 수도 내릴 수도 있다. 따라서 금을 투자한 투자자는 금의 가격변화 위험에 노출되어 있다. 이는 자산을 시장에서 매각을 하거나 평가를 하는 경우 자산가격이 고정되어 있지 않기 때문이다.

4. 실질 가격

가상적인 나라에서 노동자가 하루 동안 일하면 24k의 금을 1g을 받는다고 가정하자. 만일 현재 1g의 가격은 5만원이라고 한다면, 하루 동안 노동의 대가는 돈으로는 5만원으로 이해될 수 있다. 물론 금보다는 돈으로, 즉 5만원으로 받는 것은 노동자에게는 시장에서 생필품을 구매하는데 유리할 수 있다. 이로 인하여 금을 대신해서 돈, 즉 화폐로 받기로 결정했다.

다음 해에는 5.5만원을 받기로 결정되었다고 하자. 이것은 아마 해당 노동자에게 유리한 상황이라고 생각할 수 있다. 화폐 단위로 노동대가가 10%가 올랐다고 볼 수 있으므로, 급여가 상승하였고 이는 오르지 않은 것에 비하면 물론 좋은 소식임에 틀림이 없다. 하지만 노동에 대한 보상이 반드시 상승했다고 볼 수 있을까? 만일 구입할 수 있는 다른 재화들의 가격이 변화하지 않았다면 물론 돈으로 지급된 노동의 대가는 올랐다고 볼 수 있다.

만일 금을 포함한 모든 재화의 가격이 20%가 상승했다고 가정해 보자. 즉 24k 금 1의 가격이 6만원으로 상승하였다고 해석할 수 있다. 이 경우 노동자의 실질 임금은 하락한 셈이 된다. 과거에는 1일 노동의 대가가 24k 금 1g이었으나, 이제는 이에 미치지 못하기 때문이다. 동시에 다른 모든 재화의 가격이 20%가 상승했다면, 노동자가 1일의 노동으로 보상을 5.5만원을 받아서 구입할 수 있는 재화의 규모가 줄어든 것이다.

따라서 자산의 명목 상승률을 n%, 실질 상승률을 r%, 그리고 전반적 물가의 상승률을 p%라고 한다면,

$$\text{자산가격} \times (1+n) = \text{자산가격} \times (1+r) \times (1+p) \tag{1}$$

이다. 수식(1)에서는 $n = r + p + r \times p$가 된다. 여기에서 r과 p는 소수점 이하의

작은 숫자로 이루어졌으므로, 이들의 곱이 매우 작아서 무시할 수 있다고 한다고 흔히들 가정하며 이는 일명 피셔의 방정식(Fisher equation)

$$n = r + p \tag{2}$$

이다. 즉 명목가격 상승은 실질가격 상승에 물가상승률을 더한 것이다. 참고로 이는 수학적으로 적절한 계산이라고 보기는 어렵다. 하지만 우리는 수학을 공부하고 있지는 않다는 것을 명심할 필요가 있다.

명목가격 변화는 실질가격의 변화와 물가상승률의 합으로 정의할 수 있다. 대부분 자산의 가격은 명목가격으로 시장에서 표시되지만, 다른 자산의 전반적 가격의 변화를 고려하기 위해서는 실질가격으로 표시하는 것이 적절할 수 있다. 따라서 실질가격으로 나타내는 경우 다른 자산의 상대적인 구매력을 동시에 고려하는 것으로 이해할 수 있다.

하지만 시장에서는 실질가격을 정확히 표시하는 것은 어렵다. 전반적 물가 상승을 정확하게 계산할 수 있어야 한다. 동시에 앞에서는 r×p가 매우 작아 무시할 정도라고 했지만, 항상 반드시 그렇다고 할 수는 없다. 현실적으로 명목가격의 변화는 어느 정도 추적이 가능하지만, 실질 가격의 변화를 정확하게 계산하기는 어려울 수 있다.

소비자 물가지수(consumer price index)를 조사하고, 이를 발표하시오.

자산투자에서 향후 물가상승의 전망은 투자를 결정하는 중요한 요인이 된다. 앞으로 시장에서 전반적 물가가 어떻게 변화할 것인가에 따라 투자를 진행할 필요가 있다. 하지만 투자를 실행하는 시점에 투자자가 예상한 물가상승률은 투자가 마쳐진 이후 실질적인 물가상승률과 다를 수도 있다.

5. 가격과 가치[2]

가치는 다양한 유형의 가치, 즉 투자가치, 매수가치, 매도가치 등이 가치의 다원론이 일반적으로 수용되고 있으며, 가격은 가치의 일종이라고 볼 수 있다. 가격이란 (매수자 혹은 매도자가) 제의한 혹은 거래한 (지불한 그리고 수령한) 금액을 말한다.

경제이론에서는 시장에서 수요와 공급이 서로 교차하여 가격이 결정된다. 그리고 미국의 가치평가의 기준서라고 지칭되고 있는 Uniform Standards of Professional Appraisal Practice(USPAP)에 의하면 가격은 대상 물건에 대하여 제의된, 청약된 그리고 지불된 금액이다.[3] 개별 국가의 법률적, 행정적인 상황을 고려하여 시장에서 구체적으로 활용될 수 있는 시장가치와 공정 시장가치의 정의는 변화할 수 있다.

우리나라의 '감정평가에 관한 규칙'에서 시장가치란 "시장에서 충분한 기간 동안 거래를 위하여 공개된 후 그 대상 물건의 내용에 정통한 당사자 사이에 신중하고 자발적인 거래가 있을 경우 성립될 가능성이 가장 높다고 인정되는 대상 물건의 가액"이다.[4] 그리고 시장에서는 실제 거래결과를 가격으로 인정하는 것은 일반적이다.

거래와 더불어 매도자 또는 매수자가 거래를 위하여 제시한 금액도 가격으로 지칭되는 경향이 있다. 매도자가 제시한 금액은 일명 매도호가(賣渡呼價) 그리고 매수자가 제시한 금액은 일명 매수호가(買受呼價)로 시장에서 지칭된다. (교환을 전제로) 거래당사자가 제시한 값도 가격에 포함된다고 볼 수 있다. "호가란 ⋯ 매매거래를 위하여 종목, 수량, 가격 등의 매매요건을 갖추어 행하는 매도 또는 매수의 의사표시(장외주식의 호가중개에 관한 규정, 제2조)"를 말한다. 그리고 주문표에 기재해야 하는 사항(앞 규정 18조)을... "3. 수량 및 가격"···으로 구분하여, 호가는 관련 법률에 따르면 가격으로 해석할 수 있다. 따라서 가

---

2 본 절에서 가격과 가치에 대하여서는 유승동(2012)에 근거하여 설명한다.
3 참고로 시장가치와 공정 시장가치(fair market value)의 차이를 구분하자면, 시장에서 거래가 될 가능성이 가장 높은 가격과 공정한 상황에서 거래될 가능성이 높은 가격 가운데 가장 높은 가격이라고 볼 수 있다(Sanders, 2018).
4 실제 거래의 가격과 공정 가격(fair price)은 동일하지 않을 수 있다.

격은 거래를 위해 매도자와 매수자가 시장에서 제시한 금액도 포함한다는 것이다. 전문적으로 호가(呼價)와 가격(價格)을 구분할 수 있지만, 가격은 호가를 포함하는 개념인 것으로 이해된다.[5]

물론 가격은 시장에서 거래 당사자의 재정상황, 거래유인, 특별한 관심 등에 따라 거래당사자가 평가한 가치와 거래당사자가 제시한 가격(일명 호가), 그리고 거래 가격은 서로 다를 수도 있다. <그림 4-2>에서는 가격과 가치의 관계 그리고 호가의 개념을 보여주고 있다.

그림 4-2_ 자산 거래에서 가치와 가격

자료: 한국감정평가사협회(2017) 및 유승동 (2021) 재인용.

6. 본질가치: 현금흐름 측면

자산의 본질가치 혹은 내재가치(intrinsic value)란 자산이 미래 창출하는 모든 기대 현금흐름의 현재가치로 정의된다. 여기에서 기대 현금흐름이란 현금흐름의 불확실성을 반영하고 있으며, 개별 현금흐름을 현재 시점의 가치로 환산하여 모두 합한 것이다. 따라서 불확실성이 없다고 생각한다면, 미래 모든 현금흐름의 현재가치로 궁극적으로 자산의 현금흐름을 창출할 수 있는 능력이라고 간주할 수 있다.

시장에서는 미래에 대한 불확실성이 없다고 생각할 수 없으므로, 시장 참여자들이 진정한 본질가치를 파악하기 위한 노력을 지속해야 한다. 여기서 주목해야 할 것은 일반적으로 자산이 현금을 창출할 수 있는 능력이 중요한 점으로

---

5 법률상 혹은 일반적으로 시장에서 지칭하는 ○○ 가격은 시장에서 실제 거래를 전제로 한 가격이 아닌, 추정 가치(estimated value)를 가격으로 지칭하는 경우도 빈번하다. 즉 많은 경우 정확한 개념으로 가치라고 지칭되어야 할 가액(금전으로 평가한 금액)이 가격이라고 지칭되는 경우가 있다. 이와 관련된 지칭은 개선되는 것이 바람직하지만 동시에 시장에서 이와 같은 기존 관행은 장기간 개선되지 않을 수도 있다.

고려된다는 것이다. 즉 자산의 경제적 혜택을 일반적으로 화폐 단위로 나타내고 있다. 현금을 창출할 수 있는 능력은 (최근과 같이) 저금리 상황이 유지되는 상황에서 그 중요성이 더욱 조명을 받고 있다.[6]

예를 들어 앞에 언급한 금을 생각해 보자. 일반적으로 안전자산이라고 지칭되는 금의 경우 오늘날 전 세계 대부분 지역에서 해당 지역 통화로, 즉 현금으로 전환할 수 있다. 과거에는 금은 인플레이션, 즉 물가상승과 함께 가격이 변화하여 실질 가치가 유지되는 자산으로 인식되었다. 그리고 금의 경우는 여러 국가에서 화폐로 교환될 수 있으므로 가장 안전한 자산으로 인식되었다. 하지만 저금리 상황에서 금 가격의 변동성이 높아져서 금은 가격변동이 상대적으로 높은 자산으로 간주되는 경향이 있다.

7. 회계기준에 따른 자산분류 체계

1) 기업 회계기준

기업 회계기준에 따르면 자산의 분류기준은 유동자산과 고정자산으로 구분된다. 유동자산은 앞에서 유동성의 정의에서 논의한 것처럼 기업이 소유하고 있는 자산을 현금으로 사용할 수 있는 능력을 기준으로 향후 1년 이내 현금화하거나 사용될 것으로 예상되는 자산을 의미한다. 유동자산은 당좌자산과 재고자산으로 구분되며, 당좌자산은 현금 빛 현금성 자산 예를 들어, 양도성 예금증서 그리고 MMF(Money Market Funds)를 의미한다. 유가증권, 즉 주식 등 단기 금융상품과 매출채권(account receivable)도 당좌자산에 포함된다. 재고자산은 상품과 제품들 그리고 반제품과 원자재와 부재료로 유동자산에 포함된다. 이는 영업활동을 통하여 매출과 연결되기 때문이다.

고정자산은 1년 이상 사용될 것으로 예상되는 자산을 의미하며, 투자자산, 유형자산, 무형자산, 그리고 기타 비유동자산으로 분류된다. 유동자산에 속하지 않는 투자자산, 주식, 사채 및 국공채, 장기 대여금 혹은 장기 매출채권, 투자 및 비영업용 토지, 건물 등 투자 부동산, 보증금이 포함된다.

---

6 미래 현금흐름을 가치로 현재 환산하는 과정에서 금리가 하락할수록 가치는 높아진다.

유형자산은 토지, 건물, 구축물, 기계장치, 선박, 차량운반구, 건설 중인 자산 등 장기간 기업의 정상적인 재화와 용역을 제공하기 위해 소유되는 자산을 지칭한다. 무형자산은 물리적 특성은 없지만, 동 자산을 소유함으로 상당한 기간에 거쳐서 권리 혹은 가치를 보유하고 있는 자산을 의미하며, 영업권, 공업소유권, 광업권, 어업권, 창업비, 개발비 등이다.

2) 국가 회계기준

국가 회계기준에 따르면 자산은 유동자산, 투자자산, 일반 유형자산, 사회기반시설, 무형자산 및 기타 비유동자산으로 구분한다. 유동자산은 기업회계기준과 마찬가지로 재정상태표에서 1년 이내에 현금화되거나 사용될 것으로 예상되는 자산으로서, 현금 및 현금성자산, 단기금융상품, 단기투자증권, 미수채권, 단기대여금 및 기타 유동자산 등이다. 투자자산은 투자 또는 권리행사 등의 목적으로 보유하고 있는 자산으로서, 장기금융상품, 장기투자증권, 장기대여금 및 기타 투자자산 등이다.

일반 유형자산은 고유한 행정 활동에 1년 이상 사용할 목적으로 취득한 자산으로, 토지, 건물, 구축물, 기계장치, 집기·비품·차량운반구, 전비품, 기타 일반 유형자산 및 건설 중인 일반 유형자산 등이다. 그리고 사회기반시설은 국가의 기반을 형성하기 위하여 대규모로 투자하여 건설하고 그 경제적 효과가 장기간에 걸쳐 나타나는 자산으로서, 도로, 철도, 항만, 댐, 공항, 하천, 상수도, 국가어항, 기타 사회기반시설 및 건설 중인 사회기반시설 등을 지칭한다.

무형자산은 일정 기간 독점적·배타적으로 이용할 수 있는 권리인 자산으로서, 산업재산권, 광업권, 소프트웨어, 기타 무형자산 등이다. 그리고 기타 비유동자산은 유동자산, 투자자산, 일반 유형자산, 사회기반시설 및 무형자산에 해당하지 아니하는 자산이다.

참고문헌

유승동, 2021, 감정평가액의 다양성에 관한 이론, *감정평가학논집* 20(1), pp. 3－17.

유승동·이태리, 2020, 오피스 임차인의 회전율, *부동산학연구* 26(3), 2020. 9, pp. 7－18.

Sanders, Michael V., 2018, Market Value: What Does It Really Mean? *Appraisal Journal,* 86(3) pp. 206－218.

Weinbaum, D., 2010, . Preference heterogeneity and asset prices: An exact solution. *Journal of Banking and Finance,* 34(9), pp. 2238－2246.

연습문제

1. 자산 가운데 운반하면서 질적 혹은 양적 변화가 있는 자산을 생각해 보자.

2. 유동성의 의미를 설명하시오.

3. 순금에 투자할 수 있는 방법을 알아보고, 설명하시오.

4. 급여가 5%가 올랐으며, 동기간 물가는 10%가 올랐다. 급여상승은 어떤 의미가 있는지 설명하시오. 그리고 실질 급여는 몇 %가 변화한 것인가?

5. 가격과 가치의 차이를 설명하시오.

6. 호가란 무엇이고 어떠한 사례가 있는지 생각해 보시오.

7. 본질가치란 무엇인가 설명하시오.

8. 유동자산을 정의하시오.

9. 미수채권이란 무엇인가 설명하시오.

10. 토지와 건물 그리고 건축물의 차이를 설명하시오.

11. 사회기반시설의 예를 제시하시오.

12. 당좌자산이란 무엇인지 설명하시오.

PART 02

시간가치와 시간가치의 활용

자신투자의 이해

CHAPTER 05

자산가액의 시간가치

○ ● ○

　자산거래에서 (거래에 기준인) 기본 거래단위에 대한 양적 및 질적 기준이 정립되면, 거래단위에 대한 가액, 즉 물건 가치에 상당하는 금액을 정하게 된다.[1] 시장에서 다양한 방식으로 가액이 정해질 수 있지만, 앞 장에서 이미 언급한대로 일반적으로 화폐단위로 가격이 표시된다.[2] 물론 해당 제품의 질에 따라 가격이 변화하는 경우가 일반적이다. 하지만 본 장에서는 거래기준이 마련되었고, 단일한 거래 기준에 따라 가격 그리고 가치를 논의한다.

　자산거래에서는 다양한 불확실성(uncertainty)이 발생할 수 있으며, 특히 시간의 선(time line)상에서 거래 당사자가 미래와 연관된 불확실성에 직면하는 것은 불가피하다. 하지만 당분간 미래와 연관된 불확실성은 특별한 언급을 하지 않기로 한다. 따라서 불확실성이 없는 거래에서 거래되는 시간과 가격은 서로 일정한 관계를 갖고 있다고 생각한다.

　더불어 거래에서 발생하는 거래 상대방과 관련된 불확실성이 없는 것으로 간주한다.[3] 본 장에서는 ① 지금 일정한 금액의 현금을 금융기관에 저축(혹은 투자)한다면, ② 현재 확정된 이자율로 ③ 사전에 정해진 미래에 ④ 동일한 현금, 즉 원금과 함께 이자율을 고려한 이자액이 지급된다고 생각한다.

---

[1] 양적 그리고 질적 변화를 고려하여 가격이 결정되는 경우도 있다. 현금의 경우에도 상황에 따라서는 일부의 훼손과 분실도 발생할 수 있다. 하지만 가격은 양적 그리고 질적 기준이 충족된 이후 해당 거래단위당 가격이 시장에서 기준 가격으로 활용된다.
[2] 상호 교환에서는 화폐단위가 아닌 재화단위로 결정될 수 있다.
[3] 실제 거래에서는 거래 상대방이 시장 혹은 자신의 상황변화에 따라, 처음에 약속한 거래에 명시된 요구조건의 일부를 이행하지 않을 위험도 있다. 간단한 예를 들어 학교에서 친구에게 1만 원을 빌려주고, 다음날 받기로 했다. 하지만 다음날 돈을 빌린 친구가 보이지 않는 것이다.

1. 기본 개념

시간은 계속적 흘러가고 있으며, 지금 현재에도 시간은 (화살같이 빠르게) 흘러가고 있다. 일부 사람들은 지금의 세상은 3차원이라고 생각하고 있지만, 이들이 생각하는 것과 현실은 반드시 같지 않을 수도 있다. 공간 좌표를 생각하면 공간은 (x,y,z) 축으로 대변되는 3차원의 이 세상에, 시간이란 추가적인 차원이 있다는 것을 무시할 수 없다.[4]

그림 5-1_ 1980년대 1,000원으로 할 수 있는 것

자장면 두 그릇

라면 10봉지

(서울) 우유 5개

소주 5병

자료: https://hub.zum.com/daily/18216

세상은 끊임없이 변화하고 있다. 만일 책을 읽기 시작한 시간에 금융시장이 개장된 시간이라고 한다면, 금융상품의 가격이 매시간 변화하고 있다는 것을 알 수 있다.[5] 금융시장에서 지금이란 매 순간은 매우 새로운 세상이라고 할 수

---

4 저자가 현재 본 저서를 집필하고 있는 시간과 저서를 출간하는 시간과 독자들이 저서를 읽는 시간은 다르기 때문이다.

있다. 이와 같은 관점에서 순간은 무척이나 새로울 수 있다고 할 것이다. 우리는 항상 새로운 시간, 즉 새로운 공간에 있다고 볼 수 있다.[6] 예를 들어 저자가 본 저서를 기술하고 있는 2022년 2월 어느 날 오전 이후 점심시간까지 저자가 투자한 주식가격은 3.5%가 변화하였다. 따라서 현실은 4차원이라고 볼 수 있다. 우리는 매우 중요한 시간과 연관된 차원에 대한 이야기를 하고 있다.

지금 현재 1천 원의 현금이 지갑에 있다고 하자. 1천 원으로 동네 마트에서 살 수 있는 것은 무엇이 있을까? 1980년대 아마 여러분들이 태어나기 이전에 여러분의 부모님이 여러분 나이 정도 혹은 그 이전일 수도 있다. 1980년대 당시 1천 원으로 할 수 있는 일을 찾아보았다. <그림 5-1>에서와 같이 1천 원이면 친구와 단둘이 중국 요리집에서 자장면 한 그릇씩 즐길 수 있었다. 혹은 라면 10봉지도 구입할 수 있었다. 하지만 시간의 흐름에 따라 화폐 가치는 변화한다. 동일한 1천 원이라고 해도 구매력(purchasing power)을 고려한 화폐의 가치가 하락하였다.[7]

시간의 흐름에 따라 변화하는 가치를 화폐의 시간가치(Time Value of Money)라고 한다. 이는 현재 1천 원이 있으면, 이를 소비하지 않고 은행에 10년 동안 저축을 한다면, 은행에서는 10년 후에 1천 원과 더불어 1천 원에 대한 이자를 지급하기 때문이다. 여기에서 원래 저축한 금액은 원금(principal)이며, 1천 원을 초과하는 부분은 이자(interest)다. 이자의 경우 현재 소비를 하지 않고 소비를 미래로 이전하였으므로, 이에 대한 보상이라고 생각하면 된다. 그리고 이자율은 보상인 이자와 원금의 비율이다.

---

5 본 저서를 독자들이 읽기 시작한 시간과 이를 읽고 있는 현재시간 그리고 읽기를 마치는 시간은 같은 시간이라고 할 수 없다. 동일한 3차원의 공간에서 독자들이 앉아서 책을 읽고 있는 시간은 사실 동일한 시간은 아니다.

6 따라서 지금은... 지금이 아니라고 볼 수 있다. 항상 새로운 시간에 살고 있는 것이다. 그리고 현실적으로 10년 전의 나와 지금의 나는 동일한 사람이라고 생각하지만, 현실은 그와 같지 않다. 이는 내 몸에 있는 세포들은 지속적으로 새롭게 태어나고 있기 때문이다.

7 시간이 지나더라도 그 질적 그리고 양적인 변화가 거의 없는 자산도 있다. 과거 1980년에 24k 금 1kg을 방 안 금고에 보관하였다. 그런데 어제 그 금고를 열었다. 이 경우 과거의 금은 현재에도 물리적으로 변화가 없었을 것이다. 하지만 금 1kg은 시장가격으로 1980년대 가격과 현재의 가격은 크게 다를 것이다.

<저축(saving)과 투자(investment)의 차이>

저축과 투자는 매우 유사한 개념이지만 현실적으로 동일한 개념이라고 볼 수는 없다. 금융기관 흔히 은행에서 1천 원을 가지고 저축을 하게 되면, 1년 이후에 저축을 하고 받을 이자를 알려준다. 그리고 이자는 현재의 소비를 하지 않고 이를 (지금 이를 필요로 하는 다른 경제주체가 활용할 수 있도록) 소비를 지연한 데 대한 보상으로 볼 수 있다.

저축을 하는 경우 미래에 받을 금액을 확정적으로 알 수 있다. 그러나 금융기관에서 1천 원을 가지고 투자상품에 가입하게 되면, 1년 이후에 투자를 통하여 받을 수 있는 수익을 알려주지 못한다. 따라서 투자를 하는 경우 미래에 받을 금액을 현재에는 알 수 없다.

현재 시점에 미래에 받을 수 있는 금액을 확정해 주는 것이 저축인 반면, 그렇지 못한 것은 투자라고 볼 수 있다. 투자의 경우 저축과 비교하여 상대적으로 미래에 대한 불확실성을 많이 포함한다고 볼 수 있다. 하지만 광범위한 투자의 개념은 저축의 개념을 포함하곤 한다.

예를 들어 A 은행에 1억 원을 저축하였지만, 6개월 후에 은행이 파산을 한다면 1년 이후에 반드시 1억 원을 받는다고 현재 확정할 수는 없을 것이다. 미래와 연관된 모든 현상에는 불확실성이 있다. 따라서 투자와 저축을 구분하는 경우도 있지만, 광의의 투자는 저축을 포함한다고 볼 수 있다.

<금융기관에서 이자는 항상 지급하는가?>

앞에서 살펴본 바와 같이 여러분이 저축을 한 경우에 항상 이자를 정시에 받을 수 있지는 않다. 그러나 예금자보호법에 근거하여 여러분이 저축한 금융기관이 파산, 즉 망하는 경우 예금보험공사에서는 원금과 이자를 합하여 1인당 5천만 원까지의 금액은 받을 수 있도록 조치하게 된다.

결국 은행, 보험회사, 상호저축은행 등에 저축한 5천만 원까지의 원금과 이자는 받을 수 있는 것이지만, 이를 초과한 금액의 경우 받지 못하는 경우가 있을 수 있다. 그리고 이와 같은 절차는 시간이 소요되므로 금융기관 파산의 경우 저축한 이자와 원금을 5천만 원 이내에서 반드시 만기에 수령하는 것은 아니다.

미국의 서부 개척시대의 영화를 보면 무장강도가 은행을 습격하고, 마을에 보안관이 은행을 지키고 있다. 세상이 혼란한 경우 현금을 집에 직접 보관하는 것은 매우 위험한 일일 수 있다. 따라서 현금의 경우 이를 은행에 안전하게 보관하는 것이 바람직할 수 있다. 이와 같이 현금을 은행이 안전하게 보관해준다고 생각해 보자. 이 경우 은행은 이자를 지급하는 것이 아니라, 소비자로부터 현금보관에 대한 수수료를 받아야 한다.

<월 1%는 저렴한가?>

일반적으로 나이는 연 기준으로 표현한다. 예를 들어 20세 생일을 맞이한 사람은 '나이가 20세가 되었다'라고 한다. 하지만 나이를 월 기준으로 표현할 수도 있다. 따라서 20세 생일을 맞이한 사람은 나이가 240개월이라고 볼 수도 있다.

어린 아이들의 경우 6개월이 되었다 혹은 12개월이 되었다고 하는 것이 일반적인데 왜 성인은 개월로 나이를 이야기하지 않는 것일까라고 생각할 수도 있다.

대부분의 경제 지표는 시간과 연관되어 있다. 이자율과 수익률 등은 1년을 기준으로 표시한다. 이것이 서로 거래에서 오는 오류를 방지할 수 있는 방법이다. 따라서 이자율이 1% 혹은 투자율이 1%는 특정한 기간에 기준이 제시되지 않았다면 1년을 기준으로 발표한다. 하지만 이자율을 월 기준으로 하고 명시하는 경우도 있다. 대중매체 특히 언론 광고에서는 소비자가 이와 같은 방법으로 이자율을 홍보한다. 대출이 월 1%라서 저렴하다는 광고를 접하기도 한다. 그러나 자세히 살펴보면 월이란 기준이 있다는 것을 주의하여 볼 필요가 있다. 일반적으로 표시하는 1년 기준이 아닌 경우 이자율 또는 투자율 앞에 기준이 되는 시간, 즉 1월을 기준으로 표시하는 것이다. 따라서 저금리 시기에는 월 1%란 금리가 반드시 낮다고 할 수 없으며, 신용등급이 우수한 사람에게는 더욱 그럴 수 있다.

2. 현재가치(Present Value)와 미래가치(Future Value)

1) 현재가치와 미래가치의 관계

현재가치와 미래가치에 대한 이야기를 위해서는 미래는 언제 시점의 미래인가에 대한 정의가 필요하다. 즉 미래가치의 기준이 되는 미래는 1년 이후의 미래인지, 2년 이후의 미래인지, 혹은 100년 이후의 미래인지 알아야 한다. 따라서 현재를 t=0이라고 하고 1년 이후의 시간을 T=1이라고 가정하자. 참고로 본 도서에서는 t는 시간을 의미하며, 현재 시점을 일반적으로 시작 시점으로 t=0을 지칭한다. 그리고 최종 시점을 명시하고자 한다면 대문자인 T를 이용한다. 따라서 일반적으로 t=0과 t=T 사이의 시간은 $\tau > 0$ 로 표시하며, τ는 타우(tau)라 표시한다.

현재 현금 1천 원을 보유하고 있으며, 이를 은행에서 1년 동안 저축을 한다고 생각해 보자. 보유하고 있는 자산은 현재가치로 1천 원의 현금이다. 이를 1

년 저축기간 이후 미래의 가치, 즉 미래가치를 알고 싶다. 은행에서 저축한 원금, 즉 1천원을 어떻게 미래에 보상받을 것인가를 알려줄 것인지 생각해 보자.

개인적으로 은행에서 저축을 한 경험들을 기억한다면, 은행에서는 저축자에게 저축하는 시점에 당시 저축 이자율(interest rate)을 알려준다. 예를 들어 이자율이 10%라고 한다면, 은행에 1천 원을 1년 동안 저축하여 받게 되는 금액은 원래 저축한 원금 1천 원과 이에 대한 이자 연 10%에 해당하는 0.1천 원, 즉 100백원을 더한 1.1천 원을 받는다. 현재 1천 원을 사용하지 않고, 저축을 통하여 미래에 받게 되는 보상은 원금 1천 원과 이자 0.1천 원을 합한 1.1천 원이다.

사례

\<조삼모사(朝三暮四)\>
중국의 고사성어인 조삼모사는 송나라에서 한 농부가 키우는 원숭이를 수 십마리 키우고 있었다. 저공은 원숭이를 좋아해서 대화가 가능하였으며, 키우던 원숭이의 숫자가 너무 많아서 이들에게 줄 먹이가 떨어졌다고 한다. 이에 저공은 "아침에 3개, 저녁에 4개를 주겠다."고 하니 화를 내었다고 한다. 그래서 꾀를 내어 "아침에 4개, 저녁에 3개를 주겠다."고 했더니 만족하였다고 한다. 따라서 잔꾀에 속아 넘기는 것을 조삼모사라고 하고, 그 꾀에 속아 넘어간 원숭이를 바보라고 생각했다.
과연 원숭이는 바보였을까? 두 가지 경우의 차이를 논의하시오.

앞의 사례에서 중요한 개념에 대하여 이해가 필요하다. 첫 번째로 우선 현재와 미래에서 미래가치를 고려하기 위해서 결정되는 미래란 향후 언제 시점에 미래인가이다. 물론 사례에서 현재와 비교하여 미래는 1년 이후라고 생각하였다. 기간을 고려하면 수식으로는 T가 1년이란 것이다. 즉 현재와 미래의 차이는 1년이라고 생각한 것이다. 이를 만기(maturity)라고 표시한다.

두 번째로 현재의 소비를 하지 않고 저축하는 현재가치의 금액을 이해해야 한다. 현재의 시점에서 우리는 1천 원이 있다는 것을 알고 있다. 여기에서 미래가치로 전환하기에 현재가치를 알고 있다.

세 번째로 현재가치(즉 1천 원)를 (1년 이후) 미래가치로 전환할 수 있게 도와주는 이자율이 주어져야 한다. 이자율을 10%라고 가정하였다. 따라서 식

$$FV = PV \times (1+r) \tag{1}$$

로 미래가치를 도출할 수 있다. 여기에서 PV는 현재가치, r은 이자율 그리고 FV는 미래가치이다. 수식 (1)에서는 1년 이후이고 윗첨자에서 일반적으로 1은 생략하여 수식 (1)에서도 생략하였다.

따라서 $\tau = T$년 이후의 미래의 경우 수식 (1)은

$$FV = PV \times (1+r)^T \tag{2}$$

가 된다. 수식 (2)에서 주의해야 할 것은 미래가치인 FV를 계산하기 위해서는 3가지 변수가 주어져야, 즉 이를 알고 있어야 한다. 즉 앞에서 언급한 기간 즉 만기 T, 현재 가치 PV, 그리고 이자율 r이 주어져야, FV를 계산할 수 있다. 만일 세 개의 변수 가운에 적어도 하나라도 변수를 알지 못하는 경우 FV를 계산하는 것은 불가능하다.[8] 수식(1)은 하나의 방정식이므로, 수학적 측면에서 다른 변수를 알아야 FV의 계산이 가능하다.

미래에 타인에게 받을 돈이 있다고 가정하자. 그럼 이를 현재가치로 계산하기 위해서는 무엇이 필요한가? 수식 (2)는 다음과 같이 전환할 수 있다.

$$PV = FV \times \{1/(1+r)^T\} \tag{3}$$

미래가치를 현재가치로 계산하기 위해서도 수식에서는 세 가지 변수를 알아야 한다. 첫 번째로 앞의 사례와 같은 방식으로 미래란 언제의 미래인가이다. 현재와 미래간에 기간, 즉 T(시작 시점 t=0, 종료시점 t=T)이다. 즉 현재와 미래간의 시간의 차이로 볼 수 있다.

두 번째로 미래가치가 필요하다. 미래가치를 알고 있어야, 현재가치를 계산할 수 있다. 세 번째로 미래가치를 현재로 전환할 수 있도록 이자율(또는 보다

---

8 수식 (2)에서는 4개 변수로 이루어져 있다. 따라서 세 개의 변수를 알면, 나머지 하나의 변수를 계산할 수 있다. 만일 두 개 이상의 변수를 모른다면, 나머지 변수들도 여전히 하나의 수식으로 알 수는 없는 것이다. 즉 모르는 변수들의 다양한 조합으로만 해(solution)를 구할 수 있다.

전문적인 용어로) 할인율이 있어야 한다. 즉 기간 T, 미래가치 FV, 그리고 할인율 r을 알아야 현재가치 PV를 계산할 수 있다.

사례

<금리와 이자율의 차이>
한국은행에 따르면 금융시장에서 금리는 자금을 빌리거나 빌려준 대가로 주고받는 이자의 원금에 대한 비율이라고 한다. 따라서 금리와 이자율은 유사한 개념으로 볼 수 있다. 일반적으로 이자는 금리보다는 다소 넓은 개념으로 보고 있다. 이는 이자란 것은 물건을 빌린 경우 이에 대한 대가이며, 반드시 비율로 지급된다고 단정할 수 없기 때문이다. 그러나 일반적으로는 금리와 이자율은 큰 차별을 두지 않고, 교차적으로 이용되는 경우가 대부분이다.

2) 이자율, 할인율, 그리고 수익률

앞 절에서 논의한 중요 개념으로 현재가치를 미래가치로의 전환은 이자율을 통해 가능하다고 하였다. 이자율이란 채무자가 채권자로부터 빌린 돈에 대한 원금에 대한 이자의 비율이다. 그리고 미래가치를 현재가치로 전환이 가능한 것은 할인율이라고 지칭하였다. <그림 5-2>에서와 같이 이자율을 활용하여 미래가치를 계산하며, 할인율을 활용하여 현재가치를 계산한다.[9] 이론적으로 일부

그림 5-2_ 이자율과 할인율의 관계

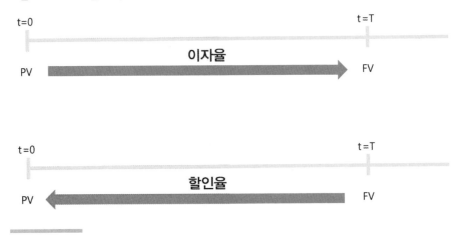

9 다수의 교재에서 초기 단계에서 이자율과 할인율이 동일하다고 가정하는 경우가 빈번하다. 하지만 본 교재에서는 정확한 이해를 위해서 초기 단계에서부터 이를 구분한다.

가정이 고려되면 이자율과 할인율은 동일할 수 있지만, 실제 현실 경제에서는 명확히 차이가 있는 것으로 인식된다. 전문가 혹은 전문가를 지향하는 독자들을 위하여 본 도서에서 이자율과 할인율의 개념을 서로 구분한다.

이자율과 관련된 개념은 수익률이 있다. 은행에 저축을 한다면 이자율을 은행에서 알려주지만, 시장에서 투자를 유치하는 금융기관에서는 수익률을 알려주지는 않는다. 이는 저축하면 미래에 받을 수 있는 미래가치를 알 수 있도록 이자율이 알려주며, 이는 일반적으로 (고정금리의 경우) 저축기간 동안 변화하지 않는다.

투자의 경우 미래의 가치가 현재에 기대한 수준보다 올라갈 수 있지만, 반대로 미래가치가 현재에 기대한 수준보다 낮아질 수도 있다. 투자를 실행하는 시점에서 미래가치를 확정적으로 고정할 수 없는 경우 수익률을 활용한다. 즉 투자를 하기 전에는 혹은 투자를 실행하는 시점, 그리고 어떤 경우 투자가 완료되기 전까지 투자자는 수익률을 알 수는 없다. 하지만 투자를 집행하고 난 이후에 수익률의 변화에 대한 추적은 가능하다. 따라서 투자하는 시점 혹은 그 전에는 수익률이 아닌 기대(expected) 수익률이란 용어를 활용한다. 기대 수익률이란 현재에 향후 가장 그럴듯하다고 기대되는 수익률을 의미하며, 동 기대 수익률이 반드시 실현된 수익률이라는 것을 의미하지는 않는다.

사례

<이자율은 하나인가요?>
은행에서 저축을 한 경우 이자율은 6개월, 1년 등 저축 기간과 금액에 따라 변화하게 되어 있다. 그리고 은행, 저축은행의 이자율이 항상 동일한 것은 아니다. 그리고 금융감독원의 금리공시에서 확인할 수 있듯이, 지역에 따라 이자율이 변화할 수도 있다.
금융감독원의 정기예금 이자율을 검색하시오.

금융감독원(www.fss.or.kr)의
정기예금 이자율 또는 금리공시

<그림 5-3>에서와 같이 투자를 하는 시점에서 수익률을 알 수 없으며, 기대수익률만을 알 수 있다. 그리고 시간이 경과에 따라 (과거) 수익률을 계산

할 수 있다. 투자의 (최종) 수익률을 투자가 완료된 이후에 계산이 가능한 것이다. 따라서 수익률은 경제환경의 불확실성과 밀접한 연관이 있다. 그리고 수익률의 개념이 훨씬 넓은 범위에서 이자율을 포함한다고 볼 수 있다.

그림 5-3_ 이자율과 수익률의 관계

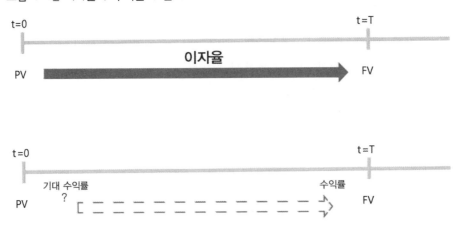

3. 단리(Simple Interest)와 복리(Compound Interest)

1) 사례를 통한 설명

지금 1천 원을 연 10%의 이자율로 1년 동안 저축한다면, 만기에 받는 돈은 1.1천 원이다. 이를 은행에서 인출하지 않고, 다시 똑같은 조건, 즉 연 10%에 추가로 1년을 저축한다면, 처음 투자한 이후 2년이 경과한 상황에서 은행에서 찾을 수 있는 금액은 수식 (2)에 근거하여, 1,000원×(1+10%)^2=1,210원이다. 여기에서 2년 동안 저축하는 경우 이자가 210원이 된다는 것에 주목하자.

그림 5-4_ 단리와 복리의 비교: 현재 1,000원을 2년간 저축

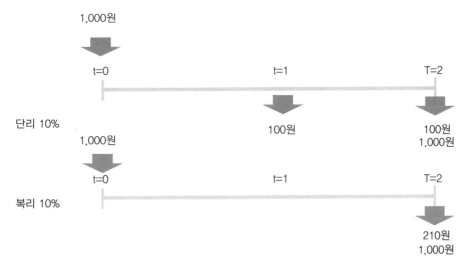

만일 2년 동안 단리 (연) 10%로 현재 1천 원을 저축한다면, 1년이 경과한 이후 1,000원×10%, 즉 100원을 받고, 2년이 경과한 이후 또 다시 추가로 이자 100원과 원금 1,000원을 받는 것이다. 하지만 2년 동안 복리 (연) 10%로 현재 1천 원을 저축한다면 2년 이후 이자 210원과 원금 1,000원을 받는다. 단리와 복리의 차이를 설명하는 사례에 대한 예시는 <그림 5-4>에서 확인할 수 있다.

복리에서는 1년 이후 지급되는 이자액 100원이 저축이 다시 되어 '이자에 대한 이자'인 10원이 2년 차에 추가로 지급되는 것이다. 단리의 경우 (화폐의 시

간가치를 무시하는 경우) 1,200원 그리고 복리의 경우 1,210원을 받는 것이다. 이로 인하여 복리의 경우 단리와 이자율 수준이 동일하다면, 최종적으로 수령하는 절대 금액이 크게 되어 있다. 이를 흔히 복리의 마법 혹은 마술이라고 부르기도 한다.

사례

<bps(basis points)란 무엇인가요?>
금융시장에서 흔히 사용하는 용어가 bp이다. 1bp는 0.01%이므로, 즉 1%는 100bps라고 알 수 있다. 왜 이와 같이 작은 숫자에 신경을 쓰는 것일까?
앞에서 복리의 차이는 1,000원에 10원이었다. 만일 저축한 금액이 1,000억 원이라면 그 차이는 얼마일까, 그리고 저축한 금액이 1조 원이면 그 차이는 얼마일까 계산해보자.
1,000억 원을 운영하는 펀드매니저(fund manager)의 연봉을 생각해 보자. 만일 앞에서 설명한 단리와 복리의 사례를 앞의 펀드매니저의 연봉과 비교하여 생각해 보자.

2) 복리의 주기

복리의 주기, 즉 이자에 이자가 지급되는 기간을 1년으로 계산하였다. 하지만 복리의 주기는 1년보다 짧은 기간, 즉 6개월, 매 분기, 매월, 매일 또는 연속적 등 다양하게 정해질 수 있다. 경우에 따라서 1년을 넘는 경우도 가능하다.

앞에서 현재가치와 미래가치를 전환하기 위하여 세 가지 요소, 즉 기간, 전환이 필요한 (현재 또는 미래) 가치, 그리고 이자율(또는 할인율)이 필요하다고 설명하였다. 이는 복리 주기를 1년으로 가정한 것이며, 1년이 아니라면, 즉 1년 동안에 복리의 횟수를 알고 있어야, 현재가치와 미래가치 사이에 상호 전환이 가능하다.

예를 들어 6개월 복리를 생각해 보자. 1000원을 1년 동안 저축하였고, 복리의 주기가 6개월이므로 이자는 1년 동안 2번 지급된다. 앞에서 만기, 즉 $t=1$까지 1년 동안 복리횟수가 $n=2$회이다. 공시된 연간 이자율, 즉 연율이 10%인 경우 6개월 이후 미래가치는 $1,000원 \times (1+10\%/2) = 1,050원$이다. 그리고 1년 후 미래가치는 $1,000원 \times (1+10\%/2)^2 = 1,102.5원$이다. 이를 통하여 6개월 기준 복리는 $n=2$로 수식 (2)은

$$FV = PV \times (1 + r/n)^{n \times T} \tag{4}$$

이다. 수식 (4)에서 분기 복리는 n＝4, 월 복리는 n＝12가 된다. 여기에서 이 자율은 연율로 표시된다.[10]

앞의 사례에서 1년 복리와 6개월 복리를 비교하여 보자. 1년 복리의 FV는 1,100원이지만, 2개월 복리의 경우 FV는 1,102.5로 2.5원이 증가하였다. 이를 다시 말하자면 복리의 마법이라고 한다. <표 5－1>에서와 같이 1년 동안 복리 횟수가 증가, 즉 복리기간이 축소될수록 미래가치는 높아진다는 것을 확인하였다.

표 5-1_ 1,000원을 이자율 10%, 1년 만기에 저축한 경우 미래가치 비교

	1년 복리	반기(6개월) 복리	분기 복리	월 복리
FV	$1,000 \times (1+10\%)$	$1,000 \times (1+10\%/2)^{1 \times 2}$	$1,000 \times (1+10\%/4)^{1 \times 4}$	$1,000 \times (1+10\%/12)^{1 \times 12}$
	1,100	1,102.5	1,103.81	1,104.71

사례

인터넷 대출광고에서 월 1%를 보고 1,000원을 1년간 빌렸다고 하자. 1년 이후 갚아야 할 돈은 1,126.83원(＝ 1000원×$(1+1\%)^{12}$) 이다. 이와 같은 금액은 (연) 12%보다 이자율이 실질적으로 갚아야 할 금액이 많다는 것을 알 수 있다. 이는 대출이 월 주기로 복리가 계산되기 때문이다.

4. 주기적인 현금흐름의 가치평가

앞에서 현재가치를 미래가치 혹은 미래가치를 현재가치로 전환하는 방법을 논의하였다. 이와 같은 현금의 유입과 유출은 주기적일 수 있다. 예를 들어 학자금 대출은 1년에 2번씩 받을 수 있다. 그리고 졸업한 이후 10년 동안 매월

---

[10] 만일 연율이 아니라면 구체적인 이자율 앞에 월, 분기, 반기(6개월) 등이 명시되어 있어야 한다. 실례로 월 1% 등이다.

일정 금액을 상환할 수도 있다.

매년 1,000원을 4년 동안 이자율 10%에 받았다고 생각하자. 물론 1,000원 보다는 1,000만 원이 현실적일 수 있지만, 설명의 일관성을 유지하기 위하여 학자금 대출로는 비현실적인 1,000원이라고 가정하였으며, 이자율도 낮을 수 있다. 4년 이후 졸업하는 시점에 학자금 대출의 잔액, 즉 미래가치를 생각해 보자.

표 5-2_ 4년간 매년 1,000원을 받을 때 미래가치

기간	미래가치
1학년	$1,000 \times (1+10\%)^4 = 1,464.1$
2학년	$1,000 \times (1+10\%)^3 = 1,331$
3학년	$1,000 \times (1+10\%)^2 = 1,210$
4학년	$1,000 \times (1+10\%)^1 = 1,100$
FV	5,105.1

그림 5-5_ 4년간 매년 1,000원을 받을 때 미래가치로 전환: 매기 시작시점 기준

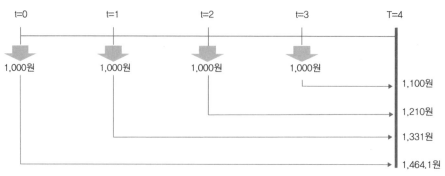

이와 같은 예를 통하여 매년 c의 금액을 T년 동안 대출을 받는다고 생각하면, 식 (2)를 통하여 미래가치, 즉 만기에 상환해야 하는 금액은 $FV = c \times \{(1+r)^1 + (1+r)^2 + \cdots + (1+r)^T\}$이다.

앞의 사례보다 일반적인 사례는 매년 현금흐름이 변화할 수도 있다. 즉 매년 학자금 대출금액이 등록금 혹은 생활비의 변화에 따라 변화하는 일정하지 않은 경우가 있다. 이와 같은 사례에서는 식 (2)를 통하여 개별적인 현금흐름의

미래가치를 계산하고 이를 합하는 것이 가능하다.

　주기적인 현금흐름을 산정할 때 고려가 필요한 부분은 현금흐름이 해당 기간 초에 혹은 해당 기간 말, 즉 연 단위로는 연초 혹은 연말에 현금흐름이 있느냐에 따라 가치의 변화가 발생할 수 있다. 앞에서 4년간 대출을 받는 경우 매 학년 단순하게 1월 1일에 대출을 4년 동안 받고, 4년 만기가 되는 12월 31일에 미래가치를 계산한 경우이다. 매 학년 1월 1일이 아니라 매 학년 12월 31일에 대출을 받는 경우에는, 4학년인 상황에서 12월 31일에 미래가치는 <표 5-3>에서 확인할 수 있다.

표 5-3_ 4년간 매년 1,000원을 받을 때 미래가치: 매기말 기준

기간	미래가치
1학년	$1,000 \times (1+10\%)^3 = 1,331$
2학년	$1,000 \times (1+10\%)^2 = 1,210$
3학년	$1,000 \times (1+10\%)^1 = 1,100$
4학년	1,000
FV	4,641

그림 5-6_ 4년간 매년 1,000원을 받을 때 미래가치로 전환: 기간 말기준

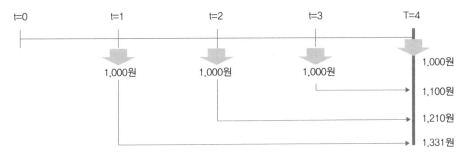

5. 연금(Annuity)의 현재가치

연금(annuity)이란 연금(계약) 소유자가 현재부터 (혹은 미래의 특정 시점으로부터) 일정한 주기에 (매년 혹은 매월 등) 일정 금액을 받기로 계약한 거래이다. 소유자의 거래 상대방은 일시에 연금을 지급하는 경우도 있고, 주기적으로 지급하는 경우도 있다. 따라서 연금 납입자인 연금 소유자[11]는 특정한 금액을 일시에 혹은 일정한 주기로 납부하고 연금계약을 구입하고 만기 이후 일시에 (혹은 일정한 주기로) 연금을 받게 된다.

본 장에서는 가장 단순한 형태의 연금으로 가입자가 일시에 현금을 지불하고, 매년 영구적으로 일정한 금액을 받기로 한 연금계약으로 생각한다. 영구적으로 연금을 지급하는 계약은 실제 금융시장에서는 거의 존재하지 않지만, 개인의 관점에서 사망 시점까지 지급하는 연금을 영구적이라고 생각할 수도 있다.[12]

만일 은행에서 1,000원을 영구적으로 저축한다고 생각하자. 이자율은 영원하게 10%로 고정되었다고 생각해 보자. 이 경우 원금이 고정된 상황에서 저축자가 매년 받을 수 있는 이자는 얼마인가? 물론 1,000원의 10%이므로, 매년 100원을 받을 수 있다.

이와 같은 사례를 생각하면서 (영구적) 연금의 사례를 생각해보자. 평생 매년 100원의 연금을 수령할 수 있는 연금상품이 있다고 상정하자. 이 경우 연금의 금리가 10%라고 한다면, 이와 같은 연금상품을 얼마에 구입해야 적정한 가격일까? 여기에서 평생이란 것은 저축자를 불멸의 사람으로 가정한다.

연금의 가치에 대하여 쉽게 답변을 하는 경우도 있을 것이다. 이를 설명하자면, 매년 c의 연금이 지급되는 상품의 적용되는 금리가 r이면, 연금의 현재가치는 수식 (5)와 같다.

$$PV^a = c/r \qquad\qquad (5)$$

---

[11] 물론 연금의 납입자가 연금의 소유자와 다를 수도 있다. 예를 들어 남편이 아내를 위하여 연금 상품에 가입할 수 있으며, 그 반대인 경우도 있다.
[12] 사망시점에 대한 예측은 중요한 연금의 연구 주제이며, 연금의 가입자와 연금을 판매한 금융기관이 중요하게 보는 지표들 가운데 하나이다.

앞의 예에서 연금의 가치는 1,000원이 될 것이다. 만일 연금이 1,000원 이상으로 팔리고 있다면, 합리적인 가입자는 동 연금의 가입을 기피할 것이다. 그리고 연금이 1,000원 이하로 팔리고 있다면, 수많은 가입자들이 동 연금에 가입할 것이며, 이는 연금 판매자에게는 불이익이 될 수 있다. 이로 인하여 결국 판매자는 동 연금의 판매를 중단할 수밖에 없다. 따라서 앞의 사례로 연금가격 혹은 가치는 1,000원이 되어야 한다.

현실적으로 T년을 살게 되는 연금 가입자는 생애 동안 매년 n번의 c연금이 나오는 연금의 현재가치

$$PV^a = \frac{cn}{r}\left(1 - \frac{1}{(1+r/n)^{n \times T}}\right)$$

이고 만일 n=1인 경우

$$PV^a = \frac{c}{r}\left(1 - \frac{1}{(1+r)^T}\right)$$

이다. 현재부터 매년 c의 연금을 납입하는 경우 T년 이후의 연금의 가치는

$$FV^a = \frac{c}{r}\left((1+r)^T - 1\right)$$

이다. 현재부터 매년 n번의 주기적으로 c의 연금을 납입하는 경우 T년 이후의 연금의 가치는

$$FV^a = c \times \frac{n}{r}\left((1+r/n)^{n \times T} - 1\right)$$

이다. 주의할 것은 T년이란 연금계약에 미리 정할 수도 있지만, 향후 기대되는 기간일 수도 있다. 상세한 증명은 부록에서 확인할 수 있다.

6. 연속복리(Continuous Compounding)

지금까지 1년을 기준으로 n번의 복리가 계산되는 사례를 논의하였다. 이에 추가하여 복리가 1년 동안 무한히 연속적으로 이루어지는 경우를 연속복리라고 한다. 사실 여러 가지 유형의 복리를 상호 비교하고 선택할 수 있도록 동 개념이 널리 활용되고 있다. 연속복리에서 현재가치는

$$PV = FVe^{-rt} \tag{6}$$

이다. 그리고 유사한 방식으로 미래가치는

$$FV = PVe^{rt} \tag{7}$$

이다. 연속복리에서는 세 가지 변수, 즉 기간, 전환이 필요한 (현재 또는 미래) 가치, 그리고 이자율(또는 할인율)을 활용하여 가치전환이 가능하다.

참고로 예를 들어 한국은행 경제통계시스템에서 국민주택채권1종(5년만기)의 1987년 연 이자율은 11.9%이다. 그러나 2019년 1.6%로 하락하였다. 이와 같은 이자율을 토대로 현재 100만 원을 앞으로 30년 동안 이자율 1.6%, 그리고 11.9%, 그리고 둘의 중간인 6.8%로 저축한 경우 미래가치의 변화를 확인할 수 있다.

<그림 5-7>에서와 같이 현재 100만 원을 1.6%의 연속복리 이자율로 저축하는 경우 30년 후에 잔액은 162만 원이지만, 11.9%의 경우 3,552만 원이다. 이와 같이 이자율이 상승하면 할수록 그리고 저축기간이 장기일수록 연속복리를 통한 만기 잔액의 증가는 기하급수적이란 것을 확인할 수 있다. 참고로 가치의 측면에서 만일 이자율을 할인율이라고 생각하는 경우(즉 $r = \delta$인 경우), 앞의 사례는 현재가치를 계산한다면 모두 100만 원이다.

하지만 현실 경제에서 이자율과 할인율(즉 $r \neq \delta$)은 다르다. 따라서 자산의 가치 V가 이자율 r로 증가하지만 이를 δ 로 할인하는 경우

$$PV = V e^{rt} e^{-\delta t} = V \ e^{-(\delta - r)t} \tag{8}$$

만일 이자율과 할인율은 서로 다르고 만일 이자율이 할인율보다 높다면 가치는 장기적으로 가치의 폭발도 확인이 가능하다. 따라서 할인율은 이자율보다 높은 경우에만 가치의 폭발을 방지할 수 있다.[13] 이와 같은 가정은 직관적으로 기간이 장기가 될수록, 즉 초장기에 발생하는 현금흐름은 그 규모가 아무리 크더라도 현재 시점에서 동 가치를 현재가치로 환산한다면 그 현재가치의 절대적 크기가 지금에 무시할 수 있을 만큼 작을 수밖에 없음을 시사한다.

여기에서 정확한 이해가 필요한 것은 할인율은 이자율보다 정상적 상황에서는 높은 것($\delta > r$)이 일반적일 것이며, 이로 인하여 무한한 미래에 가치의 중요성은 낮아지는 것이다. 예를 들어 현실적이지 않지만, 여러분의 믿는 신께서 향후 5억 년이 경과한 이후 세상의 모든 가치있는 것을 여러분 개인에게 다 준다고 약속한다. 이것은 개인적으로 어떤 의미가 있을까?[14]

그림 5-7_ 현재 100만원을 연속복리로 30년간 투자한 경우 가치변화

(단위: 만원)

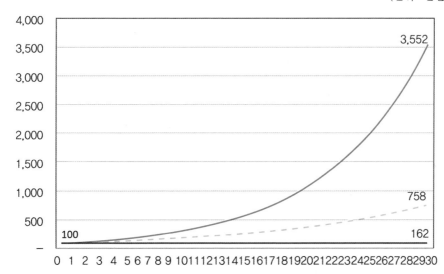

13 이는 학술적으로 비버블(no bubbles) 조건이라고 지칭하기도 한다.
14 앞으로 어떤 일이 발생할지 아무도 모르지만 많은 과학자들은 지구에서 5억 년 이후 동식물들이 사라질 것이라고 주장하기도 한다. 그리고 이를 기반으로 많은 공상과학(SF)영화들이 만들어지고 있다.

일정한 금액, 즉 c의 주기적 현금흐름의 계산을 이해하기 위해서는 등비수열의 합을 생각하여 보자.

$$S = 1 + x + x^2 + \cdots + x^T$$

S를 도출하기 위하여

$$S = 1 + x + x^2 + \cdots + x^T$$

$$-xS = x + x^2 + \cdots + x^{T+1}$$

$$----------------$$

$$S - xS = 1 - x^{T+1} \tag{1}$$

수식 (1)에서 $S = (1 - x^{T+1})/(1-x)$가 되며 물론 여기에서 $x \neq 1$이다.

따라서 T년 동안 매년 n번을 주기적으로 일정한 금액 c를 수령하는 연금의 할인율을 r이라고 가정한다면 이와 같은 연금의 현재가치는

$$c \times (1+r/n)^{-1} + c \times (1+r/n)^{-2} + \cdots + c \times (1+r/n)^{-n \times T}$$

$$= c \times (1+r/n)^{-1} \times \{1 + (1+r/n)^{-1} + \cdots + (1+r/n)^{-n \times T-1}\}$$

$$= c \times (1+r/n)^{-1} \times [\{1 - (1+r/n)^{-n \times T}\}/\{1 - (1+r/n)^{-1}\}]$$

$$= c \times (n/r) \times \{1 - (1+r/n)^{-n \times T}\}$$

이다. 따라서 연금의 현재가치를 PV^a라고 하면

$$PV^a = c \times (n/r) \times \{1 - (1+r/n)^{-n \times T}\}$$

이다. 여기에서 영구적으로 지급되는 연금을 고려하기 위해서 $T \to \infty$이면, $\lim_{T \to \infty} PV^a = c \times (n/r)$이며, 매년 1번이 주어진다면 n=1로

$$PV^a = c/r$$

부록 2. 연속 복리(Continuous Compounding)의 증명

우리는 현재가치 PV를 t년 동안 연간 복리 n번의 이자율 r에 저축한다면, 미래, 즉 만기의 가치는 다음과 같다는 것을 배웠다.

$$FV = PV \times (1 + r/n)^{n \times t}$$

연속복리란 무한번 반복으로 복리가 진행되는 것을 의미하므로 식(1)에서 $x = (1 + r/n)^{n \times t}$로 정의하는 경우, $\lim_{n \to \infty} x = \lim_{n \to \infty} (1 + r/n)^{n \times t}$으로 볼 수 있다. 직접 극한을 계산할 수 없어, 로피탈의 정리(l'Hôspital's rule)를 활용한다. 동시에 자연 로그함수를 이용하여 lnx=ln(1+r/n)/(1/nt)는 n→∞이므로
lnx=ln(1+r/n)/(1/n)으로

$$\lim_{n \to \infty} \ln(x) = \lim_{n \to \infty} \frac{\frac{d}{dn}(\ln(1 + r/n)}{\frac{d}{dn}(1/n)} = \lim_{n \to \infty} \frac{r}{1 + r/n} = r$$

이므로 $\lim_{n \to \infty} x = e^r$임을 알 수 있다. 따라서 $\lim_{n \to \infty} FV = PV \times e^r$이다.

연습문제

1. 조삼모사를 생각하고 이와 같은 화폐의 가치를 고려하지 못한 의사결정을 생각해 보자.

2. 월 복리 1%를 연 복리로 환산하시오.

3. 2010년 1월의 우리 집의 가격(일반적으로 시세라고도 지칭함)을 찾아보시오. 그리고 현재의 가격을 찾아보시오.

4. 변수 X와 Y가 있다. 만일 X+Y=1이라면 이의 해를 구하시오. 그리고 Y=a란 상수인 경우 X의 해를 구하시오. 수식 (1)과 관련하여 설명하시오.

5. 이자율과 수익률의 차이를 설명하시오. 그리고 이자율과 할인율의 차이를 설명하시오.

6. 기대가치와 가치 차이를 동전던지기를 통하여 설명하시오.

7. 작년 최종 영업일의 3년 국고채 금리를 찾아보시오.

8. 1천 억원의 10bps는 얼마인지 계산하시오.

9. 본문에 <그림 5-7>을 작성하시오.

CHAPTER 06

시간가치 응용: MS Excel 활용

○ ● ○

본 장에서는 마이크로소프트 엑셀(Microsoft Excel)을 활용하여 앞 장에서 설명하였던 자산의 시간가치를 계산하는 방법을 학습한다. 과거 정보기술이 발전하지 않았던 시절에는 직접 수기로 가치전환과 이자율에 대한 계산을 진행하였다. 수월한 계산을 위하여 금융시장에서는 단리 방식이 광범위하게 활용되었다.

하지만 최근에는 정보기술의 발전으로 수학의 계산이 매우 쉽게 진행될 수 있다. 따라서 가치전환과 이자율과 관련된 다양한 계산이 손쉬워졌다. 누구나 금융 계산기 혹은 개인용 컴퓨터를 활용하여 고도로 복잡한 가치계산을 손쉽게 진행할 수 있다. 그리고 금융기관에서는 자체적인 소프트웨어를 개발하여 이용하고 있다. 이로 인하여 금융시장에서는 복잡한 계산도 손쉽게 진행할 수 있게되었다. 동시에 과거 일반적 거래에서 활용이 어려웠던 복리계산도 일반적으로 통용되고 있다.

본 장은 엑셀에 대하여 사전지식이 없더라도 이해할 수 있도록 금융의 기본 개념을 활용하여 직접 계산할 수 있도록 구성되었다. 엑셀을 사용한 경험이 없는 경우는 물론 엑셀을 사용한 경험이 있더라도 함수 마법사 혹은 재무함수를 활용한 경험이 없는 경우에도 본 장에 대한 학습을 통하여 자산 가치에 대한 계산 혹은 가치들 간의 전환을 쉽게 학습할 수 있다. 참고로 엑셀을 전혀 활용한 경험이 없는 경우, 이를 소개하는 영상도 참고할 수 있다.[1]

---

1 https://www.youtube.com/watch?v=86MZOV483JU (2022년 10월 접근)에서 엑셀함수를 학습할 수 있다. 엑셀을 활용한 경험이 없다면 https://www.youtube.com/watch?v=zd_8XC1n _pI (2022년 10월 접근)도 도움이 된다.

1. 함수마법사 열기와 기본 계산

마이크로소프트 엑셀에서 함수마법사를 활성화하는 방법은 두 가지 방법이 있다. 첫 번째로 엑셀 프로그램을 열었을 때 fx 아이콘을 클릭하는 것이다. <그림 6−1>의 왼쪽 그림에 네모난 상자에 fx 아이콘 확인이 가능하다. 두 번째 방식으로 수식 탭에서 함수삽입을 클릭할 수 있다. 이는 <그림 6−1>의 오른쪽 그림이다.

간략한 기초 계산을 이해하기 위해서 <그림 6−2>에서와 같이 함수마법사에서 합(sum)을 계산할 수 있다. 합을 계산하기 위해 SUM를 선택하고, 확인을 클릭하여 0과 1의 합을 계산한다. 합을 계산하기 위하여 Number 1에 '0'을 그리고 Number 2에 '1'을 입력한다. 이 경우 처음에 선택한 셀(cell)에서 '=sum(0,1)'의 삽입을 확인하고, 엔터를 클릭하면 1의 값이 계산된다. 동일한 방식으로 0과 1의 평균(average)의 경우 계산이 도출되기 위하여 선택한 셀에 '=average(0,1)'의 삽입을 확인하면 계산이 진행된다.

그림 6-1_ 함수마법사 열기

fx 아이콘 활용   함수 탭 활용

함수마법사를 통해 합과 평균을 계산할 수 있지만, 선택한 셀에서 직접 계산식을 입력하여 합과 평균을 계산할 수 있다. 선택 셀에 '=sum'을 입력하고, '=average'를 입력을 통하여 <그림 6−3>의 왼쪽과 오른쪽과 같이 입력 화면을 확인할 수 있다. 만일 '=sum(' (그리고 '=average(')를 입력한 이후, fx 아이콘을 클릭하여 함수확인도 가능하다. 그리고 앞에서와 동일하게 0과 1의 합과 평균을 계산한다.

그림 6-2_ 함수마법사

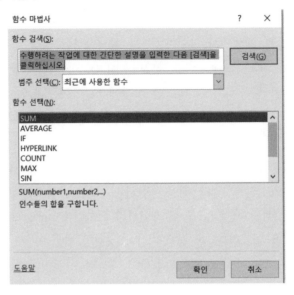

그림 6-3_ 함수 확인하기

SUM 함수 확인   AVERAGE 함수 확인

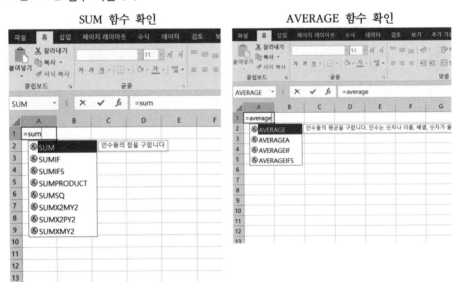

그림 6-4_ 함수 인수

SUM 함수 인수   AVERAGE 함수 인수

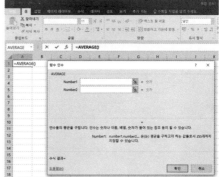

2. 재무함수 인수 및 구문

재무함수에서 현재가치는 '＝PV()' 그리고 미래가치는 '＝FV()'를 통하여 계산한다. <그림 6-5>의 왼쪽 그림과 오른쪽 그림에서 각각 현재가치와 미래가치를 확인할 수 있다.

현재가치와 미래가치를 계산하기 위해서는 각각 5개의 정보입력이 필요하다. Rate의 경우 기간별 이자율, Nper은 총 납입 기간 수, Pmt는 각 기간의 납입액, Pv는 현재가치, 그리고 Fv는 미래가치, Type은 납입시점으로 0은 기간 말 그리고 1은 기간 초를 의미한다. 당분간 Pmt와 Type을 고려하지 않기로 한다. 이에 대한 의미는 매 주기별 현금흐름은 없고, 현금흐름의 경우 기간말에 발생하는 경우이다.[2]

---

2 Type은 1년을 기준으로 0의 값은 12월 31일에 현금흐름이 발생하는 경우, 그리고 1의 값은 1월 1일에 현금흐름이 발생하는 경우이다. 따라서 이를 입력하지 않는다는 의미는 1년을 기준으로 계산하는 경우 12월 31일, 즉 말일에 현금흐름이 발생하는 경우이다.

그림 6-5_ 현재가치와 미래가치의 함수 인수

PV 함수인수

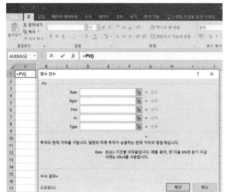

FV 함수인수

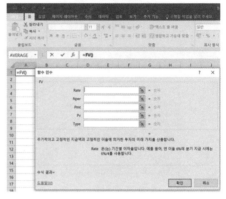

현재가치와 미래가치의 함수는 각각 PV(rate, nper, pmt, [fv], [type]) 그리고 FV(rate, nper, pmt, [pv], [type])로 표시된다. 그리고 각각은 가치의 계산에 있어서 5개의 정보가 필요하다는 것을 이해할 수 있다. 하지만 이미 언급한 것처럼 당분간 pmt와 type을 고려하지 않는다.

그림 6-6_ 현재가치와 미래가치의 구문 입력

PV 구문 입력

FV 구문 입력

3. 현재가치와 미래가치의 계산

금융기관에 1년간 10% 이자율에 1,000원을 저축하면, 미래가치는 FV = $1,000 \times (1 + 10\%)^1$이다. 이를 위하여 Rate에 연간 이자율 10%(또는 0.1), NPER에 만기 1년이므로 1을 입력한다. PV는 현재는 1,000원이 저축하므로 저축자

입장에서는 현금 유출을 의미하여, −1,000을 입력한다. 이와 같은 저축의 결과로 FV, 즉 미래에는 1,100의 현금 유입이 발생한다. 만일 1,000을 입력하면 어떤 결과가 도출되는지 확인하고, 이를 해석해 보자.[3]

그림 6-7_ 미래가치의 계산

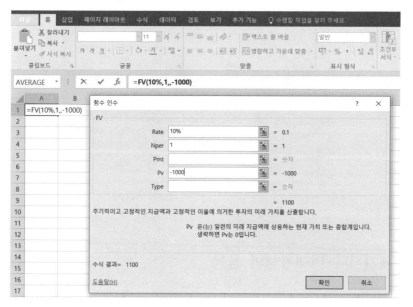

금융기관 입장에서는 1년 후에 1,100원의 현금을 지급하기 위하여서는 이자율(혹은 할인율)이 10%인 경우 저축으로 유치를 해야 하는 금액으로 간주할 수 있다. 앞의 사례와 동일하게 Rate＝10%, 그리고 NPER＝1을 입력한다. 앞의 사례와 차이는 FV, 즉 미래에는 현금유출이 필요하므로 −1,100을 입력한다. 이를 통하여 현재가치 PV, 즉 현재 현금 유입이 필요하다.

---

3 엑셀은 우리가 입력한 값을 단순히 계산해준다. 예를 들어 현재 −1,000으로 현금 1,000원의 유출이 있다면, 미래에 이자를 포함한 현금의 유입이 있어야 한다. 반대로 현재 ＋1,000으로 현금 1,000원의 유입이 있다면, 미래에 이자를 포함한 현금의 유출이 있어야 한다. 저축에 있어서 전자는 저축자의 관점에서, 후자는 금융기관의 관점에서 현금흐름을 분석하는 것이다.

그림 6-8_ 현재 가치의 계산

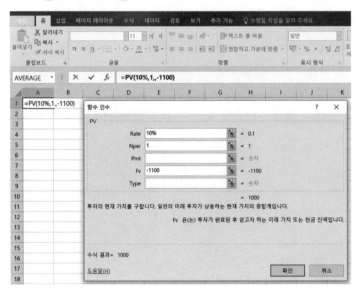

4. 현재가치와 미래가치의 응용

a) 은행에 1,000원을 6개월 복리로 1년간 연 10%의 이자율로 저축하는 경우
   미래가치를 계산하시오.

엑셀 함수구문: $=FV(10\%/2, 1 \times 2,, -1000)$

해설: Rate는 연간 10%이지만, 6개월 복리이므로 10%/2, 그리고 Nper은 1
   년×2회로 계산한다.

b) 은행에 1,000원을 1개월 복리로 2년간 연 10%의 이자율로 저축하는 경우
   미래가치를 계산하시오.

엑셀 함수구문: $=FV(10\%/12, 2 \times 12,, -1000)$

해설: Rate는 연간 10%이지만, 1개월 복리이므로 10%/12, 그리고 Nper은
   2년×12회로 계산한다.

c) 은행에 1,000원을 1개월 복리로 2년간 월 1%의 이자율로 저축하는 경우 미래가치를 계산하시오.

엑셀 함수구문: $= FV(1\%, 2 \times 12,, -1000)$

해설: Rate는 연간 기준이지만, 이자율이 월 1%이므로 이를 12로 나누어 줄 필요는 없다. Nper은 2년×12회로 계산한다.

d) 1년 이후에 1,000원이 필요하여 1개월 복리로 1년간 연 12%의 이자율로 저축을 하고자 한다. 현재 필요한 저축금액을 계산하시오.

엑셀 함수구문: $= PV(12\%/12, 1 \times 12,, 1000)$

해설: Rate는 연간 12%이지만, 1개월 복리이므로 12%/12, 그리고 Nper은 1년×2회로 계산한다. FV에 1,000의 현금유입이 필요하므로, 현재 나가야 할 금액은 음수로 표시된다.

5. 주기적 현금흐름 평가

앞 절까지는 재무함수에서 투자기간 동안 Pmt를 고려하지 않았다. 이는 해당 기간 동안 현금흐름이 발생하지 않음을 의미한다. 예를 들어 매년 1,000원을 4년 동안 이자율 10%에 학자금 대출을 받았다고 생각하자. 4년 이후 졸업하는 시점에 학자금 대출의 잔액, 즉 미래가치를 생각해 보자. 물론 이는 앞에서 학습한 것처럼 현금흐름은 4번이 발생하므로, 이를 개별로 각각 미래가치로 환산하고 이들을 합산하여 미래가치를 도출할 수도 있다.

사례에서는 주기적으로 즉 매년 현금흐름이 일정하다. 따라서 엑셀 구문을 $= FV(10\%, 4, 1000,,)$와 같이 입력할 수 있다. Nper은 4회 그리고 앞에서 고려하지 않은 Pmt가 매년 1000씩 현금유입이 있다. 그러나 현재는 어떠한 부채도 없으므로 PV는 0이다. 재무함수를 이용하여 계산하면 계산 결과는 −4,641이다. 즉 미래에 4,641원을 갚아야 한다는 현금 유출이 필요하다는 것이다. 이는 여러분들이 계산한 결과와 동일한가?

우리는 지금까지 Type을 빈칸으로 두었다. 엑셀에서는 "0 또는 생략 시에는 투자 주기 말을 의미"한다. 지금까지 현금흐름을 매기 말에 발생하였다고 가정하였다. 따라서 Type을 빈칸으로 두었음은 Type＝0이란 앞의 장의 사례에서 매기 말 현금흐름이 발생함을 의미한다. 만일 매 학기 초에 현금을 받는 경우 Type＝1로 입력하는 경우, 즉 ＝FV(10%,4,1000,,1) 미래에 −5,105.1원을 갚아야 한다. 즉 음의 숫자로 현금 유출이 필요하다.

6. 주기적인 현금흐름의 평가: 응용 사례

a) 은행에 10년 동안 매달 1,000원을 1개월 복리로 연 10%의 이자율로 적금을 납입하였다. 적금 만기에 은행에서 받는 금액을 계산하시오.

엑셀 함수구문: ＝FV(10%/12,10×12,−1000,,)

해설: Rate는 연간 10%이지만, 1개월 복리이므로 10%/12, 그리고 Nper은 10년×12회로 계산한다.

b) 은행에 여유자금 5,000원을 저축하고, 추가로 10년 동안 매달 1,000원을 1개월 복리로 연 10%의 이자율로 적금을 납입하였다. 적금 만기에 은행에서 받는 금액을 계산하시오.

엑셀 함수구문: ＝FV(10%/12,10×12,−1000,−5000,)

해설: 앞과 a)의 사례와 동일한 상황에서 현재 5,000원 여유자금을 추가로 저축하였다.

c) 은행에서 대출을 받을 예정이다. 앞으로 10년 동안 분기에 한번 2000원씩 원금과 이자를 전액 상환할 계획이다. 대출이자율이 분기 복리로 12%인 경우 현재 대출금액을 계산하시오.

엑셀 함수구문: ＝PV(12%/4,10×4,−2000)

해설: Rate는 분기로 12%/4이며, 10년간 매년 4번씩 상환하며, Pmt은 −2000원씩 매 분기 상환한다. 따라서 PV는 양수로 현금유입이 있다.

d) 은행에서 대출을 받을 예정이다. 앞으로 10년 동안 분기에 한번 2000원씩 원금과 이자를 상환하고 만기에 주식을 팔아서 5000원을 상환할 계획이다. 대출이자율이 분기 복리로 12%인 경우 현재 대출금액을 계산하시오.

엑셀 함수구문: $= \mathrm{PV}(12\% / 4, 10 \times 4, -2000, -5000)$

해설: 앞의 c)의 사례와 동일한 상황에서, 만기에 5,000원을 추가로 상환하므로, FV에 -5000을 입력한다. 따라서 PV는 양수이며 c)의 사례보다 대출액은 증가한다.

연습문제

1. 은행에 1,000원을 6개월 복리로 1년간 연 10%의 이자율로 저축하는 경우, 미래가치를 수식으로 나타내시오.

2. 은행에 1,000원을 1개월 복리로 2년간 연 10%의 이자율로 저축하는 경우 미래가치를 수식으로 나타내시오.

3. 은행에 1,000원을 1개월 복리로 2년간 월 1%의 이자율로 저축하는 경우 미래가치를 수식으로 나타내시오.

4. 1년 이후에 1,000원이 필요하여 1개월 복리로 1년간 연 12%의 이자율로 저축을 하고자 한다. 현재 저축이 필요한 금액을 수식으로 나타내시오.

5. 은행에서 대출을 받을 예정이다. 앞으로 10년 동안 분기에 한번 2000원씩 원금과 이자를 전액 상환할 계획이다. 대출이자율이 분기 복리로 12%인 경우 현재 대출금액을 수식으로 나타내시오.

6. 은행에서 대출을 받을 예정이다. 앞으로 10년 동안 분기에 한번 2000원씩 원금과 이자를 상환하고 만기에 주식을 팔아서 5000원을 상환할 계획이다. 대출이자율이 분기 복리로 12%인 경우 현재 대출금액을 수식으로 나타내시오.

7. 은행에 1,000원을 분기 복리로 1년간 연 10%의 이자율로 저축하는 경우, 미래가치를 계산하시오.

8. 은행에 1,000원을 월 복리로 1년간 연 12%의 이자율로 저축하는 경우 미래가치를 계산하시오.

9. 은행에 1,000원을 월 복리로 1년간 월 1%의 이자율로 저축하는 경우 미래가치를 계산하시오.

10. 1년 이후에 1,000원이 필요하여 6개월 복리로 1년간 연 12%의 이자율로 저축을 하고자 한다. 현재 저축이 필요한 금액을 계산하시오.

CHAPTER 07

투자예산 결정전략

○ ○ ● ○

투자에 따른 비용과 수익을 고려하여 투자자는 자산에 대한 투자 여부를 판단한다. 그리고 투자자는 여러 가지 자산들 가운데 가장 적절한 투자 대안을 선택하기도 한다. 따라서 투자 대안의 선택과 투자여부 결정에 필요한 전략수단을 마련할 필요가 있다. 본 장에서는 투자예산 결정을 위한 다양한 전략에 대한 논의를 진행한다.

투자결정을 위해서는 경제적 관점과 회계적 관점의 차이에 대한 인식이 필요하다. 투자비용은 기회비용(opportunity cost)을 동반한다. 예를 들어 투자를 위하여 투자자가 정보를 탐색하는 데에는 당연히 시간을 소요하게 되며, 이와 같은 시간은 다른 활동에 투입하지 못하는, 즉 다른 활동 혹은 혜택을 포기하는 것을 의미한다. 경제적 관점에서 기회비용에 대한 고려가 인식되며, 이는 비용에 포함된다. 하지만 회계적 관점에서 투자에 따른 기회비용을 직접적으로 고려하지 않고 있다.

본 장에서는 투자의 기회비용을 비용에 직접 고려하고 있다고 간주하는, 즉 경제적 관점으로 투자를 평가한다.[1] 투자에 기회비용을 직접적으로 고려하며 동시에 투자를 위한 다양한 활동이 필요함을 인식한다. 참고로 투자를 진행하는 초기에 해당 투자와 관련된 법률적, 행정적, 그리고 제도적 요인에 대한 점검과 관련 위험관리는 필수적으로 진행할 필요가 있다.

---

1 회계적으로 투자자의 적정수익을 경제적 기회비용으로 간주할 수 있다.

1. 투자예산 결정과 과정

투자에서는 현재에 포기하는 무엇인가가 필요하며, 이는 투자로 인하여 소요되는 비용이다. 일반적으로 비용은 경상비용과 자본비용으로 구분된다.

경상비용이란 일상적인 자산의 관리와 운영을 위하여 필요한 지출을 의미한다. 자산에 대한 운영과 유지를 위해서 수반되는 비용이 있고, 이를 통하여 자산의 고유한 기능을 유지할 수 있다. 운영과정에서 일반적으로 자산의 유용은 일정 부분 하락하는 경향이 있으며, 특히 자산이 적절하게 관리가 되지 않고 충분한 유지 및 보수가 진행되지 않는다면 자산가치의 하락이 발생하는 것은 일반적이다.

자본비용의 경우 자산가치를 높이기 위한 지출을 의미한다. 투자예산(capital budgeting)은 흔히 자본예산이라고 지칭하기도 하며, 장기간 (일반적으로 1년 이상) 계획을 통한 자산가치를 높이기 위하여 진행된 투자비용이라고 볼 수 있다.

투자자가 개별 투자의사 결정과 투자 진행을 통하여 장기적이고 안정적인 경제적 혜택을 획득하기 위해서, 해당 투자에 대한 계획, 실행, 평가 및 사후관리 등에 대한 체계적 관리가 바람직하다.

투자를 위한 첫 번째 과정으로 투자자는 투자 목적을 설정해야 한다. 즉 개별 투자에서도 목표 혹은 목적에 대한 설정이 필요하다. 이를 위해서 투자에서 합리적으로 기대하는 수익과 현실적으로 수용이 가능한 위험에 대한 인식이 필요하다. 그리고 사회적, 경제적, 법률적, 그리고 문화적으로 투자환경에 대한 이해와 점검, 이를 통한 투자상황에 대한 인식도 요구된다. 물론 대내외 투자환경을 인식하고 변화하는 투자환경에 적절한 목표가 설정되는 것이 바람직하다. 목표를 설정하는데 투자자의 다른 유형의 의사결정 그리고 다른 투자자의 의사결정에 대한 존중과 상호조화도 필요하다.

예를 들어 기업이 신상품 제작을 위한 시설투자가 필요할 수 있다. 이를 위하여 경제환경, 상품시장의 환경과 더불어 원자재 시장 그리고 상품의 생산, 유통, 소비에 대한 현 시설에 대한 점검과 이 결과를 반영한 투자 목표의 설정이 필요하다. 기존에 생산하고 있는 상품 그리고 시장에서 잠재적 경쟁 상품과 차별성을 고려하고, 이해당사자(소비자, 임직원, 자재 공급자 등)의 고려도 필요하다.

물론 신상품이 현재 그리고 더 나아가 앞으로 변화할 향후 미래에 제도환경, 법률체계 등에 적합한지에 대한 고민도 필요하다. 이와 같은 환경변화를 제대로 인식하지 못하는 경우 투자 자체가 취소 혹은 지연되거나, 막대한 손해를 부담하는 것이 불가피한 경우도 있다.

두 번째 과정으로 투자안의 정의와 분류가 진행된다. 투자안에 대한 적절한 정의와 분류를 통하여 투자의 속성을 파악하고 적합한 투자전략을 모색하고 최적의 투자안을 도출할 수 있는 기반이 된다. 투자안은 그 유형에 따라 새로운 자산에 대한 신규 투자, 기존 자산을 확장하기 위한 확장 투자, 기존의 자산을 다른 자산으로 교체하기 위한 대체 투자 그리고 전략적 투자로 구분된다.

투자사업의 독립성(independence), 상호배타성(mutual exclusivity)에 대한 고려가 필요하다. 독립적이란 두 가지 투자안을 토대로 한 투자안이 다른 투자안의 현금흐름에 영향을 주지 않음을 의미한다. 예를 들어 동전을 던져서 나오는 결과(앞면 혹은 뒷면)에 투자하는 경우, 즉 앞면에 투자하는 경우와 뒷면에 투자하는 경우를 독립적이라고 한다. 즉 사건 A와 사건 B가 독립적이란, $A \cap B = 0$ 이지만, $A \cup B = U$인 경우(여기에서 U는 전체집합)를 의미한다.

상호배타적인 투자란 두 가지 투자사업을 예를 들어서 한 투자가 다른 투자와 동시에 발생하지 않음을 의미한다. 좀더 상세하게 배타적 투자안은 하나의 투자안이 선택되는 경우, 자연스럽게 다른 투자안이 선택되지 않음을 의미한다. 예를 들어 동전을 던져서 나오는 결과에 한쪽을 선택하면, 다른 한쪽을 선택하지 않은 게임의 경우 서로 배타적이라고 할 수 있다. 따라서 사건 A와 사건 B가 독립적이란, $(A, B) \subset U$인 경우이다.

상호인과적인 투자가 있다. 한 투자가 다른 투자를 유발하는 경우이다. 예를 들어서 내륙과 섬을 연결하는 다리를 건설하기로 하였다고 생각하자. 이 경우 다리의 건설과 더불어 내륙과 섬에서 모두 다리에 연결될 수 있는 도로를 건설하는 투자가 있어야 한다.

세 번째로 투자실행에 따라 현재 시점에서 미래에 예상되는 현금흐름을 추정해야 한다. 이를 위해서는 다양한 정보를 수집하고 분석하여, 재무적인 관점에서 투자에서 발생하는 모든 유형의 현금흐름을 예상하는 것이 바람직하다. 재무적 관점에서 추정한 현금흐름은 투자가 실제 진행된 이후 발생하는 현금흐름 그리고 회계학적 관점의 현금흐름과도 동일하지 않을 수 있다. 미래에 발생 가능한 현금흐름을 예상한 경우는 투자에서 향후 전개될 수 있는 다양한 가능성에 대한 대비가 가능하고, 동시에 잠재적 위험을 예상하고 투자의 성과를 가늠할 수 있는 지표가 될 수 있다.

투자의 분석에서는 많은 경우 투자에 따른 순현재가치(net present value of investments)를 고려한다. 이와 함께 다양한 요인들을 고려하여 최종적인 의사결정이 진행된다. 현실적으로 투자의 순현재 가치 계산은 대내외 환경 그리고 신규 투자와 기존 자산과의 관계, 그리고 투자와 관련된 이해당사자와의 관계를 충분히 고려하기 힘든 경우도 있다. 그리고 가치에 영향을 주는 다양한 요인들을 고려할 필요도 있다. 일반적으로 투자 여부를 결정하기 위한 기준의 하나로 투자의 순현재가치 결정법을 자주 활용한다. 이와 관련하여 자세한 사항은 추후 논의하기로 한다.

네 번째 앞에서 진행된 현금흐름에 대한 추정을 바탕으로 평가를 진행하고, 여러 가지 투자 대안들 가운데 최선의 투자안을 선정한다. 이를 선정하기 위한 여러 가지 선택전략은 차후 논의될 계획이다. 여러 투자안들 가운데 최적의 현금흐름을 보유한 투자안을 선택하는 것이다. 이를 위해서 미래 발생 가능한 현금흐름의 예측력을 높이는 동시에, 적절한 할인율을 선택하여 적용해야 한다. 현실적으로 많은 경우 기관투자자 혹은 개인 투자자는 적절한 할인율에 대한 판단이 어려울 수도 있다. 이에 따라 이를 대체할 수 있는 대안도 논의할 계획이다. 물론 이와 같은 최적의 대안 선정을 위해서 거시경제와 금융시장의 변화를 고려함과 동시에 투자안이 보유한 위험에 대한 평가도 진행되어야 한다.

투자 목표를 다시 점검하는 것도 필요할 수 있다. 투자안의 선정에 따라 투자와 관련된 이해당사자들 사이의 상호관계 혹은 포트폴리오의 관점에서 의사결정이 개별 투자의 의사결정을 변화시킬 수도 있다. 물론 이는 투자와 연관된 이해 당사자자들의 교류와 이를 통한 조정과 합의가 투자 결정에 영향을 미칠 것이다.

마지막으로 투자집행에 따라 모니터링을 포함한 사후(ex-post)관리도 필요하다. 투자집행의 진행에 따라 투자성과를 주기적으로 평가할 필요가 있다. 투자가 진행되기 이전에 예상한 성과, 즉 사전적 예상과 투자를 진행하고 난 이후 투자결과, 즉 사후적 결과가 서로 다르다면, 그 원인을 야기하는 요인을 분석하고 그 결과에 대한 점검도 필요하다.

투자가 집행되면서 해당 투자를 적절하게 관리 및 통제하는 방안에 대한 전략도 필요하다. 이를 위해서는 투자정보 유치와 관리 및 최근 자료로 업데이트 작업도 필요하다. 위험관리의 측면에서 투자성과 결과를 지속적으로 모니터링하고 재평가하는 것도 필요하다. 그리고 투자집행에 참여한 참여자들의 성과체계와 연관을 고려해야 한다. 투자의 성과에 따라 참여자의 성과체계를 연동한다면, 임직원 등 참여자의 도덕적 해이(moral hazrd)를 방지 혹은 축소할 수 있다.

그림 7-1_ 투자예산 결정과정

투자성과는 투자결정으로 크게 영향을 받지만, 일부 자산투자의 경우 자산에 대한 사후관리도 투자성과에 직접적인 영향을 미칠 수 있다. 이로 인하여 체계적이고 적극적인 운영과 관리도 고민해야 한다. 투자의 집행과정에서 혹시 있을 수 있는 실수를 만회하는 동시에 새로운 투자에서 반복적인 오류가 발생하지 않도록 유의해야 한다. 이를 통하여 투자성과의 향상을 도모할 수 있는 경우도 있다.

이미 앞에서 간략하게 언급한 것처럼 일부 자산 시장에서는 자산과 관련된 법률과 제도의 변화에 대한 모니터링이 성과에 결정적 영향을 미칠 수도 있다. 따라서 법률 및 제도적 환경변화에 적극적인 모니터링과 적절한 대응도 요구된다. 일부 투자의 경우 사후적으로 다양한 법률적인 조치가 필요하고, 이에 대한 정보를 적절하게 축적하고, 이에 대한 대내외 공개가 바람직한 경우도 있다.

2. 현금흐름의 예측

자산투자로 인하여 발생하는 미래 현금흐름을 예측하기 위해서는 첫 번째 단계는 현금유입을 예측하고, 두 번째 단계로는 현금유출을 예측한다. 그리고 이들의 차이, 즉 순(net) 현금흐름을 파악하는 절차가 진행된다.

자산투자를 통하여 생산할 수 있는 현금의 유입, 즉 수입을 예측하기 위해서는 전반적 경제의 상황변화, 자산시장 전망, 그리고 미시적인 환경분석도 필요하다. 그리고 해당 자산의 과거 실적과 더불어 동 자산 투자와 유사한 자산의 수입(항목)들의 상호 비교 분석이 필요하다.

투자유형에 따라 고려해야 할 요인이 차이가 있다는 것을 인식해야 한다. 기존 자산의 확장을 위한 확장투자(expansion investment)는 기존 자산의 운영 실적을 중심으로 신규 투자와 유사한 사례에 대한 분석이 바람직하다. 물론 이는 비용도 유사한 분석이 필요하다. 기존에 있는 자산을 대체하기 위한 대체투자(replace investment)의 경우는 기존 자산의 대체에 따른 대체기간의 기회비용을 고려해야 한다. 그리고 신규 투자인 전략적 투자(strategic investment) 역시 비교사례에 대한 고려가 중요하지만, 비교사례가 없는 경우 시장정보를 토대로 분석이 진행되기도 한다. 이를 현시선호방법(revealed preference method)이라고 한다.

대표적으로 주택시장에서 최근 거래된 사례를 통하여 가격 혹은 가치를 유추하는 거래사례 비교법이 있기도 하다. 일부 자산은 시장에서 거래가 빈번하지 않은 경우도 있으며, 시장에서 거래가 되지 않는 비시장 재화의 경우 명시선호방법(stated preference method)을 활용한다. 명시선호방법은 선호에 의한 표현이며 이것이 바로 거래로 이어지는 것으로 볼 수는 없는 한계가 있다. 하지만 적절한 정보를 파악하기 어려운 비시장 재화의 특성상 이를 대안으로 활용하기도 한다.

비용에 대한 예측은 기존 시장 및 자산의 정보를 활용하여, 향후 소요될 비용에 대해 계산한다. 이를 위해서는 최대한 자세하게 항목을 세분화하여 분류하고, 이에 제외되는 항목이 없도록 노력해야 한다. 자산의 투자에서는 관리와 운영에 있어서 다양한 비용이 필요하며, 동시에 자본지출이 필요한 경우가 많다. 따라서 개별 항목에 대한 합리적인 비용이 예측되어야 한다. 수입과 마찬가지로 비용과 연관된 기존 계약관계와 신규 계약과 관련한 면밀한 검토도 필요하다.

역사적 비용(historical cost), 재생산 비용(reproduction cost)과 대체비용(re-placement cost)을 구분해야 한다. 과거 생산을 위하여 투입된 비용을 그대로 인정하는 것은 역사적 비용이다. 재생산이란 기존과 동일한 물리적인 수준에 도달하는 것을 의미하며, 일종의 복제품을 만든다고 생각할 수도 있다. 재생산 비용은 동일한 물리적 수준의 생산, 유지 혹은 복구에 필요한 비용이다. 반면 대체란 기존과 동일한 효용 수준에 도달하는 것을 의미하며, 신축하는데 소요되는 비용을 의미할 수 있다. 대체비용은 동일한 효용 수준의 생산, 유지 혹은 복구에 필요한 비용이다.

감가상각을 고려해야 하는 경우가 빈번하다. 감가상각은 매각시점에 고려가 되기도 하지만, 현실적으로 감가상각을 경감하기 위해서는 적절한 지출도 필요하다. 특징적인 자산으로 토지의 경우는 감가상각이 고려되지 않는다. 하지만 토지에 부착된 부착물의 경우 감가상각이 필요하다. 일부 자산은 거래뿐만 아니라 보유에도 세금이 부과되는 경우도 있어 법률적, 행정적 환경변화로 인한 현금흐름의 변화를 적시에 인식하고, 이를 투자성과에 대한 향상과 투자의 위험관리에 반영이 필요하다.

단기적인 투자전략에서 벗어나, 자산을 투자하여 장기적으로 보유하는 매입 및 보유 전략(buy-and-hold strategy)을 채택할 수 있다. 이 경우 자산 투자가 종료되는 시점에 매각전략에 따라 최종 가치(terminal value)로 인하여 전체적 투자의 현금흐름의 방향이 변화하는 경우도 있다. 사실 최종 가치는 현금흐름 분석에서 할인율에 민감하며, 경우에 따라서 최종가치 결정이 해당 투자의 성과를 크게 좌우하는 경우도 있다.[2]

투자자가 자산가치의 극대화를 추구하는 경우 금융비용에 대한 고려를 하지 않는 경우가 일반적이다. 하지만 경우에 따라서 자산의 가치보다는 투자자의

---

2 따라서 매입 및 보유 전략에 매각 전략을 고려하지 않기보다는 자산의 매각전략 특히 매각 시점과 방법에 대한 선행적 고민이 바람직할 수 있다.

지분가치 극대화를 추구하는 경우, 부채를 조달하면서 발생할 수 있는 위험과 비용에 대한 신중한 고려도 필요하다.

　마지막으로 현금흐름에서 수입과 비용에 투자시차(investment lag)가 장기간이 필요한 경우도 있다. 예를 들어 인프라 투자, 부동산 투자 등의 경우 투자 초기에는 상당한 비용이 수반되지만, 투자에 따른 수입이 거의 발생하지 않는다. 이 경우 투자자는 상당기간 동안 대규모 초기 투자비용을 부담하게 된다. 초기 투자비용이 높은 경우 투자자는 자신의 자본뿐만 아니라 타인 자본 혹은 공동 투자자의 자본을 모집하는 것이 중요한 성공요인인 경우도 있다. 그리고 장기간의 투자시차가 있다면 투자자의 장래 수입의 예측에서 오류가 발생할 가능성이 높아질 수 있다.

3. 투자여부 결정전략

1) 투자의 순현재가치(Net Present Value)

　순현재가치를 사례를 통하여 살펴보기로 한다. 현재 100원을 투자하여 2년 이후 121원을 창출하는 투자안이 있다고 가정한다. 이 경우 할인율이 10%라고 하면 투자의 순 현재가치를 계산할 수 있다. 현금흐름의 차원에서 현재 투자되는 돈은 −100원이고, 2년 이후에는 +121원이 된다. 그러나 2년 이후의 가치는 미래가치이므로 이를 현재가치로 환산하게 된다면 $121 \times (1+10\%)^{-2}$이다.

그림 7-2_ 투자에 대한 순현재가치 분석

본 사례에서 투자의 현재가치로 환산한 비용은 −100원이고, 투자의 현재가치로 환산한 편익은 100원이므로, 투자자는 투자를 진행하는 것과 진행하지 않는 것이 무차별하다고 결정할 수 있다. 즉 투자를 진행하게 된다. 그리고 이는 회계학적 관점과 차별적임을 이해할 필요가 있다.

만일 2년 후에 편익이 121원보다 크다면(작다면) 당연히 투자를 진행할 것(진행하지 않을 것)이다. 동시에 현재 비용이 100원보다 크다면(작다면) 당연히 투자를 진행하지 않을 것(진행할 것)이다.

투자에서 모든 비용에 대한 현재가치 그리고 모든 편익에 대한 현재가치를 상호 비교 분석하여, 투자여부를 결정하는 것은 투자의 순현재가치 원칙(net present value rule 혹은 NPV rule)이다. 이를 식

$$NPV = PV \ of \ Benefit - PV \ of \ Cost \qquad (1)$$

으로 표현할 수 있다. 이를 위해서는 비용 그리고 편익의 발생 시점과 규모를 각각 투자자가 알고 있어야 한다. 시점에 따라 변화할 수 있는 비용과 편익을 현재가치로 전환하기 위해서는 물론 할인율에 대한 정보가 요구된다.

투자현실에서 NPV rule에 대한 이해가 높더라도 시간경과를 주의하여 이해할 필요가 있다. 과거에 발생한 편익과 비용에 대한 정보가 완비된 투자자는 그 시점과 규모를 파악할 수 있다. 하지만 투자자가 향후, 즉 미래에 발생할 편익의 시점과 그 크기를 예상하는 것은 단순한 작업은 아니다.

투자결정을 위한 분석에서 많은 경우 투자자는 미래 발생할 비용과 편익에 대한 정보와 관련하여 완전한 정보를 보유하고 있다고 가정하는 경우가 많다. 물론 투자분석을 위해서는 할인율도 결정되어 있다고 생각할 수도 있다. 하지만 이를 보완하기 위한 대안도 있다.

사례

현재 100원을 투자해서 1년 이후 60원 그리고 2년 후에 55원의 현금흐름이 발생하는 투자에서 투자자의 할인율이 10%이다. 이 경우 투자의 순 현재가치를 구하시오.

사례

<2022년 현재 시장금리를 고려하여 당신은 앞의 투자를 진행할 것인가?>
2016년에 기네스북에 오른 최고령 나이의 할아버지는 131세이다. 당신이 투자자문가라면 131세의 노인에게 앞의 투자를 권고할 수 있을 것인가?

사례

앞의 사례에서 할인율을 알고 있지 않다고 가정하자. 앞의 투자 대안에 대하여 여러분과 131세의 할아버지가 동시에 알아보고 있다. 과연 누가 본 투자안을 선택하게 될 것인가?

2) 내부수익률(Internal Rate of Return)

내부수익률의 경우 수익률과는 차별성이 있다. 이해를 위해서 다음 사례를 살펴보자. 현재 100원을 투자하여 2년 이후 121원을 창출하는 투자안 A가 있다고 가정한다. 그리고 현재 100원을 투자하여, 1년 이후에 20원과 2년 이후 100원을 창출하는 투자안 B가 있다. 당신이 100원이 있다고 가정하는 경우 과연 어떤 투자안을 선택할 것인지 생각해 보자.[3] 이해가 빠른 독자라면 투자안

그림 7-3_ 투자안의 선택과 IRR

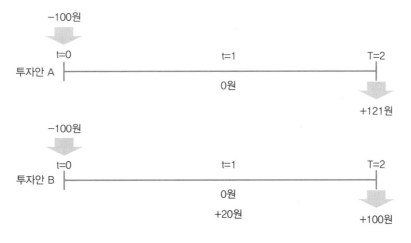

---

3 물론 할인율에 대한 정보가 없으므로 순 현재가치를 계산할 수도 없다.

B의 경우 투자 1년 이후 20원을 먼저 획득할 수 있다는 것을 인식할 것이다. 투자안 B를 선택한다면 투자로 인하여 회수금액이 감소하게 되므로 선택을 주저할 수도 있다.

앞의 두 가지 투자 대안들 가운데서 하나를 선택하는 경우와 마찬가지로 실제 투자 현장에서는 여러 개의 투자 대안들 사이에서 적합한 대안을 선택하는 상황이 발생하게 된다. 이와 같은 의사결정 과정에 활용할 수 있는 투자고려 방안이 내부수익률이다. 그리고 내부수익률은 투자에서 소요되는 비용과 발생하는 편익을 동일하게 (또는 투자의 순현재가치를 0으로) 해주는 수익률로 정의할 수 있다. 내부수익률은 복리의 개념에 근거하여 산출되며, 투자 이후 불규칙한 현금흐름이 발생하는 투자안에 대하여서도 활용할 수 있다.

투자안 A와 투자안 B의 경우 투자비용의 현재가치와 투자 편익의 현재가치를 동일하게 해주는 수익률, 즉

$$\text{투자안 A: } -100 + 121/(1+\rho_A)^2 = 0$$
$$\text{투자안 B: } -100 + 20/(1+\rho_B) + 100/(1+\rho_B)^2 = 0 \qquad (2)$$

을 통하여 내부수익률 ρ_A와 ρ_B을 계산할 수 있다. 주의 깊은 독자는 이미 ρ_A =10%를 예상할 수 있다. 그리고 ρ_B=10.5%를 계산한 이후 투자안 B를 선택할 것이다.

현금흐름이 서로 다른 여러 가지 투자안에서 최적을 선택하기 위하여, 투자의 순 현재가치가 0이 되게 하는 내부수익률을 도출하고 내부수익률이 높은 투자안을 선택하는 것이다.

하지만 내부수익률의 활용에서는 주의해야 할 사항이 있다. 수식 (2)를 직접 계산한다면, $\rho = -2.1$ 그리고 $\rho = 0.1$의 해가 2개란 것을 알 수 있다. 따라서 자연스럽게 음의 투자수익률은 제거가 가능할 것이다. 그러나 수식 (2)에서는 2차 함수이므로 해가 2개가 도출되었으며, n차 함수에서는 해가 n개 다중해 (multiple solutions)가 도출이 가능하다는 것을 예상할 수 있다.

일반적이지는 않지만 경우에 따라, 내부수익률 계산을 위하여 앞과 같은 방식으로 수식을 고려하여 계산하는 경우 해가 없는 경우가 발생할 수도 있다. 예

를 들어 투자안 C의 경우 현재 100원을 투자하여 1년 이후 +240원, 그리고 2년 이후 −145원의 현금흐름이 예상된다고 가정하자. $-100 + 240/(1+\rho_C) + 145/(1+\rho_C)^2 = 0$를 통해서는 아쉽지만 ρ_C를 도출할 수 없다.

최근에는 엑셀 등 다양한 소프트웨어의 발전으로 내부수익률을 누구나 손쉽게 계산해서 해를 찾는 과정에서 발생하는 기술적 문제는 많이 해소된 것도 사실이다. 내부수익률은 실제 자산 투자시장에서 광범위하게 활용되고 있음에도 불구하고, 현실적인 한계도 있다. 투자에서 장래 현금의 유출입의 시기와 그 크기를 현재 확정적으로 단정할 수 있는 경우는 거의 없다는 것도 생각해 볼 필요가 있다.

사후적(ex−post)으로, 즉 투자가 완료된 이후 내부수익률을 계산할 수 있다. 과거 역사적 관점에서 실제 내부수익률을 계산할 수 있다. 하지만 경제환경의 불확실성으로 사전적 내부수익율을 확정적으로 제시하는 것은 불가능하다고 인식할 수도 있다. 따라서 내부수익률은 투자의 판단에 정보로 활용할 수 있지만, 이 자체를 판단기준으로 사용하지 않는 전문가들도 있다.

3) 회수기간법(Payback Period Method)

앞에서 논의한 순 현재가치 그리고 내부 수익률을 계산하기 위하여, 최근에는 다양한 프로그램을 활용할 수 있다. 하지만 이와 같은 수단이 거의 없었던 과거에는 투자결정은 어떤 방식으로 진행되었는지 궁금했을 수 있다.

회수기간법은 투자비용을 가장 빨리 회수할 수 있는 투자 대안을 선택하거나, 투자자가 고려하고 있는 회수기간 내에 속하는 사업을 선택하는 것이다. 사례를 들어서 설명하면 현재 100원을 투자하여 1년 이후 30원, 2년 이후 70원, 3년 이후에 30원을 창출하는 투자안 A이 있다. 그리고 현재 100원을 투자하여 1년 이후 20원, 2년 이후 60원, 3년 이후에 55원을 창출하는 투자안 B가 있다.

두 가지의 투자안에서 투자안 A의 경우 투자자금 회수에는 2년이 소요된다. 반면 투자안 B의 경우 투자자금의 전부를 회수하기 위해서는 3년이 소요된다. 따라서 회수기간법에 따르면 투자자는 투자안 A를 선택하게 된다. 그리고 이와 같은 결정은 현재가치를 미래가치보다 높게 평가하는 것이다. 투자자 관점에서는 투자한 자금을 최대한 단시일에 회수하여, 이를 다른 투자에 활용이 가능하다는 관점이다. 그리고 여러 투자안을 선택해야 하는 상황에서 직관적으로 빠른시간에 의사결정을 내릴 수 있는 전략이다.

신속한 의사결정의 편리함에도 불구하고 투자회수법은 정교한 분석이 어렵다는 것은 그 한계로 남아 있을 수 있다. 투자 대안들 사이에 현금흐름의 근소한 차이가 있는 경우 투자판단이 쉽지 않은 경우가 있다. 앞의 사례에서 내부수익률을 계산한다면 실제 투자안 B의 내부수익률이 다소 높다. 따라서 투자를 회수한 이후 새로운 투자의 수익률이 기존 수익률에 비해 하락하는 경우, 즉 사례에서 투자안 B의 IRR은 14.43%이다. 투자를 시작하고 2년이 경과한 상황에서 신규 투자의 수익률이 14% 이하로 예상되는 경우 투자안 B가 바람직하다. 하지만 회수기간법에서는 투자안 A을 선택하게 된다.

그림 7-4_ 투자안의 선택과 회수기간법

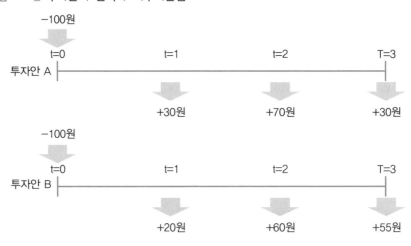

4) 수익성 지수(Profitability Index)

수익성 지수란 투자의 비용과 편익을 활용하여 지수를 산출하고, 이를 활용한 투자결정 방식이다. 대표적으로 정부에서 진행하는 공공투자 사업의 타당성 조사에서는 비용과 편익을 지수화하여 투자 여부를 결정한다.

수익성 지수의 산정은 투자에 소요되는 모든 비용을 현재가치로 환산한다. 그리고 투자에서 발생하는 모든 편익도 현재가치로 환산한다. 그리고

$$PI = PV \ of \ Benefit/PV \ of \ Cost \qquad (3)$$

에서 PI≥1은 투자를 진행하고 PI<1이면 투자를 진행하지 않는 것이다. 이와 같은 PI는 앞에서 설명한 NPV와 동일한 의사결정으로 간주할 수 있다. 실무적으로 PI는 정부의 공공투자사업과 같이 여러 가지 대안을 선택하기 보다는 개별 사업을 채택 혹은 거부에 초점을 맞추어 진행하는 경우가 일반적이다. 이와 더불어 편익과 비용을 단순하게 투자자 관점에서 현금흐름만으로 평가하는 것이 아니라, 공공성, 수익성 등 다양한 요인을 화폐화하여 평가하는 방식이 활용된다. 이로 인하여 PV of Benefit 혹은 PV of Cost가 개별 투자자만을 고려되어 산정되는 것이 아니라, 사회적 투자자(social investor)의 측면에서 국가경제를 중심으로 편익과 비용이 산출되기도 한다.

연습문제

1. 투자에서 비용을 계산할 때 경제적인 관점과 회계적 관점에서 비용의 차이를 설명하시오.

2. 경상적 비용과 자본적 비용의 차이를 설명하고, 각각을 예로 제시하시오.

3. 투자를 위한 과정을 설명하시오.

4. 신규 투자와 확장 투자의 차이를 설명하시오. 그리고 이와 관련된 사례를 제시하시오.

5. 배타적 투자와 독립적 투자를 설명하시오.

6. 상호 인과적 투자를 예를 들어 설명하시오.

7. 재생산과 대체의 차이를 설명하시오.

8. 명시선호와 현시선호의 차이를 인식하고, 우리가 주변에서 이와 관련된 의사
   결정을 하는 사례를 제시하시오.

9. 감가상각을 설명하고, 감가상각이 되지 않는 자산을 예를 들어 설명하시오

10. 투자에서 미래에 발생하는 현금흐름을 예측할 수 있을지 논의하시오.

11. 내부 수익률의 한계를 두 가지 제시하고 이를 논의하시오.

CHAPTER 08

자산리스 전략

○ ○ ○ ○

　　리스(lease)는 자산의 사용자(lessee)가 자산을 소유한 리스회사(lessor)의 자산을 일정 기간 이전하는 계약이다. 리스의 이용자는 당연히 리스회사에 사용료 또는 리스료를 지불한다. 여기에서 리스 서비스를 제공하는 공급자는 사용자와 구분을 위하여 리스회사로 지칭하며, 반드시 공급자가 회사일 필요는 없다.

　　리스에서 중요한 사실은 사용자는 일정한 계약기간, 즉 리스기간 동안 자산에 대한 사용권을 보장받고 이에 대한 리스료를 지불하지만, 자산에 대한 소유권은 리스회사(혹은 제3자)가 보유하고 있다. 자산을 이용하기 위해서 일시에 많은 자금을 지불하지 않으며 동시에 관리와 운영에 대한 부담을 줄이기 위하여, 기업들은 자산을 리스하는 경우가 빈번하다. 이와 같은 경우 자산을 직접적으로 취득하는 것이 아니라, 비용을 지불하고 일정 기간 사용할 수 있는 권리를 확보할 수 있다. 이와 관련하여 본 장에서는 보다 자세하게 살펴보기로 한다.

1. 리스의 유형

　　도입에서 설명한 것처럼 리스는 리스료, 즉 대가와 교환하여 자산의 사용권을 리스기간 동안 이전하는 계약이다. 리스회사는 리스에 대상이 되는 자산과 리스료를 통하여 동 자산의 통제권 혹은 사용권을 리스기간 동안 이전한다고 볼 수 있다.

　　리스는 다양한 유형이 있고, 대표적인 유형은 운영리스(operating lease), 금융리스(financial lease), 세일앤리스백(sale-and-lease-back), 혼합리스(combination lease)이다. 가장 일반적으로 활용되는 형태는 운영리스이다. 리스회사가 임대를 하는 방식으로 소비자인 사용자가 감가상각과 더불어 서비스와 관리수수료가 포함된 리스료를 지불한다. 리스 계약은 중간에 취소도 가능할 수 있으며, 리스 기간이 만료된 이후 사용자는 자산을 리스회사에 반납한다. 일상 생활에서 가장 많이 활용되는 운영리스의 하나가 자동차 리스(일명 auto lease 또는 car lease)라고 볼 수 있다. 장기간 자산에 대한 리스를 마친 이후 사용자는 자산에 대하여 구입할 수 있는 권리가 주여지는 경우도 있다. 따라서 이는 임대차 계약으로 볼 수 있다.

사례

1달 동안 지방에 여행을 간다고 생각하자. 자동차를 렌트하는 것과 자동차를 리스하는 옵션을 찾아보고 친구와 논의하자.

사례

6달 동안 지방에 여행을 간다고 생각하자. 자동차를 리스하는 것과 자동차를 구입하는 옵션을 찾아보고 친구와 논의하자.

금융리스는 사용자가 자산의 가격에 최대 100%에 해당하는 가격을 지불하고, 이에 해당하는 자금을 리스회사로부터 차입하는 형태이다. 따라서 차입금인 금융리스부채에 대하여 원금과 이자를 리스료의 형태로 상환한다. 그리고 금전에 대한 대차계약, 즉 빌리고 빌려주는 계약으로 볼 수 있다. 리스자산의 관리 수수료와 서비스 수수료는 리스료에 포함되지 않으며, 리스한 자산의 관리, 유지, 보전 등의 비용은 대부분 사용자가 부담한다. 결국 금융리스자산의 소유로부터 발생하는 위험과 더불어 보상도 사용자가 부담하는 것이다. 즉 자산의 소유권은 사용자가 보유하며 (경우에 따라 리스회사도 보유), 만일 그렇지 않은 경우 리스가 완료된 이후에 사용자는 일반적으로 소유권을 매수할 수 있는 권리 일명 염가매수 선택권이 주어지는 경우가 있다. 그리고 사용자가 자산을 보유하는 경우 결국 리스료를 만기까지 지불하는 경우 자산의 최종적인 소유자가 되는 경우가 일반적이다.

그림 8-1_ 세일앤리스백

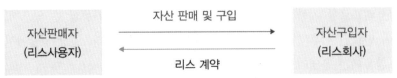

세일앤리스백 자산보유자가 자산을 리스회사에 판매하고, 상당 기간 자산의 사용자가 되는 것을 의미한다. <그림 8−1>에서 리스 사용자는 리스회사에 자산에 대한 판매 및 구매 계약을 체결하고, 이에 이어서 리스 계약을 통하여 사용자는 자산의 사용권을 특정 리스기간 동안 확보할 수 있다.

혼합리스는 앞의 설명한 각각의 리스가 결합된 형태로 볼 수 있다. 즉 다양한 유형의 리스의 계약형태의 혼합으로 새로운 리스의 형태가 운영될 수 있다.

2. 리스의 장단점

고가의 자산을 직접 구매하는 경우 결국 유동자산을 고정자산으로 전환하는 것으로 볼 수 있다. 리스를 통하여 고정자산의 구입을 하지 않고, 자산의 유동성을 확보하며 필요한 리스를 통하여 자산을 사용할 수 있다. 동시에 기업의 경우 리스료를 지불하고 이를 비용처리를 하여 세제상 혜택도 향유할 수 있다. 리스의 사용자는 자산을 직접 보유하고 있지 않아, 자산에 대한 세금을 부담하지 않는다. 이로 인하여 자산을 보유하고 있는 리스회사는 자산에 대한 세금이 낮거나 없는 장소에 설립되는 경우도 있다. 물론 리스회사의 경우에도 다른 리스회사로부터 자산을 리스하고 이를 고객에게 리스를 제공하는 형태로 운영할 수도 있다.

회계상으로 리스를 통한 부외거래(off−balance sheet transaction)가 가능하다. 고정자산의 구입으로 회계상 자산이 증가하는 경우, 외견상 기업의 규모가 확대될 수 있다. 하지만 자산 구매를 위하여 새로운 자본 혹은 부채의 조달이 불가피할 수도 있다. 리스를 통해 동일한 자산을 사용할 수 있다면, 사용자는 추가 자금의 조달이 필요하지 않다. 자산을 구입한 것과 비교하여 동일한 자산을 리스로 활용한다면 재무제표에서 수익률의 변화를 유발할 수도 있다. 물론 이와 같은 부외거래는 회사의 진정한 재무상태를 반영하고 있지 않다고 할 수도 있다. 장기 리스를 이용하는 사용자인 회사는 장래 사용료는 회계상 부채로 인식할 필요가 없기 때문이다.

자산의 감가상각 등으로 인하여 가격 변동의 가능성이 높은 자산은 직접 구입보다 해당 자산의 리스를 통하여 자산가격의 불확실성을 제거할 수 있는 장점도 있다. 엄밀하게 말한다면 자산 가격변동에 대한 불확실성의 경우 비용으로 간주되어 실제 리스비용에 내재되어 있다고 이해도 가능하다. 따라서 자산 가격변동에 따른 위험관리 비용도 사용자가 부담한다고 볼 수 있다. 하지만 다수의 자산을 보유하고 있는 리스회사는 사용자보다 자산에 대한 전문성을 보유하고 있을 수 있다. 동시에 자산과 연관된 다양한 위험에 대한 관리가 전문화되어 있을 가능성도 높다. 예를 들어 자동차 리스회사와 독자들의 자동차에 관리와 처분에 대한 전문성을 보유하고 있다면 쉽게 이해가 될 것이다.

만일 특정 자산이 단기간, 계절적으로 또는 간헐적으로 필요한 경우 이를 구입하는 것보다는 리스가 바람직할 수 있다. 자산에 대한 운영과 관리에 전문 인력을 보유하고 있지 않은 사용자도 자산을 직접 소유보다는 리스가 바람직할 수 있다. 리스에 전문화된 회사는 자산 운영과 관리에 필요한 전문 인력을 보유하고 있어 비용을 절감할 수 있다. 하지만 이는 반드시 리스 회사의 운영과 관리 비용이 낮다는 것을 의미하지 않는다. 특히 시장 상황에 따라서 필요한 시점에 리스할 수 있는 자산을 확보하지 못하거나, 시장 상황 혹은 계절적 수요로 인하여 리스의 수요가 증대되므로 실제 리스가 필요한 상황에 리스료가 너무 높게 상승하는 부작용이 발생할 수도 있다.

3. 사례 분석

1) 리스료 계산

리스회사가 리스영업을 위하여 100만원에 복사기를 구입하였다. 한 고객과 동 복사기에 3년간 리스하기로 계약을 체결할 것을 요청하였다. 그리고 동 리스계약에서 복사기에 대한 관리 및 운영과 소모품 비용은 전부 고객이 부담하는 것으로 되어 있다. 과거에 다수의 복사기 리스계약을 통하여, 리스회사에서는 3년 이후 복사기의 잔존가치가 50만원일 것이란 점을 이미 알고 있다.

a) 리스회사의 요구 수익률은 5%라고 가정하는 경우, 고객에게 부과하는 연간 리스료를 구하시오.

리스료를 계산하기 위한 식은 $100만원 = \sum_{t=1}^{3} c/(1+5\%)^t + 50만원/(1+5\%)^3$가 된다. 그리고 엑셀에서는 =PMT를 이용하여 다음과 같이 계산할 수 있다. 여기에서 현재 가치 100만원에는 음수가 그리고 미래 가치에는 +50만원이란 것을 주의할 필요가 있다.

그림 8-2_ 엑셀 함수

1번

2번

3번

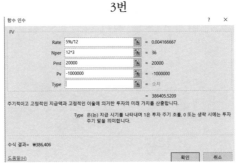

b) 앞의 사례와 동일한 조건에서 수익률을 추가적 예를 들어 살펴보자. 리스회사가 고객으로부터 매월 2만원 리스료를 받는 계약을 체결한 경우 동 리스계약의 수익률을 계산하시오.

이를 수식으로 나타내면 $100만원 = \sum_{t=1}^{12*3} 2만원/(1+r\%/12)^t + 50만원/(1+r\%/12)^{12*3}$가 된다. 여기에서 $r\%$는 연율로 계산해야 한다.

c) 앞의 문제와 동일한 조건이지만 복사기의 잔존가치에 대한 측면에서 추가적으로 예를 들어 살펴보자. 즉 리스회사는 향후 복사기에 잔존가치를 알지 못하지만, 앞의 b)와 마찬가지로 리스회사는 계약기간 동안 매월 2만원을 받을 계획이다. 회사의 요구 수익률이 5%라면, 리스계약이 완료된 3년 이후 이를 중고시장에 얼마로 판매하면 요구 수익률에 충족할 수 있을까?

이는 미래가치로 미래 잔존가치를 계산할 수 있다. 즉 $100만원 = \sum_{t=1}^{12*3} 2만원/(1+5\%/12)^t + FV/(1+5\%/12)^{12*3}$

d) 앞과 동일한 조건에서 관리 및 운영과 소모품 비용은 리스회사에서 연말에 5만 원을 지급하는 경우를 생각하자. 동 자산을 3년간 리스를 하기로 고객과 계약하였으며, 계약이 만료된 이후 복사기의 잔존가치는 50만 원이다. 만일 리스회사가 매월 2만 원을 리스료로 받는 경우 수익률을 구하시오.

$100만원 + \sum_{t=1}^{3} 5만원/(1+r\%/12)^{12*t} = \sum_{t=1}^{12*3} 2만원/(1+r\%/12)^t + 50만원/(1+r\%/12)^{12*3}$이다.

엑셀의 수식은 "=IRR(B1:B37)"이며 이를 연율로 계산해야 한다. 그리고 <그림 8-3>과 같이 입력할 수 있다.

그림 8-3_ 내부수익률 계산

	A	B
1	0 월	-1,000,000 원
2	1 월	20,000 원
11	10 월	20,000 원
12	11 월	20,000 원
13	12 월	-30,000 원
14	13 월	20,000 원
15	14 월	20,000 원
24	23 월	20,000 원
25	24 월	-30,000 원
26	25 월	20,000 원
36	35 월	20,000 원
37	36 월	470,000 원

2) 리스와 투자의 선택

본 절에서는 자동차와 주택의 구입에서 리스(혹은 임대)와 자동차 구입 사례에 대한 사례를 비교하여, 자산운영 전략결정과 관련한 사항을 살펴본다.

현실 경제상황에서 리스와 투자를 직접 비교하고, 상호 분석하는 데 있어 다양한 요소에 대한 고려가 필요하다. 예를 들어 소비자의 선호와 향후 계획 및 현재 자금 현황, 상품의 시장 상황, 금융시장 상황, 그리고 미래에 대한 전망과 기대 그리고 향후 계획 등의 고려가 필요하다. 여기에서는 지금까지 학습한 기본적 내용을 토대로 간단한 사례를 통하여 리스와 투자 간의 결정을 연습한다.

a) 철수가 대학교를 졸업하고 유명회사에 취직하였다. 취업으로 매월 월급을 수령하며, 세금, 각종 식료품, 좋은 집 임대료 등 내고 남는 잔액은 평균 월 50만 원이다. 하지만 철수는 야근으로 매월 택시비 50만 원을 쓰고 있어, 출퇴근용으로 자동차가 필요한 상황이다.

철수가 관심이 있는 멋진 자동차의 가격은 2,000만 원이다. 출퇴근에 들어가는 유류비와 자동차 관리 및 운영비를 계산해보니 월 20만 원이다. 자동차회사 영업사원으로 일하고 있는 철수의 친구가 10년 동안 매월 30만원을 상환할 수 있는 자동차 대출을 이용하여 자동차 구입이 가능하다고 설명해 주었다.

그리고 그 친구는 다른 대안으로 동일한 자동차를 5년간 리스하는 경우에도 동일한 비용이 소요된다고 한다. 참고로 자동차의 매년 감가상각은 구입의 10% 이다. 자동차 유류, 관리, 운영비는 앞과 같이 20만원이며 소비자가 부담한다.

가. 자동차 구입을 위한 자동차 담보대출의 연 이율은 얼마인지 계산하시오.

$= \text{RATE}(12 \times 10, -300{,}000, 20{,}000{,}000) \times 12 = 13.12\%$

나. 자동차에 대한 리스에 따른 비용을 앞과 같은 방식으로 계산하고, 이를 설명하시오.

현재 2,000만 원, 5년 이후 −1,000만 원, 매월 30만 원

$= \text{RATE}(12 \times 5, -300{,}000, 20{,}000{,}000, -10{,}000{,}000) \times 12 = 10.32\%$

다. 리스와 구입의 선택에 대하여 설명하시오.

5년간은 리스가 저렴해 보이지만, 서로의 대안에 대한 장단점이 있다. 구입한 경우 자동차의 소유주는 10년간 대출을 상환하면, 자동차의 소유권을 확보할 수 있다.

하지만 리스의 경우 소비자는 5년 이후 자동차를 리스회사에 반납하게 된다. 따라서 구입은 10년 동안의 대출비용을 의미하며, 리스는 5년 동안 자동차 사용에 따른 비용을 지불한다.

b) 철수가 그동안 직장생활을 해서 1억 원의 자금을 저축하였다. 새로운 직장으로 이직하게 되면서 직장 주변으로 이사를 고려하게 되어 직장 주변에 주택을 알아보고 있다.

연봉계약서에 서명을 하고, 철수가 생활비를 생각하니 매월 200만 원의 여윳돈을 확보할 수 있다고 생각하였다. 그리고 대안으로 월세 집을 알아보기 위해서 회사 옆 부동산에 가니, 마음에 드는 집이 보증금 1억에 월세 200만 원이라고 한다.

집주인은 철수에게 새로운 제안을 하면서 4억 원에 같은 집을 판매할 의사도 있다고 한다. 물론 자금이 부족한 철수가 주변 금융기관에 방문하여 상담을

받았다. 금융기관에 대출담당자가 말하길 철수는 평소에 신용관리가 잘 되어 있어서, 만일 주택구입을 희망한다면 해당 주택에 대한 주택담보대출을 받기 위한 여러 조건(담보인정비율, 즉 Loan−to−Value Ratio, 총부채 상환비율, 즉 Debt−to−Income Ratio 등)이 있는데 이에 모든 조건이 충족한다고 한다.

이에 따르면 철수는 현재 3억 원 규모의 주택담보대출을 받을 수 있다. 그리고 이 경우 대출담당자는 이자율이 5%로 대출이 가능하다고 한다. 이와 같은 대출금리에 기준이 되는 대출상품은 대출기간 동안 만기까지 이자율이 변화하지 않는 고정금리 대출이다(참고로 대출기간 동안 금리가 변화하는 대출을 변동금리 대출이다).

가. 집을 구입하기 위하여서는 대출의 원리금을 전액 상환하려면 얼마의 기간이 필요한지 계산하시오. 236개월(19.6년)

$$= NPER(5\%/12, -2000000, 300000000)$$

나. 월세집의 선택과 주택의 구입을 선택하고 설명하시오.

월세와 주택 구입은 서로 장단점이 있다. 하지만 월세와 구입의 선택은 자신의 미래 주거 계획 그리고 직장 변화 등 다양한 요인을 고려하여 결정해야 합니다. 이와 동시에 자신의 금융여건, 주거여건, 소득여건, 환경 및 교육 여건 등 다양한 고려가 필요하다.

다. 집 값의 향후 예상에 따른 선택의 변화를 설명하시오.

집 값이 오를 것 같으면 구입, 내릴 것 같으면 월세가 바람직하지만 사실 미래에 대한 집값의 전망은 현실적으로 어려운 작업이다.

4. 리스와 투자의 팀 프로젝트

본 절에서는 리스와 투자의 사례 분석을 실시한다. 앞에서는 자산가격과 대출조건을 결정하기 위하여, 자산과 대출과 관련된 다양한 정보가 제공되었다. 하지만 현실에서 의사결정을 진행할 때는 이와 관련된 정보를 실제 시장에 방문하고, 해당 전문가와 상의하고, 정보탐색 등 다양한 활동을 진행해야 한다. 그리고 시장에서 모든 사람들에게 바람직한 방안과 전략이 있다기보다는 개인 그리고 개인이 속한 가계의 상황과 선호 그리고 향후 계획에 따라 바람직한 방안을 마련하는 것이 필요하다.

자산시장에서 자동차와 주택에 대한 정보를 제공할 수 있는 정부의 포털을 알아보자. 자동차 정보와 관련하여서는 자동차 365(http://www.car365.go.kr)가 있다. 신차와 중고차 구입을 위한 정보와 차량의 안전정보, 자동차 관련 세금 그리고 자동차 보험 관련 정보를 비교 및 분석도 가능하다.

투명한 자동차 거래를 위하여 참고용 중고차 시세정보도 확인도 할 수 있다. 이와 같은 정보는 시장에서 거래에 참고할 수 있으며 거래에 정보를 일부 확인할 수 있지만, 이와 같은 시세정보는 실제 내가 거래하는 상황에서 거래가격과 직결되지 않을 수 있다는 것을 명심할 필요가 있다.

그림 8-4_ 자동차365(http://www.car365.go.kr)

주택 특히 아파트와 관련된 시장 정보는 한국부동산원 부동산 테크(http://www.rtech.or.kr)에서 참고할 수 있다. 한국부동산원에서는 주택관련 통계에 전문화를 지향하고 있으며, 부동산시장에 연관된 다양한 통계도 공표하고 있다. 주로 아파트의 시세와 전세 정보를 공시하고 있다. 이도 역시 시세정보이며, 최근에 거래된 가격을 보여주고 있지만, 신규 거래의 실제로 적용되는 가격이라고 볼 수는 없다.

그림 8-5_ 한국부동산원 부동산테크(http://www.rtech.or.kr/)

저축과 대출상품은 전국은행연합회 소비자포털(https://portal.kfb.or.kr)에서 공시되어 있다. 그리고 동 포털에서는 금융상품을 금융기관별 그리고 상품별로 비교분석도 가능하다. 참고로 각 금융기관별 대표 상품에 대한 정보를 포털에 공시하고 있어, 이는 모든 상품에 대한 정보라기보다는 일반적 상품 정보라고

그림 8-6_ 전국은행연합회 소비자포털(https://portal.kfb.or.kr)

인식하는 것이 바람직하다. 만일 소비자가 금융기관에 방문하여 상품을 알아보는 경우 개인의 신용정보 등에 따라 이용 가능한 상품과 적용받는 금리도 변화할 수 있다. 그러나 시장에서 일반 상품의 유형은 서로 비교분석이 가능하다.

1) 자동차 구입과 리스

졸업하고 취직을 하여 월 300만 원을 받게 되었다. 직장에 매일 같이 출퇴근을 위하여 차가 필요한 상황이다. 출근과 퇴근에 각각 1시간이 필요하다. 그리고 직장까지의 거리는 약 40km이다.

a) 다음의 요소를 고려하시오.

가. 구입 또는 리스
나. 새차와 중고차
다. 연료비와 차의 크기
라. 대출과 상환 혹은 리스료

b) 다음의 표를 작성하시오

차 구입의 장점	차 구입의 단점

차 리스의 장점	차 리스의 단점

c) 대상 차의 가격과 특성 그리고 이에 따르는 리스 조건을 찾으시오.

d) 1년에 250일을 출퇴근에만 차를 사용한다고 생각하시오. 각각의 운영비와 보험비를 계산하시오. 3년 동안 차를 사용한다고 가정한다.

e) 다음을 고려하여 설명하시오.

가. 차의 구입과 리스 가운데의 선택
나. 고려사항과 이에 대한 해결책
다. 본 프로젝트를 통해 배운 점

2) 주택의 구입과 임대: 프로젝트

직장을 5년간 다녀서 1억 원의 자금을 마련하였다. 사랑하는 동반자를 만나서 결혼을 생각하게 되었다. 동반자와의 총급여는 월 1,000만 원이다. 결혼을 위하여 집이 필요한 상황이다.

a) 다음의 요소를 고려하시오.

가. 집을 구입 또는 임대 주택 거주
나. 새 주택과 기존 주택
다. 집의 유형: 아파트와 연립
라. 각자의 출퇴근 시간
마. 위치: 직장 근처 혹은 선호지역 선택

b) 다음의 표를 작성하시오

자가 구입의 장점	자가 구입의 단점

임대주택의 장점	임대주택의 단점

c) 집의 유형과 위치

d) 집을 구입하기로 결정한 경우 대출의 조건과 대출금액

임대 주택에 거주하기로 결정한 경우 주택구입을 위한 저축계획(10년 이내에)

e) 다음을 고려하여 설명하시오.

가. 자가 구입과 임대주택의 선택

나. 고려사항과 이에 대한 해결책

다. 본 프로젝트를 통하여 배운 점

1. 운영리스를 설명하시오.

2. 세일앤리스백과 운영리스의 차이를 설명하시오.

3. 리스에서 부외거래의 의미를 설명하고, 기업들이 자산의 리스를 통하여 향유
   하는 혜택을 논의하시오.

4. 리스회사가 영업을 위하여 150만원에 복사, 스캔 겸용기를 구입하여 한 고
   객과 동 복사기에 5년간 리스하기로 계약을 체결할 것을 고려하고 있다. 그
   리고 겸용기의 관리, 운영, 그리고 소모품 비용은 고객이 전액 부담한다. 과
   거에 다수의 리스계약을 통하여, 리스회사는 5년 이후 겸용기의 잔존가치가
   전혀 없는 것으로 알려져 있다.
   a) 리스회사의 요구 수익률은 3%라고 가정하는 경우, 고객에게 매월 부과
      하는 리스료를 구하시오.
   b) 겸용기의 리스만기에 잔존가치가 50만원인 경우, 매월 부과하는 리스료
      를 계산하시오.

5. 앞의 문제와 동일한 조건으로 계약 기간 동안 매월 2만원의 리스료를 받을
   계획이다. 이 경우 리스회사의 요구수익률을 계산하시오. 추가로 겸용기의
   리스만기에 잔존가치가 50만원인 경우 요구수익률을 계산하시오.

PART 03

자산의 가치평가

○ ● ○

자산투자의 이해

CHAPTER 09

가치평가의 이해

○ ● ○

　많은 사람들은 가치평가에 대하여 매우 낯설다고 생각할 수 있다. 하지만 우리는 평소 일상 생활에서 자주 가치평가를 진행한다. 예를 들어 새로 개업한 식당에서 가족과 식사를 즐겁게 마치고 난 이후 음식과 서비스의 질이 그 음식에 대하여 지불한 가격에 적합한지 평가한다. 저녁을 마치고 귀가를 하면서 상점에 들러서 옷을 구경한다. 지금 막 살펴본 옷의 색깔과 재질 등을 고려하고 그 옷의 가치를 평가한다. 다른 예로 주말에는 여행을 가기 위하여 가족과 머무를 호텔들을 검색하고 가치를 평가한다. 개별 호텔의 위치, 크기, 편의 시설 등 그리고 호텔이 제시하는 가격과 내가 생각하는 가치를 판단한다. 여행을 마치고 나서, 호텔의 실제 서비스와 각종 편의 시설 등이 호텔 숙박비에 적합하였는지 평가한다. 이렇듯 우리의 일상 생활은 결국 가치평가의 연속이다.

　본 장에서는 자산시장에서 가치평가와 관련된 기본적인 개념과 가치평가 측정방식과 방법론 등과 관련된 기본 지식을 습득한다.

1. 가치평가

　가치(value)란 특정한 시점에 자산 혹은 용역에 대한 쓸모 혹은 용도에 대한 의견이다. 가치평가(valuation)는 가치와 관련한 의견을 제시하는 일련의 과정 혹은 행위라고 볼 수 있다. 그리고 가치평가에서 활용되는 가치란 개념은 흔히 가액을 표현하는 경향이 있지만, 항상 가액으로 산정해야 하는 것은 아니다. 시장에서 가치평가를 통하여 대상 자산 혹은 용역을 시장에서 거래를 하며, 거래의 과정에서 가격이 정해진다.

가치평가 분야의 세계적 학자였던 Ratcliff 교수[1]는 가치평가 이론을 통하여, 가치평가는 불확실성하에서 인간행동을 예측하는 것이라고 이야기한다. 즉 가치는 현재 시점에 사람들이 생각하고 있는 미래에 대한 전망을 포함한다. 현재 확정되지 않은 미래에 대한 불확실성의 이해와 이를 직접적으로 고려하지 않고는 가치평가가 진행되기 어렵다.

미래에 대한 예측은 단순한 작업은 아니다. 역사적으로 미래에 대한 예측기술은 지속적인 발전이 이루어졌으며, 가치평가와 관련된 지식과 기술도 진보를 거듭하고 있다. 정보기술의 최근 환경 변화는 가치평가에 새로운 도전이자, 새로운 도약에 기반이 될 수 있는 기회이다.

2. 규범과 실증의 차이

자산시장에서 자산의 가치를 분석하는 방법은 두 가지 접근법이 있다. 우선 자산과 관련된 경제주체의 행동이나 시장의 변화에서 방향성을 제시하는 관점이다. 이를 규범적 접근법(normative approach)이라 하며, 이는 경제주체의 합리성과 연관되어 당위적인 관점이다. 다른 관점은 어떤 경제주체의 행동이나 시장에서 실제 규범대로 진행되는지를 확인하는 실증적 접근법(positive approach)이다. 이는 경제주체가 현재 진행하고 있는 현상 그 자체를 설명하려는 노력이다.

자산시장에서 어떤 자산은 특정한 가치, 예를 들어 본질가치(intrinsic value)를 가져야 한다고 생각하는 관점이 있다. 만일 시장에서 균형수렴을 곤란하게 하는 시장 마찰적 요인이 없다면, 시장이 균형상태라면 자산의 균형가격은 그 자산의 본질가치에 수렴해야 한다. 여기에서 마찰적 요인이란 정상적 시장의 운영을 어렵게 하는 상황을 이야기한다. 예를 들어 거래에 대한 비용이 과도하거나 세금(tax) 등이 있는 경우 이런 요인들은 원활한 시장거래를 저해하며 시장의 왜곡(distortion)을 유발할 수 있다.

시장에 왜곡이 없다면 자산의 가격은 결국 자산이 가지고 있는 본질가치에 접근해야 한다. 하지만 현실에서는 반드시 이와 같은 일반 이론이 성립하지 않

---

1 본 저서를 통하여 저자가 "Richard U Ratcliff Memorial Fellowship"을 받았으며, 장학금을 제공해 주어서 영광임을 밝힌다.

는 경우도 있다. 그렇다면 균형가격이 본질가치에 수렴하지 않게 하는 요인이 무엇인지를 각종 실제 시장정보를 활용하여 연구하는 것은 실증 연구의 대상이다. 규범적인 관점에서는 시장에서 균형가격은 자산이 가지고 있는 본질가치와 같아져야 한다는 관점에서 본질가치에 대한 메커니즘을 연구하는 것이 규범적 연구(혹은 이론적 연구)라고 볼 수 있다.

실증연구에서는 규범적으로 자산시장이 운영되지 않는 원인을 분석하며 이를 설명한다. 그리고 자산시장이 규범적으로 운영될 수 있는 대안 등을 제시하기도 한다. 이를 위해서 자산시장에 대한 다양한 정보가 필요한 경우가 일반적이다. 실증연구에서는 규범적 관점, 즉 이론적 관점이 일반적으로 나아가야 하는 방향성, 즉 이정표를 제시하기도 한다. 하지만 만일 기존 규범에 오류가 있다면 실증연구를 통하여, 기존 규범을 개선 혹은 보완하고 이를 통하여 새로운 규범의 정립도 가능하다. 따라서 규범연구와 실증연구는 서로 상호작용이 있다고 볼 수 있다.

예를 들어 화살을 과녁에 맞추는 게임을 생각해 보자. 당연히 사수는 화살을 과녁에 맞추어야 한다. 이것이 사수의 목표이며 그럼 과녁에 대한 정의와 방향을 결정하는 것은 규범연구라고 볼 수 있다. 하지만 현실적으로 사수는 다양한 개인적, 환경적 요인으로 인하여 과녁에 맞출 수 없는 상황에 직면하게 된다. 즉 개인적 훈련의 부족, 기대하지 못한 바람, 또는 화살과 활의 문제 등등 이와 관련된 연구는 실증연구라고 이해할 수 있다.

사례

역사적 유품에 대한 가치평가를 생각해 보자.
조선의 모나리자로 불리며, 보물 제1973호로 지정된 신윤복 필 미인도를 생각해보자. 미인도는 국립중앙박물관에서도 특별전시를 할 만큼 우리나라 조선 후기 풍속화 중 대표적인 작품으로 꼽힌다.
미인도의 가치를 금액으로 평가하면 얼마가 되어야 할까? 만일 이 작품이 실제 경매로 거래되는 경우 그 가격은 얼마가 될 것인가? 물론 규범적인 관점에서 가치와 실제 거래가 발생되는 경우 가격은 서로 동일하다고 할 수 없을 것이다.

'신윤복 필 미인도'는 조선 후기 풍속화에 있어 김홍도와 쌍벽을 이룬 신윤복(약 1758-1813 이후)이 여인의 전신상(全身像)을 그린 작품이다.

화면 속 여인은 머리에 가체를 얹고 회장저고리에 풍성한 치마를 입고 있다. 부드럽고 섬세한 필치로 아름다운 여인의 자태를 묘사하였고 은은하고 격조 있는 색감으로 처리하였다. 자주색 회장 머리 띠, 주홍색 허리끈, 분홍색 노리개 등 부분적으로 가해진 채색은 정적인 여인의 자세와 대비되어 화면에 생동감을 부여하고 있다.

마치 초상화처럼 여인의 전신상을 그린 미인도는 신윤복 이전에는 남아 있는 예가 거의 없다. 그러므로 이 작품은 19세기의 미인도 제작에 있어 전형(典型)을 제시했다는 점에서 미술사적 의의가 크다.

자료: http://www.heritage.go.kr/heri/cul/culSelectDetail.do?ccbaCpno=1121119730000&
      pageNo=1_1_1_1

알래스카의 거래 사례에 대하여 조사한 경험이 있다. 알래스카의 거래를 위한 가치와 본질적인 가치의 차이를 논의하시오. 그리고 거래를 위한 가치와 본질적인 가치의 차이가 발생하는 이유를 논의하시오.

3. 가치평가에 대한 잘못된 인식

자산투자에서 대상 자산에 대하여 적절한 가치를 측정하고, 이에 필요한 투자비용을 추정하여 투자진행 여부를 판단하는 것이 중요하다. 따라서 투자에서 가치평가는 중요한 첫 번째 단계라고 할 수 있다. 물론 실제 투자비용이 얼마나 소요되는 것인가에 대한 가치도 중요하다. 따라서 비용과 혜택이 일반적으로 서로 같지 않을 수 있다는 것을 정확히 이해해야 한다. 하지만 이와 같은 가치평가에서 일부 사람들은 잘못된 인식을 갖고 있거나 혹은 오해를 하고 있다.

첫 번째로 가치평가를 통하여 제시된 가치는 객관적으로 절대적이거나 유일한 가치라고 생각한다. 가치평가를 담당하는 전문가는 최대한 객관적인 정보에 근거하여 가치평가를 진행할 수도 있다. 가치평가는 기술(art)이며, 객관적 정보가 있더라도 이를 해석하고 적용하는 데 있어서 경제주체의 일부 판단이 들어가며 이로 인한 편이(bias)가 발생할 수 있다. 물론 평가자는 최대한 이와 같은 편이를 줄이도록 노력한다. 하지만 편이를 완전히 제거하는 것은 불가능할 수 있다. 동시에 동 편이는 가치평가를 진행하는 경제주체의 특성, 목적, 혹은 가정 등에 따라 달라질 수 있다.

예를 들어 하나의 자산을 가지고 언급한 것과 마찬가지로 자산의 거래에서 구매자와 판매자는 가치평가가 다를 수 있다. 다른 예로 동일한 자산을 보유하려는 사람과 판매하려는 사람은 자산과 관련된 정보와 더불어 자신의 의견을 제시한 가치평가를 요구할 수 있다. 자산에 대하여 불변하지 않는 절대적 가치가 있다고 믿기는 어렵다. 근본적으로 시장에서 가치는 유일하지 않으며, 자산시장에서는 가치의 다원론적 관점이 일반적으로 수용되고 있다.

두 번째로 자산의 정확한 가치는 가격을 통하여 시장에서만 알 수 있다고 생각하는 경우도 있다. 언급한 대로 가치의 다원론적인 관점에서 하나의 대상 자산을 기반으로 다양한 가치가 도출될 수 있다. 가치는 하나의 가격으로 제시되기도 하지만, 경우에 따라서 일정한 범위로 제시되는 경우도 있다.

자산의 가치는 시대적, 사회적, 경제적 상황에 따라 변화할 수 있다. 가치에 대한 경제주체의 판단과 더불어 시장에서 경제주체들의 상호 합의의 결과로 가격이 도출된다. 따라서 정확한 유일한 가치가 존재한다고 보기는 어려우며, 가치가 반드시 가격으로 이어져야만 한다고 단정할 수도 없다.

자산시장에서 자주 언급되는 공정가치의 경우 가격으로 이어질 가능성이 가장 높은 가치임에도 불구하고, 반드시 가격과 동일해야 한다는 보장은 없다고 이해해야 한다. 앞에 살펴본 알래스카의 사례에서 확인할 수 있듯이 알래스카의 진정한 가치는 당시 거래가격과 거리가 있다. 그리고 사회, 경제 상황에 따라 사람들이 인식하는 자산의 필요성과 그 가치가 변화한다.

세 번째 가치평가 모형은 반드시 복잡하고 규격화된 기준을 따라야 한다고 생각한다. 가치평가 모형이 복잡하고 다양한 것을 고려한다고, 반드시 이와 같은 방법이 정확한 평가의견을 도출한다고 볼 수는 없다.

과거에는 복잡한 가치평가의 모형이 없이도 사람들은 가치평가를 수행하였으며, 이를 기반으로 투자도 이루어졌다. 세련된 가치평가 모형은 정확한 가치보다는 가치평가에서 발생할 수 있는 오류의 발생 가능성과 그 크기를 줄여줄수 있다는 측면으로 생각해야 한다. 즉 다양한 고려요인을 감안하여 가치가 측정되므로, 실제 정확한 가치를 제시하기 위한 노력보다는 실제 가치에서 벗어날 가능성을 줄여준다는 측면으로 바라볼 필요가 있다.

정교한 가치평가 모형은 위험관리의 차원에서 투자로 인하여 발생할 수 있는 위험을 줄이고, 발생한 위험을 적절하게 관리할 수 있는 방향성을 제시한다. 따라서 다양한 평가 경험을 통하여 직관을 개발하고, 가치평가 모형을 통하여 직관을 구체화할 수 있다면, 자산의 평가에서 정교함이 개선될 수 있다. 그리고 이와 같은 가치평가의 정확성 제고를 통하여 투자에서 실패를 사전적으로 방지할 수 있을 것이다.

하지만 가치평가를 전문적으로 수행하는 감정평가사 등 전문가는 객관적 정보와 직업의식에 근거한 합리적 판단을 통하여 자산시장에서 일반 투자자의 의사결정을 지원할 수 있다. 특히 이들의 강화된 윤리와 객관적 정보와 절차에 근거하여 일반 투자자의 합리적 의사결정에 중요한 정보제공자의 역할을 수행할수 있다.

표 9-1_ 가치평가에 대한 잘못된 인식

1. 가치평가 결과는 유일하고 절대적인 가치이다.
2. 정확한 가치는 시장에서 가격을 통해서 알 수 있다.
3. 복잡한 모형과 규격화된 기준을 통해서만 가치평가가 가능하다.

사례

대한민국 정책브리핑(www.korea.kr)에 따르면 희토류란 '자연계에 매우 드물게 존재하는 금속 원소'이다.

화학적으로 매우 안정되고 건조한 공기에서도 잘 견디며 열을 잘 전도하는 특성을 가지고 있어 휴대전화, 태블릿 PC, 발광 다이오드(LED) 등 첨단 기술뿐만 아니라 하이브리드 및 전기 자동차의 모터용 영구자석과 배터리의 음극관, 태양열 발전, 풍력 발전 등에 사용된다. 몇 년 전만 하더라도 희토류는 자원무기화로 인해 가격 변동이 극심하여, 탈(脫) 희토류 소재를 이용한 모터나 희토류 재활용에 대한 연구가 활발했다.

출처: https://www.korea.kr/news/pressReleaseView.do?newsId=156311469

4. 가치평가의 절차[2]

경제주체는 자산을 소유하고, 관리하고, 이용하고, 투자하고, 매매하고, 대출에 이용하는 등 다양한 자산과 관련된 다양한 활동을 위하여 가치평가를 활용한다. 자산에 대한 가치평가를 진행하기 위해서 평가자는 우선 자산과 연관된 경제주체 그리고 그 경제주체가 가치평가를 수행하는 목적을 이해해야 한다.

1) 가치평가에서 주체와 목적

자산의 가치는 누구를 위해서 그리고 무엇을 위하여 자산을 활용하는가와 밀접한 관계가 있다. 여기서 누구란 자산을 활용하는 주체이며, 가치평가 결과를 활용하여 자산과 관련된 경제활동을 진행한다.

가치평가의 절차과정에서 여러 유형의 경제주체가 등장한다. 이들은 가치평가를 가치평가 전문가에게 의뢰하는 의뢰인, 가치평가를 사용하기로 예정된 예상 사용자, 그리고 실제 사용자가 있을 수 있다.[3] 가치평가를 수행하는 평가사는 경제 주체를 위한 서비스, 즉 가치평가를 진행하는 전문가일 수 있으며, 혹은 경제주체 자신이 될 수도 있다.[4]

---

2 본 절은 유승동(2021)의 원고를 토대로 본 저서를 위하여 작성되었다. 따라서 본 절은 기존 연구에서 일부 내용을 직접적으로 인용하였을 수도 있다.
3 의뢰인, 예상 사용자, 그리고 실제 사용자는 각각이 다수일 수 있으며, 서로 중첩될 수도 있다.
4 물론 평가자가 자신이 사용을 위한 평가를 진행할 수 있다. 이 경우 의뢰인, 예상 사용자, 실제 사용자가 평가자일 수 있다. 식당에 대한 평가 그리고 호텔에 대한 평가 등 일상 생활에서는 네 가지 유형의 주체가 동일하다. 여기에서 전문가로 평가사가 있다면, 평가사에게 가치평가를 요청하는 의뢰인과 이를 활용하는 예상 사용자가 다를 수도 있음을 인정한다. 가치평가를 수행하고 전문가로서 해당 전문지식을 보유하고 있는 평가자는 서비스 제공주체로 가치평가에 해당 주체와는 별도로 간주된다. 물론 증권 및 채권 등 유가증권 시장에서는 애널리스트가 가치평가사의 역할을 수행하는 경우도 있다.

가치평가를 요청할 당시 요청하는 의뢰인은 가치평가 결과를 활용할 것으로 예상 사용자를 알고 있지만, 실제 평가가 완료된 이후 평가를 사용하는 실제 사용자와 과거 예상 사용자는 서로 다를 수도 있다. 이들의 관계는 <그림 9−1>에서 확인할 수 있으며, 평가자는 의뢰인, 예상 사용자, 실제 사용자와 다른 유형의 주체로 명확하게 구분해야 한다.

목적이란 예상 사용자(intended user)의 예정된 사전용도(intended use)를 의미한다. 그리고 주체와 주체의 목적, 즉 사전용도에 따라서 가치 유형을 구분하는 것이 바람직하다. 가치평가 의견을 제공하기 위해 평가정보를 이용하기로 예상된 사용자의 목적도 고려해야 한다. 평가의견에 대한 활용은 가치평가의 목적, 즉 사전용도에 부합하는 것이 바람직하다.

그림 9-1_ 의뢰인과 사용자

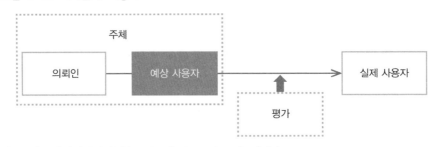

자료: 한국감정평가사협회(2017) 및 유승동(2021) 재인용

의뢰인과 예상 사용자의 (가치평가의 활용) 목적이 같지 않다면 예상 사용자의 목적이 우선시 될 필요가 있다.[5] 간단한 설명을 진행하기 위하여 앞으로 가장 일반적인 사례인 의뢰인과 예상 사용자, 그리고 실제 사용자(그리고 평가사)가 같다고 생각한다.

주체의 목적을 고려하여 평가의 대상 물건과 그 물건의 용도와 관련한 조사가 필요하다. 동 조사는 대상 물건의 물리적, 법률적, 경제적 용도에 대한 조사

---

5 예를 들어 의뢰인으로 보험회사가 부동산에 대한 보험을 인수(underwriting)하기 위한 가치가 아니라, 부동산에 투자를 위한 가치, 즉 투자가치(investment value)를 의뢰할 수도 있다. 보험회사는 보험의 인수가치(underwriting value)를 위한 평가를 진행하였지만, 감정평가 결과를 투자용도로 활용할 수도 있다. 의뢰인보다는 (의뢰인이 초기 제시한) 예상 사용자의 목적이 우선시되어야 할 것이다.

를 포함한다. 해당 물건에 한정된 조사가 아니며, 관련 시장과 거시적 환경 등 다양한 요소도 포함하여 평가정보에 대한 수집이 필요하다.

2) 가치기준과 평가조건의 정의

가치기준(a basis of value)이란 가치를 측정하기 위한 기본(적 측정을 위한) 가정들의 선언이며, 가치기준은 가정들의 합집합으로 구성되어 있다. 가치기준은 기본가정과 부수가정으로 구분이 가능하다.

기본가정은 흔히 가정(혹은 경우에 따라서 조건)이라고 지칭되기도 하지만, 부수가정이 동반될 수 있다는 의미를 포함하기 위하여 기본가정이라고 한다. 사실로 받아들여지고 있는 가정을 의미한다. 따라서 자산과 관련된 사실적 상황을 의미한다. 1) 대상 자산과 관련된 물리적, 법적, 그리고 경제적 특성, 2) 대상 자산의 외부조건, 즉 시장 상황, 시장 추세 등의 조건 또는 3) 분석에서 사용된 사실로 인정되는 가정이다.

부수가정(extraordinary assumption)은 추가적 가정으로 볼 수 있으며, 1) 대상 자산과 관련된 물리적, 법적, 그리고 경제적 특성, 2) 대상 자산의 외부조건, 즉 시장 상황, 시장 추세 등의 조건 또는 3) 분석에서 사용된 데이터의 경우 불확실한 정보에 대한 (통계적) 가정이다.[6] 부수가정의 경우 가치평가에서 직접적으로 필요한 가정으로 평가결과가 유효한 시점에 오류라고 밝혀지는 경우 평가의견을 변화시킬 수 있다. 그리고 이는 시장의 불확실성과 관련된 사항들로 시간변화에 따라 달라질 수 있다.

따라서 기본가정은 자산과 관련된 사실로 볼 수 있으며, 부수가정은 사실이기는 하지만 가치평가를 진행하는 과정에서 최대한의 노력을 통하여 확인한 사실이며, 경우에 따라서 변화할 수 있는 사실로 볼 수 있다. 즉 불확실한 경제상황하에서 변화할 수 있는 사실로 미래 상황 변화에 의해서 가치가 변경가능한 경우, 이를 사실과 구분할 필요가 있다는 측면에서 차이가 있다.

자산에 대한 평가 의뢰인은 대상자산에 대하여 현재와 다른 상황에서의 가

---

6 예를 들어 평가 기준일 시장상황을 고려하여, 수익부동산의 할인율을 ○%로 가정할 수 있다. 그러나 금융시장의 변화로 할인율이 ◇%로 변화하게 된다면 평가액은 변화할 수 있다. 따라서 할인율의 경우 부수가정으로 생각할 수 있다.

치평가를 요구할 수도 있으며, 이를 가치기준과 구분하기 위하여 평가조건 (hypothetical condition, 즉 가상조건)이라고 지칭한다.[7] 예를 들어 도심에 있는 빈 공터 위에 10층의 오피스가 건설되었다는 가상적 조건을 기반으로 빈 공터의 가치를 추정할 수 있다. 물론 이와 다르게 현재 그대로, 즉 빈 공터로 자산 가치를 추정할 수도 있다. 결국 사실과 다른 조건을 제시하면서 가치평가를 진행하는 경우가 있다.

가상조건을 고려하여 가치평가를 진행하였다면 그 가치평가 결과는 가상조건이 없는 경우의 가치평가의 결과와 서로 다를 것이다. 예를 들어 사실 기존 관련 법률상 10층의 오피스를 건설하지 못할 수도 있다. 하지만 이와 같은 제약이 완화된다면, 빈 공터의 가치는 상승할 것이란 것을 이해하기 어렵지 않다. 따라서 가상의 조건이 현실화되는 경우 가치의 변화를 초래할 수 있다.

그림 9-2_ 부수가정과 평가조건과 가치

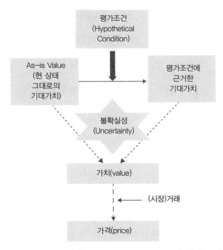

주: 불확실성을 고려하는 경우 기대가치(expected value)이며, 불확실성이 제거되는 경우는 가치(value)임
자료: 한국감정평가사협회(2017) 및 유승동(2021) 재인용

---

7 1) 대상자산과 관련된 물리적, 법적, 그리고 경제적 특성, 2) 대상자산의 외부조건 즉 시장상황, 시장추세 등의 조건, 3) 분석에서 사용된 데이터의 무결함과 관련된 알려진 사실과 다른 조건이다. 시장에서 일반적으로 지칭되는 평가조건이라고 지칭한다.

<그림 9-2>에서와 같이 가치평가는 불확실성과 연관된 부수가정의 영향으로 가치가 아니라 전문적으로는 기대가치(expected value)를 도출하는 것이다. 부수가정에 불확실성이 없어지는 경우 기대가치는 (흔히 지칭하는) 가치로 수렴하게 된다. 현 상태 그대로의 기대가치를 평가하는 경우와 다르게, 가상의 평가조건을 기반으로 기대가치를 도출하는 경우도 있다.

3) 가치평가의 절차 및 활용

이해당사자 그리고 이들의 가치평가 목적과 더불어 가치평가에 필요한 가치기준과 부수가정 등을 감안하여 가치평가가 진행된다. 가치평가의 방법론 가운데 대표적인 소득접근법을 이용한 사례는 다음 절에서 살펴볼 예정이다.

가치평가의 결과는 주체가 자산을 활용하기 위한 목적에 따라 다양하게 도출될 수도 있다. 그리고 가치평가 결과 가운데 중요한 요소인 가치평가의 가치는 시간과 공간에 따라 변화할 수 있다. 동일한 대상 물건도 가치기준과 감정평가의 방식에 따라 다양한 가치평가 결과가 도출될 수 있다. 한 시점에 특정 자산과 연관된 다양한 가치들이 존재할 수 있으며, 이들 가치는 서로 반드시 일치하지 않을 수 있다. 예를 들어 자산거래에 있어서 매수자가 평가한 가치와 매도자의 가치는 서로 다르지만, 거래를 위한 협상과정을 통하여 서로 합의한 가격으로 거래가 진행된다.

그림 9-3_ 가치평가의 절차

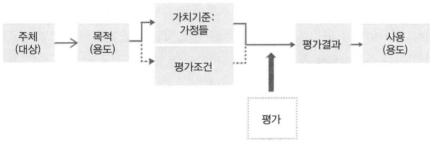

주: ( )는 자산을 대상으로 함
자료: 한국감정평가사협회(2017) 및 유승동(2021) 재인용

4) 자산가치의 결정요인

자산의 가치는 다양한 요인에 의하여 영향을 받는다. 우선 가치는 앞에서 논의한 것과 마찬가지로 자산과 연관된 경제주체와 이들의 목적에 따라 변화한다. 호텔을 예를 들어 주말의 여행자와 비즈니스 여행자는 호텔에 대한 평가가 다를 수 있다. 자산의 투자자, 대출은행, 혹은 세금을 부과하는 정부의 측면에서도 호텔의 가치는 변화한다. 앞에서 예를 든 것과 마찬가지로 거래를 진행하는 과정에서 상호 협상을 통하여 서로 동의하는 가치에 수렴하는 과정을 거친다.

그리고 대상 자산의 특성과 용도에 의하여 결정된다. 예를 들어 여행을 갈 호텔에 대하여 생각해 보면, 호텔의 위치 등 지리적 특성, 크기 등 물리적 특성, 주변 시설 등 환경적 특성 등 가치평가는 여러 가지 요인에 영향을 받게 된다. 그리고 자산과 연관된 법률 상황, 행정적 상황, 미적 혹은 문화적 특성 등 가치가 변화할 수 있다.

해당 자산을 대체할 수 있는 자산과 보완할 수 있는 자산의 가치변화에 따라서 자산가치가 변화할 수 있다. 예를 들어 최근에는 여행할 때 온라인으로 일반 숙박업체를 예약할 수 있는 시스템이 발달하고 있다. 따라서 호텔의 경우 이와 같은 숙박업체의 등장 그리고 이들의 규모와 여행자가 이와 같은 숙박업체를 이용할 수 있는 가능성의 변화에 영향을 받을 수 있다. 자산들 가운데는 서로 보완적인 자산도 있다. 식당을 보유하지 않은 호텔들을 생각해 보자. 호텔주변에 다양한 유형의 식당이 있다면, 호텔에서 자체적으로 식당을 운영하지 않더라도 큰 영향이 없을 것이다. 하지만 주변에 식당이 없다면 식당이 없는 호텔의 가치는 부정적으로 평가될 것이다. 따라서 호텔의 가치를 높이기 위하여 식당을 유치하는 것이 바람직할 수도 있다.

자산이 속한 시장과 시장이 속한 사회 및 경제적 상황에 따라 가치는 변화할 수 있다. 예를 들어 앞의 경우 해당 호텔과 해당 호텔의 주변 호텔의 상황이 가치에 영향을 미칠 수 있다. 해당 지역, 즉 시장에서 그 호텔의 역할도 중요하다. 가치평가의 시점 전후의 거시적 상황 혹은 그 호텔이 속한 지역의 경제상황에 따라 평가한 가치가 달라질 수 있다. 물론 동일한 자산이라도 호황기의 평가와 불황기에 따라, 즉 경제상황의 변화에 따라 가치평가 결과가 서로 달라질 수도 있다.

결국 자산의 특성과 자산이 속한 시장환경이 동일하더라도 자산과 연관된 경제주체, 그리고 그 주체가 평가결과를 활용하려는 목적에 따라 가치가 변화할 수 있다. 동시에 해당 자산의 다양한 특성 그리고 자산의 용도에 따라서도 가치는 변화할 수 있다. 예를 들어 투자자도 호텔영업을 지속하길 원하는 투자자, 호텔을 없애고 상가를 건설하려는 투자자, 그리고 대수선을 통하여 호텔을 새롭게 개장하려는 투자자 등 서로의 목적에 따라 호텔에 대한 평가가 다를 수 있다.

5. 가치평가의 유형과 방법론

가치평가의 유형은 전반적으로는 세 가지 가치평가 유형으로 분류할 수 있다. 상대적 가치평가(relative valuation), 본질적 가치평가(intrinsic valuation), 그리고 조건부청구권 가치평가(contingent claim valuation)이다.[8] 조건부청구권 가치평가는 최근 금융시장에서 그 활용이 확대되고 있다. 하지만 전통적으로는 상대적 가치평가와 본질적 가치평가가 광범위하게 활용되었다.[9] 상대적 가치평가는 유사한 사례에 기반한 평가방법이다. 본질적 가치평가는 자산이 창출하는 편익의 흐름에 기반한 평가방법이다. 그리고 조건부청구권 가치평가는 상대적 가치평가에는 시장접근법(market-based approach)으로 비교사례 분석법 등이, 본질적 가치평가는 비용접근법(cost-based approach)과 소득접근법(income-based approach) 등이 있다. 물론 그 외 다양한 가치평가 방법론이 자산시장에서 활용된다.

---

8 참고로 국제 가치평가 기준에서는 현재까지 조건부청구권 가치평가를 고려하지 않는 것으로 알려져 있다.

9 이는 이미 언급한 것과 같이 정보기술의 발전에 따라 과거에는 진행하지 못하였던 다양한 분석방법이 점차로 고도화 발전을 이루고 있기 때문이다.

그림 9-4_ 가치평가의 유형

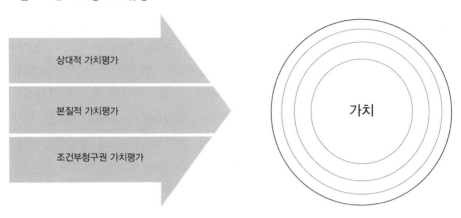

그림 9-5_ 가치평가 방법론

1) 상대적 가치평가

상대적 가치평가란 시장에서 유사한 특성을 가진 비교대상(comparable)을 기반으로 가치를 평가하는 것이다. 이를 국제 가치평가 기준(International Valuation Standard)에서는 시장 접근법이라고 한다.

해당시장에서 대상 자산과 최대한 비교가 가능한 비교대상 자산을 발견하고, 대상 자산과 비교 대상 자산의 가격(혹은 가치)과 자산, 시장, 시간 등의 특성을 보정(혹은 조정)하여 자산가치를 평가한다.

예를 들어 주택의 가치를 결정할 때 대상 자산이 속한 시장에서 거래된 주택의 상대 가격을 고려하여 가치를 도출한다. 최근 다양한 시장 플랫폼이 시장 거래 등 다양한 시장정보를 제공하고 있어, 관련된 서비스 시장의 성장도 괄목할 만한 상황이다.

사례

미국의 Zillow(https://www.zillow.com/)란 플랫폼에 대하여 알아보자.

1. Zillow의 주요 사업영역을 조사하시오.
2. Zillow의 고객들이 플랫폼에 정보를 제공하는 이유를 설명하시오.
3. 그렇다면 Zillow가 수익을 창출하는 비즈니스 모형은 어떻게 되는지 조사하시오.

2) 본질적 가치평가

본질적 가치평가는 대상 자산이 창출할 수 있는 현금흐름 그리고 이에 연관된 위험을 고려하여 평가를 진행하거나, 대상 자산을 있는 그 자체로 재생산하기 위한 혹은 대체하기 위한 비용을 고려하여 평가하는 방식이다. 이미 앞에서 언급한 것처럼 역사적 원가는 과거 관점의 비용이라면 재생산 비용과 대체 비용과 차별적이다.

대상 자산의 생산능력 측면에서 생산 가능성에 대한 가치를 추정한 방법이 소득(수익) 접근법이다. 그리고 자산의 현재 상태('as is')를 고려하는 평가방법이 비용접근법이다. 대표적인 방식을 예로 들자면 전자는 현금흐름(discounted cash flows) 추정법이며, 후자는 원가법이 있다.[10] 이 두 가지의 방법은 서로 차등적으로 보이기도 한다. 하지만 규범적 관점에서는 만일 자산시장이 장기 균형상

---

10 감정평가에 관한 규칙(제2조 정의)에서 "원가법은 대상물건의 재조달원가에 감가수정(減價修正)을 하여 대상물건의 가액을 산정하는 감정평가방법이라고 정의되어 있다." 또한 참고로 "적산법은 대상물건의 기초가액에 기대이율을 곱하여 산정된 기대수익에 대상물건을 계속하여 임대하는 데에 필요한 경비를 더하여 대상물건의 임대료[(賃貸料), 사용료]를 포함한다."

태에 있다면, 대상 자산이 생산할 수 있는 능력에 대한 가치평가와 그 자산의 생산비용 측면의 가치는 서로 동일해야 한다.

시장에서 그 대상 투자자산의 미래에 유발할 수 있는 효과(즉 자산의 생산능력)와 현재(혹은 과거 측면) 필요한 비용(즉 자산의 투자비용)이 항상 동일하다고 할 수는 없다. 투자의 측면에서는 과거와 현재보다는 향후 미래에 자산을 창출할 수 있는 현금흐름에 더 많은 관심이 있어, 실무적으로는 생산할 수 있는 능력에 대한 평가를 선호한다. 구체적으로 현금흐름 추정법에서는 자산이 향후 창출할 것으로 예상되는 현금흐름을 추정하고, 이것을 할인율을 활용하여 현재가치로 환산하고 이에 대한 합을 현재가치로 계산하는 방식이다.

최근 정보시스템의 발전으로 본질적 가치평가와 관련한 다양한 데이터와 소프트웨어가 발전하고 있다. 기술을 접목하여 본질적 가치평가를 지원하는 각종 서비스와 시스템이 개발되고 있다. 따라서 과거와 비교하여 고도의 가치평가 방법이 활용되고 있다. 하지만 가치평가와 관련된 다양한 가정과 절차에 대한 이해는 가치평가 결과를 활용하는데 영향을 준다.

3) 조건부청구권 가치평가

조건부청구권 가치평가란 다양한 미래의 발생 가능한 시나리오, 즉 가능성을 고려하여 가치평가를 진행하는 방식이다. 앞에서 언급한 본질적 가치평가에서 현금흐름을 추정하는 방식을 첫 번째 단계로 제시하였다. 하지만 미래에 대한 현금흐름을 현재에서 제시한다면 당연히 다양한 시나리오가 발생할 수 있다고 생각할 수 있다. 이는 현재 시점에서 기대되는 미래의 현금흐름은 단순히 하나라고 단정할 수는 없기 때문이다.

시장상황의 변화에 따라 향후 발생하는 현금흐름은 다양하게 변화할 수 있는 것을 알 수 있다. 이와 같이 불확실한 현실을 고려하여 가치평가를 진행하는 방식을 이야기하며, 흔히 실물옵션(real options) 평가방식이 대표적인 조건부청구권 가치평가의 방식이다.

6. 소득접근법의 사례

본 절에서는 소득 접근법의 간단한 사례를 제시한다. 자산이 창출할 수 있는 향후 소득, 즉 양의 순 현금흐름에 대한 예측을 통하여 가치평가를 진행한다.

소득 접근법(혹은 현금흐름 접근법)에서 첫 번째 절차는 '현재 기대되는 미래의 모든 현금흐름'을 예측한다. 자산이 창출하는 미래의 모든 현금흐름을 정확히 예측하는 것은 단순한 작업이 아니므로, 이를 위해서 합리적으로 수용할 수 있는 가정의 활용이 불가피하다.[11] 미래의 예측이라는 것은 현실을 완벽하게 예상할 수는 없지만, 현재 시점에 최대한 다양하고 많은 정보를 활용하여 평가를 진행한다.

예를 들어 가치평가 대상 자산이 매년 주기적으로 일정 금액 c의 수익을 창출한다고 가정한다. 매년 일정한 시기에 주기적인 현금흐름을 창출하는 자산으로 대표적인 채권은 별도의 장에서 논의한다.[12] 본 절에서는 대상 자산이 영구적으로 매년 말에 c의 현금흐름이 생산된다고 생각한다. 그리고 이와 같은 자산의 현금흐름은 <그림 9−6>과 같다.

그림 9-6_ 주기적으로 일정하게 지급되는 현금흐름

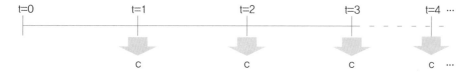

두 번째 절차는 예측된 모든 현금흐름의 현재가치를 계산하여 합한다. 앞의 예와 같이 매년 말에 c의 현금흐름이 발생하는 자산에서 이를 현재가치로 환산

---

11 이론적으로 '미래 창출하는 모든 현금흐름의 현재가치'는 본질적 자산가치라고 정의할 수 있지만, 실무적으로는 다양한 가정을 통하여 미래 창출하는 모든 현금흐름을 정확하게 계산하기는 어렵다. 따라서 아무리 정교한 가치평가 방법과 절차를 통하여 산출된 평가가액도 실제 정확한 가치의 정확한 값이라기 보다 본질적 가치의 대략적 범위 혹은 수준을 보여준다고 이해하는 것이 바람직하다.

12 연중 계속하여 현금흐름이 창출될 수 있지만, 실무적으로 일정한 주기(대표적으로 1년) 동안 발생한 현금흐름의 경우 개별 주기 동안 그 기간 내에서 변화하는 가치변화를 감안하지 않고, 해당 주기 말인 시점에서 현금흐름이 발생한다고 가정하기도 한다.

한 합은 '제5장 자산가액의 시간가치'에서와 같이

$$PV = c/r \qquad (1)$$

이며, 여기에서 r은 현금흐름의 할인율이다.[13]

수식 (1)에서 현재 매년 말에 수입의 현금흐름은 영구적으로 고정된 c로 예측이 가능하다고 생각한다. 영구적이 아니라 예를 들어 T년까지 현금흐름이 발생하는 경우 동 자산의 가치는 $PV = \dfrac{c}{r}(1 - \dfrac{1}{(1+r)^T})$이다.

수식 (1)을 자세하게 살펴본다면 가치를 결정하는 주요한 요인은 현금흐름과 이자율이란 것을 알 수 있다. 만일 수입이 증가하면 자산가치는 높아지고, 이자율이 상승하면 자산가치는 하락한다. 여기에서 이자율과 자산가치가 서로 반대로 움직인다는 것을 주목해야 한다. 현금흐름은 자산시장의 영향을 받지만, 할인율의 경우 금융시장의 영향을 받는다. 따라서 자산가격은 해당 자산시장과 더불어 전반적인 금융시장 (혹은 거시경제)의 영향을 받는다는 것을 확인할 수 있다.

최근 전 세계적으로 저금리 기조가 장기간 유지되고 있다. 낮은 수준의 이자율이 지속되는 상황에서 이자율이 변화하는 경우 자산가격에 미치는 영향은 상대적으로 크다. 고금리 상황하에서 이자율의 변화가 자산가격에 미치는 영향과 비교하는 경우 이를 확인도 가능하다.[14] 이로 인하여 저금리 상황하에서 이자율의 상승이 자산가격의 변동에 미치는 영향(다른 상황이 동일하다면)과 저금리 상황하에서 동일한 영향의 크기를 서로 비교한다면, 저금리 상황하에서 영향의 크기가 훨씬 크다는 것을 이해할 필요가 있다. 예를 들자면 저금리 상황에서 금리가 1%p 상승하는 경우와 고금리 상황에서 금리가 1%p 상승하는 경우, 각각의 상황에서 자산가격의 변동폭은 당연히 저금리 상황하에서 높을 것이다.

---

13 위험중립적(risk neutral)한 상황에서 할인율은 이자율과 동일하다고 가정할 수 있다.

14 수식적으로 다음을 통하여 확인할 수 있다. $\dfrac{\partial P}{\partial r} = -cr^{-2}$ 그리고 $\dfrac{\partial^2 P}{\partial r^2} = 3cr^{-3}$이다. 게다가 $\dfrac{\partial^3 P}{\partial r^3} = -9cr^{-4} < 0$이다.

현금흐름이 안정적이고 지속적으로 유지되어 수식 (1)에 따라서 자산가치를 도출할 수 있는 경우보다 현실적으로 현금흐름이 성장하는 경우가 많다. 그리고 자산투자를 진행하는 투자자들의 경우 자신이 투자하는 자산에서 발생할 현금흐름이 확대되는 것을 선호할 것이다.

단순한 논의 전개를 위하여 안정적으로 성장하는 현금흐름을 생각해 보자. 즉 1기 말에는 c, 2기 말에는 $c \times (1+g)$, 3기 말에는 $c \times (1+g)^2$, ... 로 매기 g만큼 현금흐름이 증가하는 경우이고, 이와 같은 현금흐름은 <그림 9-7>에서 확인할 수 있다.[15]

그림 9-7_ 성장하는 현금흐름

정리하면 1기 말에 현금흐름이 c이고, 지속적으로 g만큼 증가하는 현금흐름이 있는 자산의 현재가치는

$$\mathrm{PV} = c/(r-g) \tag{2}$$

이다. 여기에서 성장률은 이자율(또는 할인율)보다 낮아야 한다. 그리고 이는 학술적으로 무거품조건(no bubble condition)이라고 부른다.[16] 수식 (1)에서 자산가치는 자산시장 그리고 금융시장의 영향을 받는다. 수식 (2)를 살펴보면 현재의 자산시장의 영향은 c에 반영되어 있으며, 향후 자산시장의 변화에 대한 기대는 g에 반영되어 있다.

자산가치란 현재와 더불어 미래 시장에 대한 변화에 기대가 되어 있다. 그

---

[15] 사실 매기에 현금흐름이 안정적으로 성장하지 않은 경우보다는 변화하는 추세로 성장하는 경우가 더욱 현실적이다. 후자의 경우 미래 현금흐름에 대한 예측이 쉽지 않은 작업이므로 전자를 일반적으로 활용한다.

[16] 만일 현금흐름의 성장률이 할인율보다 크다면 현금이 지속적으로 증가하지만, 할인율이 성장률보다 작은 상황이라면 현금흐름의 현재가치의 합은 무한하게 증가하는 상황에 직면할 것이다.

리고 이를 수식 (2)에서 확인할 수 있다. 참고로 c와 g는 자산가격과 양의 상관
관계를 가지고 있다.

사례

수식 (2)에서 1기말에 현금흐름이 c이고, 현금흐름이 지속적으로 g만큼 성장하는 자산의
현재가치는 PV=$c/(r-g)$가 된다. 이를 증명하시오.

참고문헌

유승동, 2021, 감정평가액의 다양성에 관한 이론, *감정평가학논집* 20(1) 3−17.

연습문제

1. 최근에 어떤 생활용품의 가치를 고민해 본 사례가 있는지 생각하고 친구와
   논의해 보시오. 그 용품의 가치와 가격을 고민해 보고, 그 용품의 가치를 결
   정하는 중요한 요인을 생각해 보시오.

2. 자신 혹은 가족이 특정한 자산과 관련된 가치를 고민해 본 적이 있는지 생각
   해보고, 실제 가격이 차이나는 사례가 있었는가 생각해 보시오.

3. 규범적 접근법과 실증적 접근법의 차이를 설명하시오

4. 투자의 비용과 투자의 혜택이 동일하다면 투자를 진행할 유인이 있는지 생
   각해 보시오. 즉 만일 투자에는 비용이 1억원이 드는데 이를 통하여 1억원
   을 벌 수 있다면, 어떤 의사결정을 진행할지를 생각해 보시오.

5. 앞의 문제에서 투자를 결정할 때, 수용할 수 있는 비용과 혜택의 조건을 논
   의하시오. 현실에서의 차이와 경제적 투자결정, 즉 '비용과 혜택이 동일한 경
   우 투자를 진행하는 것과 진행하지 않은 것의 무차별로 인하여 투자를 진행
   할 수 있다.'는 관점을 서로 비교하여 설명하시오.

6. 자산시장에서 가치평가에 대한 잘못된 인식을 예를 들어 설명하시오.

7. 시간의 변화에 따라 상품의 가치가 변화하는 사례를 찾아보시오.

8. 최근 주목을 받고 있는 희토류에 대하여 조사하고 설명하시오. 희토류가 주목을 받고 있는 이유는 무엇인가 설명하시오.

9. 가치평가의 조건과 부수가정의 차이를 구분하여 기술하시오.

10. 상대적 가치평가의 사례를 들어 설명하시오.

CHAPTER 10

자산시장의 과거와 미래

○ ● ○ ·

시간이 변화함에 자산가격도 변화할 수 있으므로, 자산투자자는 자산가격 변화의 가능성을 감안해야 한다. 투자자는 자산의 가격변동 위험에서 자유롭지 못하다는 것을 시사한다.[1] 앞 장에서는 자산가격은 자산시장, 금융시장, 그리고 거시경제 등 여러 상황에 영향을 받는다는 것을 살펴보았다. 이러한 영향이 자산가격의 변동을 유발하며, 결국 이는 투자자에게는 위험요인으로 간주된다.

본 장에서는 금융시장에서 이자율과 자산의 가격변화를 살펴보고, 금융시장에서 가격변화 위험에 대한 소개를 진행한다. 자산시장에서 가격변화를 예측하는 가장 손쉬운 일반적 방법은 과거의 시장데이터를 확인하고 분석하여 이에 기반하여 향후 변화를 예측하는 것이다. 이와 관련된 기본적 내용들을 본 장에서는 살펴본다.

1. 이자율

금융기관이 제시하는 이자율은 일반적으로 명목 이자율(nominal interest rate)이다.[2] 명목이자율

$$i = r + \pi^e \tag{1}$$

---

[1] 물론 가격(혹은 가치) 위험과 더불어 자산의 양과 질 그리고 그 외 다양한 유형의 위험관리도 필요할 수 있다.
[2] 본 절에서는 제4장에서 설명한 개념을 확장하여 자세하게 설명한다.

로 표현되며, 여기에서 실질 이자율 r과 향후 예상 물가상승률 π^e의 합으로 명목 이자율이다. π^e는 현재 예상한 미래의 변화에 대한 예측값이다. 다음의 사례에서 살펴보면 현실 경제에서는 만기시점에 과거 1년 동안 진행된 실제 물가상승이 과거 저축 시점에 예상한 π^e보다 높은 경우도 있다.[3, 4]

사례

지금 버거세트를 살 수 있는 여유 현금이 1만 원이 있다. 하지만 현재 소비를 포기하고, 대범하게 미래를 대비하기 위하여 이 돈을 은행에 저축하기로 결심하였다. 은행에서는 1년 동안 1만 원을 저축하면 500원의 이자, 즉 5%의 이자를 제공하겠다고 한다. 만기에는 1만 500원을 받을 것이다.[5]
하지만 1년의 시간이 지나보니, 동일한 버거세트가 1만 1천 원으로 가격이 올랐다고 생각해 보자. 과거에는 1만 원으로 버거세트를 구입할 수 있었지만, 이를 포기하고 저축을 하였지만 그에 따른 원금과 이자로도 버거세트를 구입하지 못하는 상황에 직면한 것이다. 그럼 무엇이 잘못된 것인가? 은행에서 제공하는 이자율보다 버거세트의 가격상승률이 더 높았던 것이다. 일반적 가격상승을 인플레이션(inflation)이라고 지칭한다. 이자율은 5%였지만, 일반 가격상승으로 대표되는 버거세트의 가격상승률은 10%였던 것이다. 이는 저축을 통하여 실질적으로는 손해를 보았다고 할 수 있다.

현재 금융시장에서 i의 경우 저축상품 조건을 통하여 알 수 있지만, π^e를 구분하여 결정하는 것은 쉬운 작업이 아니다. π^e의 절대적 값 그리고 그 실현 가능성에 대하여 파악하는 것은 고난위의 작업이며, 이로 인하여 수식 (1)에서 r과 서로 구분하는 것은 당연히 단순한 작업이 아니다.

시간이 지남에 따라, 즉 저축의 만기가 된 이후 r과 π^e를 분리할 수 있다. 즉 기존의 인플레이션에 대한 시장정보를 통하여 상품만기 이후 과거 물가상승률 정보를 토대로 π를 파악하며 $\pi = \pi^e$라고 생각하고 r를 계산하는 것이다. 이

---

3 제4장에서 설명한 것처럼 수식 (1)의 계산을 위하여 앞의 햄버거 세트의 사례를 활용한다면 10,000원 $\times (1+i) = 10,000$원 $\times (1+r) \times (1+\pi^e)$이며, 이를 통하여 $i = r + \pi^e + r * \pi^e$이란 것을 확인할 수 있다. 하지만 $r * \pi^e$은 무시할 정도로 작다고 생각한다면 $i \approx r + \pi^e$이다.
4 즉 햄버거 세트의 사례에서 명목 이자율(5%)은 실질 이자율과 기대 인플레이션율이 동시에 고려되어 결정된 것이다. 하지만 실질 이자율과 기대 인플레이션율의 크기를 구분하기는 어렵다.
5 여기에서 은행은 1년이라는 짧은 기간 동안 파산할 가능성이 없다고 생각한다.

는 사후적(ex-post)인 계산이므로 사전적(ex-ante)으로 저축 시점에 시장에서 형성된 기대, 즉 π^e과 다를 수도 있다.[6]

명목 이자율이 결정되는 원리를 살펴보자. 명목 이자율은 금융시장에서 자금에 대한 수요와 공급에 의해 결정된다. 단순한 경제에서 가계, 기업, 그리고 은행으로 경제주체를 구분한다면, 가계는 자금을 저축하며 기업은 자금을 조달하여 투자를 실행한다. 물론 은행은 이들 사이에 중개 기관의 역할을 한다.

만일 가계의 저축이 증가하여 자금의 공급이 증가한다면, 이자율은 하락한다. 기업이 투자확대를 위하여 자금에 대한 수요가 늘어난다면, 이자율은 상승한다. <그림 10-1>에서와 같이 일반적인 수요와 공급의 원리가 금융시장에서도 성립한다. 여기서 주목할 것은 y-축이 가격이 아니라, 금융상품의 가격인 이자율이다.

그림 10-1_ 이자율의 결정원리

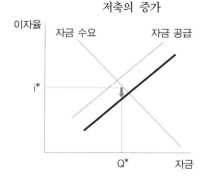
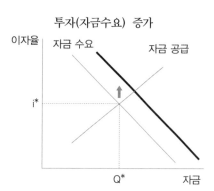

6 햄버거 세트의 사례로 설명하면, 은행이 제시한 이자율은 5%이지만 일반 소비자가 r과 π^e를 구분하는 것은 어렵다. 개인에 따라서는 저축 당시 물가상승에 예측값을 단언하는 경우도 있다. 만기에 기존 물가상승률 $\pi = 10\%$이었으므로, $\hat{r} = i - \pi = 5\% - 10\%$, 즉 사후적인 실질 이자율을 계산할 수 있다. 하지만 이것도 저축 당시에 물가상승률의 예상값이 5%였다고 단정하기는 어려울 수 있다.

2. 유효이자율(effective interest rate)

금융시장에서 이자율의 경우 특별한 언급이 없는 경우 일반적으로 1년을 기준으로 생각한다. 하지만 언제나 1년 기준으로 이자율을 지칭하는 것은 아니며, 계약에 따라 복리주기도 변화할 수 있다.

만일 1천 원을 1년 동안 저축하는데 두 가지 상품을 서로 비교한다고 생각해 보자. 첫 번째 상품은 반기 4.95% 이자율 상품이며, 두 번째 상품은 연 5% 이자율 상품이다. 저축자의 관점에서 어떤 상품이 유리한지 판단해야 한다. 서로 다른 조건, 즉 복리 주기가 동일하지 않은 저축상품을 상호 비교하는데, 유효이자율이 유용한 역할을 한다. 1년 동안 5%의 이자율이 절대적 수준으로는 높아 보인다. 하지만 이는 다른 조건의 상품을 비교한다고 볼 수는 없다.[7]

유효이자율의 경우 복리 주기를 표준화하여 예를 들어 복리 주기를 1년 단위로 전환하여, 서로 다른 조건의 상품을 동일한 기준으로 비교할 수 있어 유용하다. 즉 $FV = PV \times (1 + r/n)^{n \times t}$에서 1년 기준으로 이자율을 계산한다면,

$$1 + \varepsilon = (1 + r/n)^n \tag{2}$$

여기서 유효이자율 $\varepsilon = (1 + r/n)^n - 1$이다. 따라서 $\varepsilon = 5.01\%$가 되므로 반기 4.95%가 복리의 영향으로 1년 주기 5.00%의 이자율보다 유리하다.

3. 위험과 수익의 측정

본 절에서는 금융시장에서 획득할 수 있는 통계정보를 활용하여 위험과 수익을 측정한다. 이를 위하여 한국은행 통계정보 시스템에서 공개하고 있는 이자율 시계열 자료를 이용하여 분석한다. 참고로 주가를 포함한 주식시장에 대한 정보는 한국거래소(KRX)에서도 확인할 수 있으며, FnGuide 등 금융정보 기업 등에서도 관련정보를 획득가능하다.[8]

---

7 참고로 이자율, 내부수익률, 그리고 할인율의 차이를 설명하였다.
8 주식의 경우 초단위 매도호가 및 매수호가와 수량 정보도 이용이 가능하다.

1) 이자율과 수익률

2019년 만기 1년 국고채 이자율의 추세는 <그림 10-2>와 같다. 금융상품의 경우 매일, 그리고 하루 안에서도 매시간 혹은 매초에도 가격이 등락을 반복할 수 있다. 예를 들어 국고채 이자율의 경우 한국은행 통계정보 시스템에서 일 단위 정보를 확인할 수 있다. 예를 들어 2019년 1월 2일 기준 1년 만기 이자율 혹은 금리는 1.73%였다. 따라서 당일 100만 원으로 신규 1년 만기 국채를 매입하였다면, 2020년 1월 2일에 101.73만 원을 원금과 이자, 즉 원리금을 받았을 것이다. 그리고 이와 같은 회수금액은 2019년 1월 2일 당시 예상할 수 있었다. 물론 이와 같은 이유는 국가가 채권의 원금과 이자를 상환하지 않을 가능성은 없기 때문이다.

하지만 2019년 1월 2일 기준 100만 원을 주식에 투자한다면 당시에는 1년 이후에 투자금 가운데 회수할 금액을 정확히 판단할 수 없었다. 그리고 1년이 경과한 이후인 2020년 1월 2일에서나 투자로부터 회수할 금액을 확인할 수 있다.[9]

그림 10-2_ 국채 1년 금리의 추세(2019년)

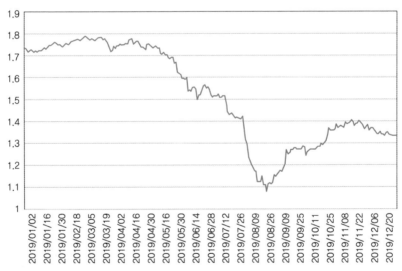

자료: 한국은행 통계정보시스템

---

9 미래 불확실성을 반영한 수익률은 확실성을 간주하는 이자율과 차등적인 개념으로 볼 수 있다. 저축하는 경우 은행의 파산 등으로 원리금을 보장받지 못하거나 혹은 원리금 지급이 지연될 수 있음을 설명하였다.

앞에서 설명한 것처럼 일반 투자자는 금융시장에서 국가채권을 무위험자산 (risk free asset)으로 인식한다. 하지만 <그림 10-2>와 같이 국고채 이자율이 시장상황에 따라서 등락을 하며, 이로 인하여 투자자는 금리변화 위험, 즉 국고 채 가격변동 위험에 노출되어 있다. 참고로 다른 국가의 투자자는 우리나라 채권 의 파산위험이 없다고 생각하지는 않는다.[10] 파산위험을 일명 신용위험(credit risk) 이라고도 하며, 국가의 파산위험은 소버린 리스크(sovereign risk)로 지칭한다.

2019년 2월 1일 기준 국채 이자율은 1달 전보다 상승한 1.75%였다. 따라서 1월에 투자한 투자자에게 적용되는 이자율은 2월에 투자한 투자자의 이자율보 다 낮게 되었다. 이렇게 시장에서 이자율이 상승한다면, 이미 기존에 발행된 국 채 투자자는 불리한 상황에 직면하며 이들이 투자한 국채의 가격은 당연히 하 락할 수밖에 없다. 기존 투자자는 신규 투자자와 비교하여 불리한 상황에 직면 하는 것이다. 신규 국채의 경우 이자율이 높지만, 기존 발행된 국채의 경우 이 자율이 낮으므로 채권의 가격이 하락하는 것이다. 하지만 7월 1일 국채금리가 1.55%로 다시 하락하였다. 이로 인하여 (1월 2일 발행된) 채권가격은 상승하였 고, 기존 채권에 투자한 투자자는 신규 투자자보다 유리한 상황에 놓인다.

2) 수익률과 가격의 관계

일반적으로 자산시장 혹은 금융시장에서는 가격보다 수익률에 대한 언급을 자주 듣게 된다. 여기에서 자산의 가격과 수익률은 어떤 관계가 있는지 알아보 자. 투자에서 수익률은

$$r_t = (P_{t+1} - P_t)/P_t \tag{3}$$

이다. 현재 t 시점에서 1기 이후에 알 수 있는 r_t에 대한 관심이 높은 것이다. 현재 자산가격, 즉 P_t 는 이미 알려져 있는 경우가 일반적이다.[11] 따라서 투자

---

10 국제 금융시장에서 투자자는 여러 나라 국채 가운데 선택적인 투자가 가능하다. 그리고 한 국 가가 자신의 부채에 대한 원리금 지급의무를 이행하지 못하고 파산하는 가능성, 즉 소버린 리 스크(sovereign risk)는 국가별로 차등적이다.
11 현재 가격이 시장에서 대중에게 알려지지 않은 경우도 있다.

자는 다음 기의 자산가격, 즉 P_{t+1}에 집중한다. 다시 말해 P_t를 알 수 있다면, 수식 (1)에서 P_{t+1}와 r_t는 서로 일대일 대응관계란 것을 알 수 있다. 자산의 수익률은 자산가격과 서로 동일한 방향으로 움직인다. 가격보다 수익률을 일반적으로 활용하는 이유는 P_t에 따라 성과평가가 크게 변화할 수 있는 상황이지만, 수익률은 이에 비해 상대적으로 자유롭기 때문이다.[12]

자산에서 현금유입 예를 들어 배당 D_{t+1}가 있다면, 수식 (3)은 수식 (4)로 전환된다. t시점에서 $t+1$시점까지 자산가격의 변화와 더불어 현금유입으로

$$r^{h_t} = (P_{t+1} + D_{t+1} - P_t)/P_t \tag{4}$$

이다. 물론 1년 기준 r_t^h의 계산도 가능하다. 하지만 자산의 보유기간 동안 발생한 전체 수익률을 산출하는 경우도 있어 이는 보유기간 수익률(holding period return)이라고 한다.[13, 14]

수식 (4)에서 수익률은 투자이익으로 인한 수익 그리고 자본이득으로 인한 수익으로 구성되어 있다. 수식 (3)의 경우 자본이득으로 발생한 수익률을 의미하며, 수식 (4)는 투자이익을 포함한 수익률이다.

사례

배당은 기업이 영업활동을 통하여 얻은 이익을 주주들에게 제공하는 것으로 우리나라에서는 일반적으로 연말에 영업실적을 결산하고 결산을 반영하여 배당을 실시한다. 하지만 분기마다 배당을 실행하는 기업들도 있다. 그리고 주가의 상승보다는 주식의 배당 측면을 보고 투자하는 경우도 있다.
1) 상장기업 가운데 작년에 분기 배당을 실시한 기업들을 조사하시오.
2) 배당률(dividend rate)과 배당수익률(dividend yield)은 무엇인가?

---

[12] 주식가격이 1천 원이 상승했다는 것과 1%가 상승했다는 것은 서로 다른 의미를 전달할 수 있다.
[13] 자산시장에서 배당은 t에서 $t+1$기간 동안 중간에 발생할 수도 있다. 그러나 일반적으로 수익률을 계산할 때 배당은 t에서 $t+1$의 기간동안 t기 말일 혹은 $t+1$기 초에 발생한다고 계산하는 경향이 있다.
[14] 보유기간 수익률에서 $+1$기란 자산을 매입한 시점부터 매도하는 시점까지, 즉 자산의 보유기간 전체를 고려한 수익률을 계산하게 된다. 이 경우 배당금을 보유기간 시점별로 가치전환을 하지 않는 경우가 많다.

2) 우선주와 보통주의 차이는 무엇인가?

3) 우선주와 보통주의 배당금이 서로 다른 사례를 조사하시오.

3) 수익과 위험의 측정

한국은행 통계정보시스템에서 2019년 국채금리(1년 만기)를 수집한다. 그리고 시스템에는 매일, 즉 일별 국채 금리정보를 포함하고 있다. 2019년 동안 일별 금리의 평균(mean)은

$$\bar{r} = (1/n) \sum_{s=1}^{n} r_s \tag{5}$$

이다. 2019년 247일 동안 국채거래가 있었으므로 $n = 247$이며, r_s는 2019년 1월 2일은 $s = 1$이며, 2019년 1월 3일은 $s = 2$가 되며, 이와 같은 과정으로 2019년 12월 31일은 $n = 247$이다. 참고로 마이크로소프트 엑셀에서 '=AVERAGE' 함수로 계산할 수 있다. 수식 (5)에 따라 엑셀을 통하여 계산하면 $\bar{r} = 1.52\%$이다.[15] 그리고 이를 산술평균(arithmetic average)이라고 지칭한다.

실제 금융시장에서는 수식 (5)와 같은 방식의 평균과 더불어 기하평균(geometric average)을 사용하기도 한다. 기하평균 수익률은 기간당 평균 복리의 개념으로 평균을 산출하는 방식, 즉

$$\bar{r} = [\prod_{s=1}^{n} (1+r_s)]^{1/n} - 1 \tag{6}$$

이다.[16]

---

15 KRX에서 휴장일 정보는 http://marketdata.krx.co.kr/mdi#document=01100305 (2021년 7월 10일 접근)에서 토요일과 일요일이 아닌 평일의 휴장일 정보를 확인하여 금융시장 개장일을 확인할 수 있다.

16 수식 (6)은 $\prod_{s=1}^{n} (1+\bar{r})^n = (1+r_1)*(1+r_2)*\cdots*(1+r_n)$을 정리하였으며, 따라서 복리의 개념을 활용한 평균이라고 할 수 있다.

사례

지난 3일 동안 이자율은 각각 2%, 5%, 그리고 2%였다.
1) 지난 3일간 이자율의 산술평균을 구하시오.
2) 지난 3일간 이자율의 기하평균을 구하시오.

분산(variance)의 경우

$$\sigma^2 = (1/n) \sum_{s=1}^{n} (r_s - \bar{r})^2 \tag{7}$$

이다. 엑셀에서는 각각 '=VAR' 그리고 '=STDEV' 함수를 이용할 수 있다. 2019년 국고채 이자율로 계산한다면, $\sigma^2 = 0.0005\%$ 그리고 표준편차인 $\sigma = 0.22\%$이다.

2019년에는 금융시장 개장일은 247일, 매 영업일에 이자율은 동일한 비중을 고려한다는 것은 $\bar{r} = \sum_{s=1}^{n} (\frac{r_s}{n})$을 통하여 확인할 수 있다. 하지만 일별 이자율에 대하여 서로 다르게 취급한다면 $\bar{r} = \sum_{s=1}^{n} (\frac{r_s}{n_s})$이며, 여기에서 $\sum_{s=1}^{n} (n_s) = 1$이다. 분산도 이와 같은 방식으로 이해할 수 있다. 참고로 수식 (5)와 수식 (7)은 매일의 이자율을 1년 동안에 동일한 비중으로 취급하여 평균과 분산을 계산한다.[17]

4. 수익과 위험의 예측

1) 기대 수익과 위험

확률변수(random variable)를 생각해 보자. 확률변수의 향후 실현 값(realized value)은 알 수는 없지만, 실현 값을 예상할 수 있다. 그리고 개별 실현 값들의 가능성, 즉 확률을 예상할 수 있는 경우도 있다. 실현 값과 그 가능성을 고려하

---

[17] 100명의 학생들로 구성된 한 학급의 평균을 계산하는 경우를 생각한다면, 각 학생들의 중요성은 동일하게 취급된다. 하지만 일부의 학생들에 대하여 중요성을 강조하는 경우 이들의 비중은 1/100과 달라져야, 즉 증가해야 한다.

여, 기댓값을 계산한다.

이를 이해하기 위하여 예를 들어 동전의 앞면(Head, 이하 H)이 나오면 r=2% 그리고 동전의 뒷면(Tail, 이하 T)이 나오면 r= − 2%의 수익률이 발생한다고 하자. 이와 같은 경우 H의 확률 $p=1/2$ 그리고 T가 나올 확률을 $1-p$ =1/2이다. 여기에서 확률의 합은 1이 된다. 따라서 동 사례에서 기대값은

$$\bar{r}= \sum_{s=1}^{n} p_s r_s \tag{8}$$

이며, $\bar{r} = 1/2 \times 2\% + 1/2 \times (-2\%)$이다. 수식 (8)에서 $\sum_{s=1}^{n}(p_s) = 1$이다. 그리고 분산은

$$\sigma^2 = \sum_{s=1}^{n} p_s (r_s - \bar{r})^2 \tag{9}$$

이며, $\sigma^2 = 1/2 \times (2\% - 0\%) \times (2\% - 0\%) + 1/2 \times (-2\% - 0\%) \times (-2\% - 0\%) = 0.04\%$이다.

기대 수익률을 계산하기 위해서 p_s와 r_s을 알고 있다면, 기댓값과 분산을 계산할 수 있다. 물론 앞의 동전 던지기에서 p_s를 알고 있으며, 동시에 r_s가 주어졌다고 가정한다.

금융시장에서는 현실적으로 개별 자산에 대한 두 가지 변수, 즉 p_s 그리고 r_s를 정확히 예상하기 곤란한 경우도 있다. 따라서 이에 대한 예측의 문제에 직면한다.

2) 미래에 대한 예측

투자자들은 이용 가능한 모든 정보의 활용을 통하여, 자산시장에서 미래에 대한 예측을 실행한다. 획득가능한 정보와 이를 기반으로 미래 예측을 진행하고 이를 기반으로 자산투자를 진행한다. 예측은 최대한 발생 가능한 경우를 모두 고려하지만, 예측결과는 현실과 반드시 같다고 단정하기는 어렵다.

예측을 위해서는 시장에 대한 견해를 반영할 필요가 있다. 따라서 시장의 효율성(market efficiency)은 자산시장에서 주식의 가격을 예측하는데 중요한 정

보가 될 수 있다. 그리고 미래를 예측하기 위하여 그 첫걸음은 과거 시장에서 자산의 성과를 보게 된다. 앞에서 국채 이자율의 과거 1년 동안 성과를 활용하여 평균과 분산을 도출하였다. 다수의 투자자가 자산시장에서 다양한 거래정보, 즉 가격, 가격지수, 수익률을 축적하여 분석하는 이유는 과거의 성과에 대한 정교한 분석이 미래를 예측하는 이정표가 될 수 있기 때문이다.

미래 예측에서 단순 접근법은 근시안적 예측(myopic forecasting)이다. 근시안적이란 자산가격이 특정한 추세를 가지고 변화하였다면, 이와 같은 추세는 향후에도 지속된다고 생각하는 것이다. 동 예측의 한계는 물론 자산가격은 시간에 따라 변화할 수 있으며, 과거의 결과가 미래에 지속된다고 단정할 수는 없다. 그리고 과거 자산의 변화추세와 더불어 변동성도 있다. 따라서 향후 가격이 특정 범위 안에 있을 가능성을 고려한 예측이 진행될 수 있다.

실제 자산시장에서는 근시안적 예측과 더불어 보다 정교한 방식으로 자산가격의 예측방법이 활용되고 있다.

5. 효율적 자산시장 가설

효율적인 자산시장에서는 자산의 가격이 다양한 유형의 시장정보를 반영하고 있어, 투자자들이 비정상적(abnormal) 수익을 창출할 수 없다.

자산시장에서는 다수의 투자자들이 활동하고 있으며, 자산가격은 자산시장의 다양한 정보를 합리적으로 반영을 하고 있다. 투자자들은 자산에 대한 연구와 평가를 통하여 수익을 얻기 위해 부단히 노력하고 있다. 그리고 이와 같은 수익을 위한 투자자들의 경쟁으로 자산가격은 수많은 정보를 포함하고 있다고 볼 수 있다. 이를 통하여 자산거래가 발생하고 있으며, 따라서 시장의 정보는 자산가격에 반영된다.[18]

효율적 시장가설에서 시장의 유형은 시장에서 반영된 정보의 유형을 기반으

---

[18] 일부 투자자들이 정보를 독점하고 있어 자산시장에서 비정상적 수익을 창출하고 있다고 생각하자. 일반 투자자들은 자산시장에 참여를 기피하고, 비효율적 자산에는 추가적 신규 투자는 없을 것이 기대된다. 투자자들은 해당 자산시장에 투자하는 것을 기피하고, 해당 자산은 더 이상 투자자의 선택을 받지 못할 것이다.

로 크게 세 가지로 분류하고 있다. 약형 효율적 시장(weak-form efficient market)에서는 자산시장의 과거에 발생한 모든 정보가 자산가격에 반영된다. 따라서 과거 자산시장의 정보를 활용하여 투자자들은 초과수익을 창출하기 어렵다.

준강형 효율적 시장(semi strong-form efficient market)에서는 과거 자산시장의 정보와 더불어 현재 공개되는 정보가 가격에 즉시적으로 반영된다. 공개되는 정보가 즉시적으로 해당 자산가격에 반영되므로, 공개된 정보를 활용하여 초과수익을 창출하는 것을 기대할 수 없다.

강형 효율적 시장(strong-form efficient market)에서 과거 자산시장의 정보, 현재 공개되는 정보와 더불어 현재 공개되지 않은 사적 정보(private market)까지도 자산가격에 반영된다. 이에 추가하여 강형 효율적 시장에서는 미래에 발생할 것으로 예상되는 모든 정보가 자산가격에 반영되어 있다고 생각하는 경우도 있다.

그림 10-3_ 효율적 시장가설

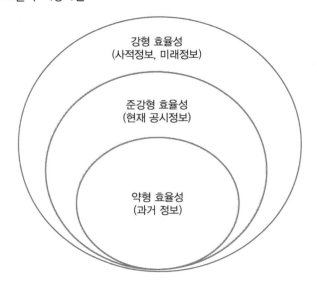

효율적 시장에 대한 분류와 연관되어 주의할 사항은 효율적 시장가설은 투자자들이 자산시장에서 수익을 창출할 수 없다는 것을 의미하지 않는다. 그리고 개별 시장과 자산이 보유한 위험에 따라 정상적 수익을 창출할 수 있음을

부정하는 것도 아니다. 다만 다양한 위험을 고려한 정상적 수익을 넘어서는 부분과 관련된, 즉 초과수익을 어떤 유형의 정보를 통하여 획득할 수 있는지와 관련된 논의이다.

효율적 시장가설은 자산의 전반적인 효율성은 달성하고 있지만, 개별 자산의 효율성은 반드시 담보를 할 수 있다고 볼 수는 없다. 이로 인하여 투자자들은 자산의 포트폴리오를 구축하고, 이를 통하여 시장의 효율성에 기반한 의사결정이 필요하다.

1. 은행에 다른 조건은 동일하며, 복리 주기와 명목 이자율이 서로 상이한 상품이 있다. 1년 동안 3%의 이자율을 제공하는 상품과 동 기간 매월 복리로 2.9%를 제공하는 상품이 있다. 어느 저축상품을 선택하는 것이 바람직한지 결정하시오.

2. 지난 1년간 햄버거의 가격이 1만원에서 1만 1천원으로 상승하였다. 그리고 동 기간 용돈이 월 10만원이 그대로 유지되었으며, 부모님의 월급도 변화가 없었다. 그렇다면 나의 생활 조건은 과거에 비하여 좋아졌는지, 악화되었는지 변화가 없는지 설명하시오.

3. 지난 1년간 햄버거의 가격이 변화가 없었다. 그리고 동 기간 용돈이 월 10만원에서 12만원으로 상승하였고, 이는 부모님의 월급이 같은 상승률로 상승하였다고 한다. 그렇다면 나의 생활 조건은 과거에 비하여 좋아졌는지, 악화되었는지 변화가 없는지 설명하시오.

4. 2020년 5년 만기 국고채의 일간 이자율 정보를 이용하여 국고채 금리의 시간추세를 도표로 작성하시오.

5. 금융시장에서 투자자가 국고채에 투자하는 경우 '국고채는 위험이 없다.'는 이야기를 하는 경우가 있다. 이는 어떤 위험인지 논의하시오.

6. 채권의 이자율과 시장 이자율의 관계를 논의하시오. 즉 시장 이자율의 변화에 따른 기존 채권의 가격변화를 설명하시오.

7. 주식시장에서 우선주와 보통주의 차이를 설명하시오.

8. 2020년 국고채 5년물의 일간 이자율 정보를 이용하여 국고채 금리의 평균과 분산을 계산하시오.

9. 1-6까지 쓰여진 주사위를 던져서 나오게 되는 기댓값을 계산하시오. 그럼 한번 던지는 경우 기댓값이 나올 수 있는지 논의하시오. 그렇다면 기댓값은 어떤 의미를 갖는지 논의하시오.

10. 자산 시장의 효율성이 중요한 이유를 설명하시오. 만일 비효율적 시장이라면, 사적 정보를 보유하고 있지 않은 투자자가 받는 영향을 중심으로 설명하시오.

11. 약형 효율적 시장과 준강형 효율적 시장의 차이를 설명하시오.

CHAPTER 11

채권과 채권의 가치평가

○ ● ○

자산시장에서는 투자자는 자산이 제공해주는 미래의 혜택에 주목한다. 시장에서 시장참여자가 미래에 발생하는 현금흐름에 대하여 사전에 협의하는 경우도 있다. 대표적 자산은 채권으로, 채권에 투자한 투자자는 투자시점에 채권에서 발생하는 향후 현금흐름을 (채권상품 조건 혹은 계약서를 통하여) 사전에 알 수 있다. 따라서 채권시장에 거래 당사자들이 사전에 현금흐름을 합의하여 가치평가가 다른 상품에 비하여 상대적으로 수월할 수 있다. 이와 같은 상대적 수월성은 신용위험을 수반하는 경우에는 변화하지만, 단순한 설명을 위하여 신용위험은 특별한 언급이 없는 이상 고려하지 않는다.

본 장에서는 여러 자산들 가운데 구체적으로 미래 현금흐름에 대한 예측이 상대적으로 용이한 채권의 가치평가 그리고 채권투자에 대한 논의를 진행한다.

1. 채권이란

채권은 자금이 필요한 (공공기관, 금융기관, 특수법인, 일반법인 등) 자금 수요자가 자금을 제공하는 투자자(즉 자금 공급자)와 일정한 조건에 따라 맺은 계약을 유가증권의 형태로 발행한 계약이다.[1] 대출과 채권은 자금조달의 측면에서 유사하지만, (대출 계약과는 차별적으로 유가증권인) 채권을 발행하여 자금을 조달하는 것이 차이가 난다.

채권에서는 자금을 조달한 채무자, 즉 자금 수요자는 원금 상환을 완료해야

---

[1] 채권과 구분이 필요한 것은 개인들 혹은 앞에 언급한 기관도 자금이 필요한 경우 은행 등 금융기관에서 대출을 받을 수 있다.

하는 시점인 만기(maturity)가 있다. 동 만기에 상환하는 원금을 액수로 나타낸 것이 액면가(face value 혹은 par value)이다. 만기까지 일정 주기에 따라 지급되는 이자, 즉 쿠폰(coupon)이 지급된다.[2] 쿠폰의 지급주기는 채권계약에 따라 다르고, 쿠폰의 크기, 즉 금액도 발행 시점에 거시 경제적 요인과 더불어 시장 요인 그리고 채권이 가지고 있는 특성에 따라 변화한다.

과거 채권시장에서 채권은 <그림 11-1>과 같은 실물 유가증권으로 발행하였다. <그림 11-1>은 제2종 국민주택채권의 실물이며, 채권의 발행자는 대한민국 정부이다. 실물채권에는 채권자인 정부가 상환을 약속하는 원금과 만기일이 적시되어 있다. 국내 채권시장에서는 1999년 5월부터 전자적으로 채권등록부에 기재의 형태로 채권이 발행되어 과거와 달리 실물 국가채권은 유통되지 않고 있다.

그림 11-1_ 제2종 국민주택채권: 국내 마지막 실물 채권 사례

자료: 한국예탁결제원(2019년 5월 2일): 실물발행채권 역사속으로 사라져

---

2 배당(dividend)은 배당주기와 금액이 투자 시점에 파악하기는 어렵다. 물론 배당주기가 있을 수 있지만, 배당주기에 반드시 배당을 지급한다는 것을 담보하지 않는다.

2. 자산시장의 분류: 채권을 중심으로

자산시장은 다양한 기준에 의하여 그 유형이 분류될 수 있으며, 본 절에서는 채권을 중심으로 다양한 자산시장의 유형을 살펴보기로 한다.

자산시장은 신규 자산이 거래되는 발행시장과 이미 발행된 기존 자산이 거래되는 유통시장이 있다.[3] 채권을 최초로 발행하는 시장을 발행시장 그리고 흔히 1차 시장(primary market)이라고 하며, 1차 시장에서 이미 발행된 채권이 거래되는 시장이 유통시장 그리고 흔히 2차 시장(secondary market)이라고 한다. 자금 수요자는 1차 시장에서 자금을 조달하지만, 1차 시장에서 자금을 공급한 공급자는 2차 시장에서 자금을 조달할 수 있다. 이 경우 1차 시장에서 자금 공급자는 중개인의 역할만을 수행하는 경우도 있다. 즉 2차 시장에서 조달한 자금을 1차 시장에 전달해주는 역할을 수행한다.

그림 11-2_ 발행시장(1차 시장)과 유통시장(2차 시장)

유통시장은 장내시장(exchange market)과 장외시장(over-the-counter market)으로도 구분된다. 장내시장에서는 거래가 표준화되어, 표준화된 기준에 근거하여 거래가 이루어지는 시장이다. 표준화의 정도는 자산시장의 유형에 따라 다르다. 예를 들어 국채의 장내시장인 국채전문유통시장에서 매매수량 단위는 10억 원이며, 증권회사 및 은행 등 정부로부터 사전에 인가를 받고 한국거래소에 회원으로 가입된 국고채 딜러만이 참여가 가능하다.[4]

하지만 장외시장에서는 거래가 표준화되어 있지 않고, 자산을 거래하는 거

---

3 자동차의 경우 신규로 출시된 자동차를 구입하는 경우와 중고 자동차를 구입하는 시장이 구분되는 것과 마찬가지로, 채권도 이와 같은 시장으로 구분이 있는 것이다.
4 https://ktb.moef.go.kr/koreaExchnBondMrkt.do

래자 혹은 투자자들이 상호 원하는 기준과 조건에 부합하는 거래가 가능한 시장이다. 따라서 장외시장에서는 다양한 형태의 거래가 가능하다. 다양한 매매수량과 함께 (지정된 국채 딜러 이외의) 금융기관 혹은 개인도 자신들만의 플랫폼, 전화, 대면 등을 활용한 거래가 가능하다. 거래의 표준화가 이루어진다면 거래의 다양한 조건을 협의해야 하는 번거로움이 사라질 수 있다.

채권거래를 담당하는 주체에 따라 딜러 시장(dealer market)과 브로커 시장(brokerage market)으로 구분된다. 브로커(broker)는 매수자와 매도자 간의 정보제공과 중개를 통하여 수수료(fees)를 수취한다. 딜러는 매수자와 매도자 간의 단순한 중개 이상으로 실제 거래에 참여하고 혹은 부가가치를 창출한다.[5] <그림 11-3>에서는 딜러와 브로커를 개념적으로 구분하였다. 자산시장에서 거래를 중개하는 중개인은 경우에 따라 딜러와 브로커의 역할을 별도로 수행하는 경우도, 그리고 딜러와 브로커의 역할을 동시에 수행하는 경우도 있다.

그림 11-3_ 딜러 거래와 브로커 거래

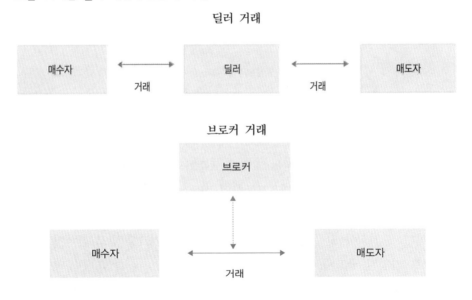

투자자를 모집하기 위해서는 사모시장(private market) 또는 공모시장(public

---

5 예를 들어 자동차의 경우에 브로커는 매수자와 매도자의 거래를 중개하지만, 딜러는 거래에 직접 참여하는 경우로 구분할 수 있다.

market)에서도 채권발행이 가능하다.[6] 자본시장법에서는 50인 미만을 기준으로 사모와 공모를 구분하고 있다. 이에 대한 의미는 49인 이하에게 투자를 권유한다면 사모시장 그리고 50인 이상에게 투자를 권유한다면 공모시장으로 분류한다.

3. 채권의 유형

1) 발행기관에 따른 분류

채권은 발행주체에 따라 한국은행(2018: 340 – 341)에서는 "정부가 발행하는 국고채권(흔히 국고채), 국민주택채권 등 국채, 한국은행이 발행하는 통화안정증권, 지방자치단체가 발행하는 지방채"가 있다. 그리고 상법상의 주식회사가 발행하는 회사채, 은행, 금융투자회사, 리스회사, 신용카드회사 등 금융회사가 발행하는 금융채, 한국전력공사, 예금보험공사 등 법률에 근거하여 직접 설립된 법인이 발행하는 특수채 등이 있다.

"국채는 국고채권, 재정증권, 국민주택채권, 보상채권 등 자금의 용도에 따라 네 가지 종류로 나누어지며 종목에 따라 발행방식 또는 이자지급방식 등이 서로 다르다." 참고로 회사채는 "공모발행의 경우 인수기관인 증권회사, 한국산업은행 등이 총액을 인수하여 발행하며 사모발행의 경우에는 발행기업이 최종 매수자와 발행조건을 직접 협의하여 발행하게 된다."

2) 현금흐름에 따른 분류

원금을 상환하는 방식에 따라 만기에 원금을 일시상환하는 만기상환채권, 그리고 일정한 계획에 따라 원금을 (만기까지) 상환하는 분할상환채권으로 구분된다.

원금은 원화뿐만 아니라 다른 나라 통화로 표시될 수 있다. 미국 달러(US dollar) 등 다른 나라 통화로 표시된 채권을 국내 금융시장에서 발행하는 채권을 외화표시 채권, 그리고 명확한 구분을 위해서는 국내 통화로 표시된 채권을

---

[6] 채권 가운데 상법에 근거한 회사에서 발행하는 회사채의 경우 사모시장과 공모시장에서 채권 발행이 가능하다.

원화표시 채권이라고 한다. 금융시장에서 외국인이 우리나라 시장에서 외화표시채권을 발행하는 경우 김치채권(Kimchi bond), 그리고 국내 기업이 해외시장에서 발행하는 채권의 경우 국제채권(international bond)이라고 지칭한다.

채권의 이자, 즉 쿠폰이 채권을 발행하는 시점에서 확정되어 발행되는 채권을 고정금리 채권, 시장상황에 따라 쿠폰율이 변화하거나 특정 기준에 따라서 쿠폰이 변화하는 채권을 변동금리 채권이라고 힌다.

이자의 지급방식에 따라 채권을 구분하기도 한다. 자금조달자인 채권발행자가 만기까지 주기적으로 쿠폰을 지급하고, 만기에 원금과 쿠폰을 동시에 지급하는 이표채(coupon bond)가 있다. 반면 이자율의 결정방식에 따라 단리채와 복리채(compound bond)로 구분된다. 단리채와 복리채의 지급방식은 동일하지만 단리채는 단리로 이자를 계산하고, 복리채는 복리로 이자를 계산한다. 단리채와 복리채의 혼합의 형태인 복단리채도 있으며, 초기에는 복리로 계산되던 이자가 이후에는 단리로 계산되는 것이다. 물론 이와 반대의 이자계산이 가능할 수도 있다. 무이표채권 혹은 할인채(zero coupon bond 혹은 discount bond)의 경우는 단리채 그리고 복리채와 유사하다. 할인채는 명시적인 이자에 대한 고려가 없다. 할인채는 만기에 원금을 일시 상환하지만, 발행 당시 자금조달 액수는 원금보다 (정상적인 경우) 적어, 그 차이는 (묵시적인) 이자로 간주된다.

채권의 발행자는 채권의 원금과 이자를 만기 이전에 상환할 수 있는 경우도 있다. 이와 같은 채권을 수의상환채권(callable bond, 혹은 수의상환채)이라고 한다. 예를 들어 10%의 이자율로 채권을 발행한 채무자가 시장이자율이 5%로 하락하는 경우 기존 채권을 상환하고, 시중의 낮은 시장 이자율로 채권을 재발행한다면 채권 발행자는 조달비용을 절감할 수 있다. 채권자는 만기이전에 채무자가 채권을 상환할 수 있다는 것을 알고 있기 때문에 수의상환채권의 발생시점에 일반 채권과 비교하여 투자자는 추가적 보상을 요구한다. 일반적인 채권과 비교하여 수의상환채권의 경우 수의상환 가능성에 대하여 투자자들에게 적정한 보상(예를 들어 높은 이자율)이 이루어지지 않는다면 채권발행이 어려울 것이다.

이와 반대로 채권자는 채권의 만기 이전에 채권 상환을 요구할 수 있는 채권을 상환요구채권(putable bond)이라고 한다. 이는 수의상환채권와는 차별적으로 채권자에게 유리한 상황을 제공하므로, 채무자는 다른 조건이 동일하면 상대적으로 낮은 보상(예를 들어 낮은 이자율)으로 자금조달이 가능하다는 것을 이해할 수 있다.

3) 보증여부에 따른 분류

보증부 채권과 무보증부 채권이 있다. 채권 발행자는 투자자에게 원리금 상환의 의무가 있지만, 경우에 따라 자금의 수요자인 발행자는 불가피한 경우 원리금 상환의무를 충실히 이행하지 못하는 경우도 있다. 이와 같이 만일의 불가피한 경우에 대비하기 위하여 제3자가 채권거래에서 발행자가 의무를 이행하지 않는다면, 채무자를 대신하여 그 의무를 이행할 수도 있다. 이를 채권 보증이라고 하며, 이와 같이 제3자가 보증을 제공하는 채권이 보증부 채권이다. 이와 구분하기 위하여 보증이 부여되지 않는 채권을 무보증부 채권이라고 지칭한다.

4) 교환 가능성에 따른 분류

채권자는 원금과 이자를 받을 수 있지만, 채권을 발생하는 시점에 채무자와 채권자의 합의한 계약조건에 따라 현금이 아닌 금융상품으로 교환할 수 있다. 채무자의 보통주로 전환할 수 있는 채권을 전환사채(convertible bond), 유가증권으로 교환할 수 있는 권리를 교환사채(exchangeable bond), 그리고 해당 회사의 새로운 주식발행을 청구할 수 있는 권리를 보유한 채권을 신주인수권부사채(bond with warrants)라고 한다.[7]

4. 채권의 가치평가

고정금리 표면이자율 4%의 3년 만기 액면가 100만 원을 지급하는 국채에 투자했다고 생각하고, 이자상환 주기가 1년인 이표채권으로 가정해보자.[8] 동 국채에 투자한 경우 현금흐름은 <그림 11−4>와 같다. 쿠폰은 1년에 100만 원

---

7 실제 실무에서는 이들의 가격을 결정하기 위하여 구체적인 교환 대상과 그 조건은 중요한 이슈가 된다. 이와 관련한 상세한 설명은 생략한다.
8 기획재정부에 따르면 원금과 이자가 고정된 국고채는 3, 5, 10, 20, 30, 50년 만기의 여섯 가지 종류가 있다. 그리고 물가연동국고채는 만기 10년이다. 그리고 이자상환, 즉 이표의 경우도 3개월, 6개월, 1년 등이 있다.

×4%=4만 원이 지급되고, 만기인 3년 후에는 원금 100만 원 그리고 이자 4만 원이 지급된다.

동 사례에서 채권 투자자가 동채권을 액면가격 100만 원에 구입한다면,[9] 채권의 만기 수익률(yield to maturity)은 4%이다. 여기에서 만기수익률은 채권의 가격과 채권의 현금흐름을 동일하게 만드는 할인율(또는 이자율)이다.

그림 11-4_ 채권투자의 현금흐름

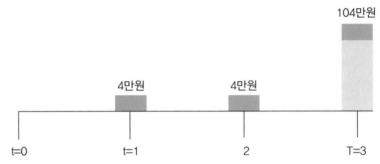

주: 100만원을 금리 4%에 국고채에 투자하는 경우 현금흐름

액면가격이 P이며, 매년 말기에 C의 쿠폰을 지급하는 채권의 만기가 N인 경우, 수익률 혹은 만기수익률 y는

$$P = \sum_{t=1}^{N} C/(1+y)^t + P/(1+y)^N \tag{1}$$

이다.

<그림 11−5>와 같이 채권의 거래가격은 99만 원이라고 한다면 만기수익률은 99만원$= \sum_{t=1}^{3} 4$만원$/(1+y)^t + 100$만원$/(1+y)^3$을 통하여, $y=4.36\%$이다. 그리고 이와 같이 액면가격보다 낮은 가격에 발행되는 것을 할인된다고 한다. 반대로 액면가격보다 거래가격이 높은 경우 할증된다고 한다. 앞의 사례에서 채권에 100만 원을 투자한다면 $y=4\%$이다. 그리고 액면가격이 상승할수록 만

---

9 채권은 할인(discount) 혹은 할증(premium)되어 발행될 수 있다.

기수익률은 하락하며, 반대로 액면가격이 하락할수록 만기수익률은 상승한다.

다른 한편으로 수익률이 올라갈수록 채권 가격은 하락한다. 시장에서 금리가 상승하는 경우 채권에 투자하는 투자가들에게 만기수익률을 높여주어야 투자자의 투자유인이 높아진다. 따라서 시장금리가 올라간다면 채권의 가격 혹은 가치는 하락하게 된다.[10]

그림 11-5_ 채권투자의 현금흐름

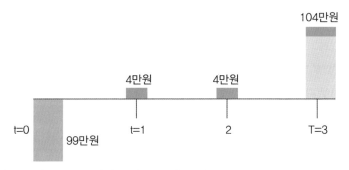

주: 99만원을 금리 4%에 국채에 투자하는 경우 현금흐름

만기 3년까지 쿠폰이 지급되지 않는 무이표 채권의 수익률이 4%라고 하면, 채권의 현금흐름은 <그림 11-6>과 같다. 무이표 채권의 가치는

$$V = 100만원/(1+4\%)^3, \qquad (2)$$

즉 88.89만 원으로 할인되어 거래될 것이다. 채권의 액면가격보다 채권시장에서 낮은 가격에 거래가 되는 채권을 할인채권(discount bond)이라 한다. 액면가격보다 시장에서 높은 가격에 거래되는 채권을 할증채권(premium bond)이라고 하며, 할인채권의 경우 액면가격보다 항상 낮게 판매될 것이라고 기대할 수 있다.

---

[10] 따라서 명심해야 할 것은 채권의 수익률(혹은 만기수익률)이 상승하는 경우 채권의 가격은 하락한다는 것이며, 수익률이 하락하는 경우 채권의 가격은 상승한다.

그림 11-6_ 무이표 채권의 가치

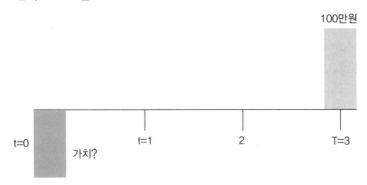

고정금리 표면 이자율이 4%인 3년 만기 액면가 100만 원을 지급하는 국고
채권에 투자했다고 생각하자. 이자 상환이 6개월인 이표채권으로 가정하고, 동
채권의 시장가격이 99만 원인 할인채권으로 가정하자. 이 경우 만기수익률을
계산해 보면, 6개월의 주기로 쿠폰이 지급되므로 100만원×4%/2＝2만원의 쿠
폰이 지급되며, 현금흐름은 ＜그림 11−7＞과 같다. 따라서 만기수익률은

$$99만원 = \sum_{t=1}^{6} 2만원/(1+y)^t + 100만원/(1+y)^6 \tag{3}$$

이다. 앞의 1년 주기의 이표와 다르게 t＝6이 된다. 이를 계산하면 y＝2.18%
가 된다. 여기에서 주의할 것은 주기가 반기 기준으로 계산되었으므로 $1+y^a =$
$(1+2.18\%)^2$이므로, 연율로 계산한 만기수익률 $y^a = 4.41\%$이다.

그림 11-7_ 반기(6개월) 이표주기 채권

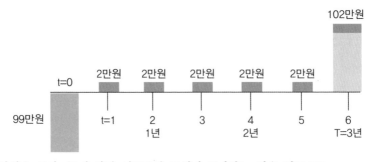

주: 99만원을 금리 4%에 반기 이표주기 국채에 투자하는 경우 현금흐름

PART 03 자산의 가치평가

5. 채권 이자율의 기간구조

1) 기간구조(term structure)

이자율 기간구조는 채권의 수익률과 채권의 만기까지의 관계이다. 은행에 저축하는 경우 일반적으로 1달 동안 저축하는 경우보다 1년 동안 저축하는 경우 이자율을 높게 받는 것이 일반적이다.

다른 조건이 같다면 채권의 수익률과 만기의 관계는 투자자의 주요 관심 사항이다. 정상적인 경제 상황에서 만기가 증가할수록 채권의 수익률 혹은 이자율은 높아진다. 특수한 경제적 상황에서는 채권의 만기가 늘어날수록 수익률이 낮아지는 경우도 있다.

이자율 기간구조를 이해하기 위해서는 이자율을 구성하는 요소를 고려해 보아야 한다. 일반적으로 명목이자율은 실질 이자율(real interest rate), 인플레이션 프리미엄(inflation premium), 그리고 위험프리미엄(risk premium)으로 구성된다. 채권투자에는 다양한 위험을 내포하고 있어 이와 연관된 여러 유형의 위험프리미엄이 수반된다.

이자율 기간구조의 사례를 확인하기 위하여 한국은행 경제통계시스템에서 <그림 11−8>을 확인하였다. 이미 설명한 것처럼 만기가 길어질수록 국고채의 금리는 높아지며, 즉 우상향한다. 예를 들어 1년 만기 국고채의 금리는 0.708%, 즉 70.8bps로 이와 같은 금리는 실질이자율, 인플레이션 프리미엄 그리고 위험프리미엄으로 구성되어 있다. 국고채로 신용위험은 없더라도 이자율의 변화에 따른 위험과 유동성 위험 등을 포함하고 있다. 물론 이와 같은 국고채의 위험프리미엄은 유사한 만기와 조건의 다른 일반 채권과 비교하여 위험프리미엄이 상대적으로 낮다.

그림 11-8_ 국고채 만기별 시장금리

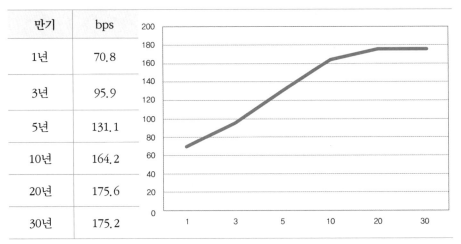

만기	bps
1년	70.8
3년	95.9
5년	131.1
10년	164.2
20년	175.6
30년	175.2

자료: 한국은행 경제통계시스템(2020년 12월 8일 현재).

사례

지난 주와 지난 달의 국고채 만기별 시장금리를 찾아보고, 이자율 기간구조를 그리시오.

이자율 기간구조를 활용하여 선도 이자율(forward rate)을 계산할 수 있다. 이와 대비되는 개념이 현물 이자율(spot rate)로 <그림 11−8>에서 만기 1년의 국고채의 수익률, 즉 $y_1 = 70.8$bps 그리고 만기 3년의 국고채 수익률, 즉 $y_3 = 95.9$bps 등이다. 즉 현재 시점에 해당 만기 국채의 이자율을 현물이자율이라고 한다.

<그림 11−8>의 정보를 이용하여 1년 이후에서 3년까지의 현재 예상되는 이자율, 즉 선도 이자율 도출도 가능하다. (1년 이후 3년까지) 선도 이자율을 $y_{1,3}$라 하면 이를 도출하기 위해서는

$$(1 + y_3)^3 = (1 + y_1) * (1 + y_{1,3})^2 \tag{4}$$

를 계산할 수 있다. 따라서 $(1 + 0.959\%)^3 = (1 + 0.708\%) * (1 + y_{1,3})^2$로 $y_{1,3}$ = 108.4bps이다.

PART 03 자산의 가치평가

선도 이자율 도출을 위해서는, 할인채권의 이자율을 활용해야 배당이 수익률에 미치는 영향을 배제할 수 있다. 따라서 할인채권의 경우 기간 n에서 N까지 선도이자율 $y_{n,N}$은 $(1+y_N)^N = (1+y_n)^n * (1+y_{n,N})^{(N-n)}$로 도출이 가능하다.

2) 만기관리

이자율 기간구조를 고려한다면 금융(중개)기관은 자금을 단기로 조달하여 동 자금을 장기로 대출할 때, 이들 장기 금리와 단기 금리의 차이, 즉 스프레드(spreads)를 통하여 수익을 창출할 수 있다고 생각할 수 있다. 예를 들어 국고채 1년 금리의 이자율은 약 0.70%이므로 이를 기준으로 자금을 조달하여, 20년 동안 대출을 한다면 이자율이 약 1.75%로 따라서 약 1.05%의 스프레드를 받을 수 있다.

단기 이자율이 고정되어 있다면 동 전략은 장기적으로 수익을 보장할 수 있다. 하지만 단기로 자금을 조달하고 1년이 지난 이후 새로운 단기 자금을 반복적으로 조달해야 한다. 이와 같은 영업전략을 활용하는 사이에 금융시장이 급격하게 변화한다면 해당 금융기관은 위험에 직면할 수도 있다. 단기로 자금을 조달하고 장기로 대출을 진행한 상황에서, 갑자기 시장상황이 변화할 수 있다. 만일 단기 금리가 장기 금리를 초과하여 상승한다면 고정된 장기 대출금리에도 불구하고 금융기관은 단기 조달금리가 훨씬 높은 역마진(negative spreads)에 놓일 수 있다.

1990년대 말 아시아의 금융위기(Asian Financial Crisis)가 발생하였고 한국도 아시아 금융위기의 영향에서 자유롭지 않았다. 다른 예로 2000년대 중반에는 일부 금융기관이 일본에서 저리로 단기 자금을 조달하고, 국내에서 중장기 대출을 실행한 상황에서 환율변동으로 다수의 기업들이 위기를 경험한 사례도 있다.

사례

1990년대 말 벌어진 한국의 금융위기의 배경과 원인을 조사하시오. 그리고 금융위기로 발생한 피해와 금융위기 극복을 위해 실행한 정책을 조사하시오.

개인이나 기업도 단기 대출로 자금을 조달하여, 장기 투자를 하는 경우 시장 상황의 변화에 따라 위험에 직면할 가능성이 있다.[11] 이와 같이 부채와 자산의 만기를 포함한, 자산과 부채의 상호연계에서 발생하는 위험의 관리를 자산부채관리(Asset and Liability Management, 일명 ALM)라고 한다.

채권에서 발생하는 현금흐름의 가중평균만기(weighted average maturity)를 듀레이션(duration)이라 하며, 금융회사는 적절한 듀레이션 관리가 필요하다. 듀레이션은 투자자의 관점에서는 투자자금의 평균 회수기간을 의미하며, 단순한 만기와는 차등적인 개념이다.

6. 위험프리미엄(risk premium)의 구성요소

채권의 경우 투자자는 투자 이후 받기로 예정되어 있는 원금과 이자를 자금조달자가 발행한 채권증서에서 확인할 수 있으며, 발행 당시 계획대로 현금흐름이 발생할 가능성이 다른 금융상품과 비교하여 상대적으로 높다고 볼 수 있다. 하지만 채권에서 발행 당시 예상된 현금흐름이 반드시 확정된다고 단정할 수는 없다. 현금흐름뿐만 아니라 다른 측면에 위험도 있으며, 위험에 상응하는 프리미엄이 있어서 투자자가 자금을 제공할 것이다.

채권은 우선 가격위험(price risk)이 있으며, 이는 시장이자율에 따라 채권의 가격이 변화하기 때문이다. 이는 이자율 위험이라고도 알려져 있으며, 이는 시장이자율이 높아진다면, 채권 발행자는 자금유지를 위하여 높은 이자율을 제시해야 한다. 기존 발행된 채권의 이자율은 고정되어 있는 상황에서 시장이자율이 상승한다면, 발행된 채권의 시장가격은 하락한다. 이와 더불어 새롭게 채권이 발행되고, 다른 조건이 동일하다면 시장 이자율의 상승에 따라 채권발행자는 기존보다 더 높은 쿠폰을 제공해야 할 것이다.

이자율 위험은 채권의 가격위험이라고 볼 수 있다. 채권의 쿠폰이 변화할 수 있는 변동금리 채권의 경우 시장금리의 변화에 따라 쿠폰 혹은 지급 이자율도 변화하게 되므로 채권의 가격위험은 일정 부분이 제거된다. 하지만 시장금

---

11 예를 들어 단기 대출을 이용하여 장기 투자를 실행한 상황에서, 대출금리가 갑자기 상승하는 경우 투자자산이 있더라도 대출을 상환하지 못하여 위험에 직면할 수 있기 때문이다.

리와 이자율이 정확하게 동일한 규모로 변화한다면, 해당 채권의 경우 가격위험은 없다고 생각할 수도 있다.

두 번째로 채권은 신용위험에 노출되어 있다. 국고채와 다르게 일반 회사채의 경우 채권을 발행한 기업이 파산할 수 있다. 이와 같은 위험을 신용위험이라고 지칭하며, 신용위험에 따라 채권발행자는 가산금리를 부담하게 된다. 투자자는 액면가와 쿠폰의 일부 혹은 전부를 지급받지 못하는 경우도 있다.

세 번째로 채권은 인플레이션 위험이 있다. 채권의 쿠폰은 명목 가격을 기준으로 계산되어 있다. 피셔 방정식에 따르면 채권투자에서 명목 수익률은 실질 수익률과 향후 기대 인플레이션의 합이다. 투자시점에 현재와 미래에 대한 보상인 실질 이자율은 양의 값을 갖게 되지만, 투자를 진행한 이후 인플레이션이 당초 기대한 인플레이션을 초과하는 경우 투자가 종료된 이후에 사후적 실질 수익률은 음의 값을 갖는 경우도 있다. 쿠폰이 일정하지 않은 변동금리 채권의 경우 인플레이션에 따른 위험의 일부를 제거하는 기능도 있다. 하지만 기존 시장금리를 고려하여 향후 변동금리 수준이 결정되어 인플레이션 위험을 완전히 제거한다고 할 수는 없다.

네 번째로 재투자 위험(reinvestment risk)으로 채권에 투자한 투자자의 경우 정기적인 쿠폰을 수령하며, 금융시장에서 동 쿠폰을 재투자하는 경우 초기에 계획한 투자수익률과 재투자한 수익률이 서로 다를 수 있다. 투자시점의 초기 예상과 다른 결과에 직면하는 것이다. 하지만 무이표 채권은 재투자의 위험이 없다고 볼 수 있다.

다섯 번째 유동성 위험으로 시장에서 채권을 신속하게 현금화하기 어려운 경우도 있다. 유동성이 낮은 채권은 채권의 가격이 낮게 평가된다. 유동성이 낮은 자산에 투자한다면 투자자는 높은 수익률을 요구할 것이다. 이는 채무자의 자금조달 비용을 높이는 것이므로, 채권발행자는 유동성 확대를 위하여 채권의 규격화, 적정 물량의 확보, 그리고 발행자의 신용확대 등 유동성 위험을 줄이기 위한 노력이 필요하다. 이와 같은 노력을 통하여 자금조달자인 채권발행자는 조달금리를 절감할 수 있다.

그 외 채권에 내재된 다양한 위험이 있으며, 일부를 간략하게 추가로 언급하면 다음과 같다. 외화로 발행된 채권은 환율위험이 있을 수 있다. 수의상환채권 및 상환요구채권은 해당 권리를 행사할 위험이 있다. 그리고 전환사채, 교환사채, 신주인수권부사채는 다른 금융상품으로 교환에 따른 여러 가지 위험에 노출될 수 있다.

참고문헌

한국은행, 2018, 한국의 금융제도.

연습문제

1. 1차 시장과 2차 시장의 차이를 설명하시오.

2. 장외시장의 특징을 설명하시오.

3. 딜러와 브로커의 차이를 설명하시오.

4. 자본시장법상 공모의 기준이 되는 투자자의 규모는 얼마인가?

5. 분할상환채권과 만기상환채권의 차이를 설명하시오.

6. 무이표채권을 설명하시오.

7. 수의상환채권과 상환요구채권의 차이를 설명하시오.

8. 전환사채와 교환사채의 차이를 설명하시오.

9. 2년 이후 만기에 100만원을 받는 무이표채권에 투자한 투자자가 5%의 수익률을 예상하고 있다면 현재 필요한 투자금액을 계산하시오. 그리고 이와 같은 채권은 할인채권 혹은 할증채권이라고 지칭할 수 있는지 설명하시오.

10. 만일 앞의 사례에서 4%의 수익률을 예상하는 경우 투자금액이 어떻게 변화하는지 설명하고 수익률과 투자금액의 관계를 설명하시오.

11. 올해 금융시장 개장일에 국고채의 기간구조를 제시하고 설명하시오.

12. 현재 만기가 1년인 국고채의 시장금리가 4%이고, 만기가 5년인 국고채의
    시장금리가 6%이다. 이 경우 1년과 5년 사이의 선도이자율을 결정하시오.

13. 채권이 내포하고 있는 위험요인을 제시하고 설명하시오.

CHAPTER 12

주식과 주식의 가치평가

○ ● ○

주식(stock)은 자산시장에서 대표적인 금융상품이며 대중적으로 많은 관심을 받는 자산이다. 주식을 발행하여 자금을 조달한 기업의 실적이 양호한 경우 배당을 지급하지만, 그렇지 않은 경우 배당을 지급하지 않을 수도 있다. 주식에 투자한 투자자는 불확실한 현금흐름에 직면한다. 참고로 배당지급 여부는 기업의 주인인 주식을 보유한 주주들이 결정한다.

앞 장의 채권의 쿠폰과 다르게, 주식의 경우 배당의 여부, 즉 배당의 시기 그리고 그 크기를 투자자가 사전에 확정하는 것은 거의 불가능하다. 일반적으로 주식투자는 채권투자와 비교하여 상대적으로 높은 위험을 내재하고 있다.[1] 하지만 주식 투자자는 채권 투자자와 다르게 기업경영에 중요한 의사결정에 참여할 수 있는 권리가 있다.

본 장에서는 미래 현금흐름이 불확실하다는 측면에서 주식과 주식의 가치평가를 살펴본다.

1. 주식이란

주식이란 주식회사의 지분(equity)에 대한 권리를 유가증권의 형태로 발행한 것이다. 기업에 자금을 제공하여 그 지분권을 확보한 투자자에게 기업은 사업 실적에 따라 배당을 지급하며, 기업의 측면에서는 주식은 안정적인 자금조달

---

[1] 참고로 자본시장의 균형(capital market equilibrium)의 관점에서 주식투자의 위험이 채권투자의 위험과 비교하여 상대적으로 높다면, 주택투자의 보상도 채권투자의 보상보다 높아야 할 것이다.

수단이다. 채권과 다르게 주식의 경우 자금을 제공한 투자자는 회사의 경영상황에 따라 (투자에 대한 보상인) 배당을 받는 금액이 변화한다.

배당은 기업의 영업실적에 대한 결산을 위하여 주주총회에서 재무제표에 대한 확정과 더불어 성과에 따라 관련 배당을 실행할 수 있다. 이를 통하여 개별 주주는 보유하고 있는 주식 수에 비례하여 배당금을 받는다. 그리고 주주로서 권리를 가지고 있는 투자자는 여러 가지 권리 행사를 통하여 기업경영에 참여할 수 있다. 예를 들어 주주는 주주총회에서 의결권을 행사하여, 대표선임 등 의사결정에 참여할 수 있다. 그리고 주주는 차후 설명할 잔여재산에 대한 배분청구권도 보유하고 있다는 것을 이해할 필요가 있다.

투자란 측면에서 주식에 투자한 경우 지급되는 배당의 주기와 배당 금액은 투자하는 시점에 결정되어 있지 않다. 주식을 보유한 투자자는 기업이 운영되는 한 배당을 받을 수 있다. 그러나 채권투자와 비교하여 주식에 투자한 경우 투자자는 향후 지급될 배당의 규모 그리고 배당의 주기를 투자시점에 확정할 수 없다. 일반적으로 주식회사는 영구하게 지속될 것이라고 가정하므로 이론상 영구하게 배당을 수령할 수 있다.

그림 12-1_ 실물주식 사례

자료: 증권 박물관

참고로 화폐증권은 화폐와 수표가 있다. 자본증권의 경우 채권인 국채증권, 지방채 증권, 사채권 등과 더불어 주식인 주권, 신주인수권 등이 포함되어 있다. 상품증권이란 재화의 소유권을 표시하는 증권으로 상품권 그리고 선박이 운송물을 선적 혹은 수령할 때 운송물을 인도할 것을 확인하는 증서 등이다. 보험의 경우 증거증권으로 구분한다. 보험은 유가증권과 다른 증거증권으로 분류된다.

---

2. 주식시장의 유형

주식회사를 설립할 때 필요한 자본금, 즉 설립자본금을 주식발행을 통하여 조달하거나 기존 자본금 이외에 추가로 자본금을 증액할 때 주식이 발행된다. 주식이 출시되는 시장을 일차 시장이라고 한다. 주식회사가 신규로 발행하는 주식을 (공개시장에서) 다수의 지분 투자자를 모집하는 행위를 기업공개, 즉 IPO(Initial Public Offering)라고 한다. 기존에 대주주가 보유하고 있는 주식을 다수의 투자자에게 동 지분을 판매하는 경우도 IPO라고 지칭하기도 한다.

주식회사에서 신규로 주식을 발행하여 자본금을 조달하는 것을 유상증자라고 하며, 해당 기업은 재무구조 개선 혹은 신규 투자 등에 활용하기 위하여 자금을 조달한다. 물론 기존의 여유자금, 즉 준비금 혹은 적립금 등을 활용하여, 기업의 외부에서 추가로 자금을 모집하지 않을 수도 있다. 이를 통하여 기존 주주에게 신규 주식을 나누어 줄 수도 있으며, 이 경우는 무상증자라고 한다. 기업에서 배당을 현금이 아닌 주식으로 지급도 가능하고 이는 주식배당이라고 지칭한다.

주식은 공모발행 또는 사모발행도 가능하다. 주식발행에 필요한 각종 행정절차와 업무를 주식회사에서 직접 처리하는 직접발행과 이를 전문적으로 진행하는 금융 혹은 투자회사에 위탁을 통하는 간접발행도 가능하다. 물론 간접발행은 위탁에 따른 수수료가 필요하지만, 전문기관의 지식과 노하우 등이 활용된다면 투자자 모집과 자금조달의 효율성을 높일 수 있다. 이는 투자자로부터 자금을 조달하는 것이 누구나 손쉽게 할 수 있지 않은 작업이기 때문이다. 동시에 투자자와의 네트워크 등도 자금조달의 가능성뿐만 아니라 자금조달 비용의 측면에서도 전문기관은 긍정적 영향을 줄 수도 있다.

유통시장은 이미 발행된 시장이 거래되는 시장으로 이차 시장이라고 한다. 장내시장으로 유통시장의 경우 코스피(KOSPI, Korea Composite Stock Price Index), 코스닥(KOSDAQ, KOrea Securities Dealers Automated Quotation), 그리고 코넥스(KONEX, KOrea New EXchange)가 있다. 그리고 장외시장에서 주식의 거래도 발생하며, 상장되지 않은 (대부분의) 주식회사의 주식의 경우에는 장외시장에서 거래가 이루어진다.

한국거래소(Korea Exchange)에 따르면 코스피상장요건은 규모조건으로 자기자본 300억 원 이상 그리고 상장주식수는 100만 주 이상이어야 한다. 그리고 주식분산에 필요한 조건으로 주식 수의 경우 일반주주 소유비율 25% 이상 또는 500만 주 이상, 공모 주식수 25% 이상 또는 500만 주 이상, 자기자본 500억 원 이상 법인은 10%이상 공모하고 자기자본에 따라 일정 규모 이상의 주식 발행 등 가운데 하나의 조건을 충족해야 한다. 일반 주주는 700명 이상이며, 이와 별개로 경영성과 요건과 안전성 및 건전성 조건이 있다.

코스닥에 상장요건은 코스피와 다르게 규모에 대한 조건이 없다. 주식분산 조건의 경우 소액주주 500명 그리고 25% 이상이다. 청구 후 공모 5% 이상(소액주주 25% 미만 시 공모 10% 이상), 자기자본 500억 원 이상, 소액주주 500명 이상, 청구 후 공모 10% 이상 그리고 규모별 일정 주식의 숫자 이상, 또는 공모 25% 이상 그리고 소액주주 500명 이상의 하나의 조건을 충족해야 한다. 그외 추가적인 사항으로 경영에 대한 성과 및 시장평가 조건, 질적인 요건 등 다양한 요소가 고려된다. 코넥스 시장은 기존 코스피와 코스닥 시장에 비해 진입 요건이 완화되었다. 초기 중소·벤처기업이 자본시장을 통하여 자금을 조달할 수 있도록 2013년에 설립되었다.

3. 주식의 유형 및 주가지수

1) 주식의 유형과 잔여재산 배분

주식은 보통주와 우선주가 있으며, 일반 주식을 보통주라고 지칭한다. 우선주의 경우 보통주와 다르게 주주총회에서 투표권 등 다양한 권리행사가 제한된다.[2] 하지만 우선주의 경우 배당에서 보통주에 앞서게 되며, 잔여재산 청구권도 보통주에 비교하여 우선권을 확보하고 있다.

잔여재산 청구권에 대하여 조금 더 자세하게 살펴보자. 예를 들어 주식회사의 가치가 100억 원이라고 가정하자. 동 회사에서 자산의 구성을 살펴보면, 채권발행을 통하여 채권투자자에게 70억 원 보통주식 투자자로부터 20억 원 그리고 우선주식 투자자로부터 10억 원을 조달했다. 회사의 성과가 좋아서 영업이익이 높다면 이를 주식(보통주와 우선주)배당에 활용할 수 있다.[3] 배당(현금배당과 주식배당이 가능함)은 우선주에게 먼저 지급되며, 배당의 규모도 우선주가 보통주보다 큰 경우가 많다.

하지만 경영상황이 악화되어 주식회사를 청산하는 경우 잔여자산에 대한 배분을 생각해 보자. 청산자산(또는 잔여자산)의 가치가 85억 원이라면, 채권 투자자는 채권의 원리금, 즉 70억 원을 우선적으로 받는다. 후순위로 우선주 투자자에게 10억 원이 지급되며, 이와 같은 절차가 완료된 이후 나머지 잔여재산은 최후순위인 보통주 투자자가 수령한다.[4]

만일 잔여자산 가치가 75억 원이라면, 채권투자자에게 70억에 대한 이자와 원금이 지급된다. 그리고 우선주 투자자에게는 나머지가 잔여자산이 분배된다. 하지만 잔여자산이 이보다 감소하여 그 가치가 60억 원인 경우, 채권투자자에게만 잔여재산이 돌아간다. 결국 우선주 투자자와 보통주 투자자의 경우 청구권을 보장받지 못하는 것이다.

<그림 12-2>는 잔여재산의 변화에 따른 투자자별 잔여 자산에 대한 배분을 보여준다. 잔여 재산의 가치가 부채 투자자가 지급받아야 하는 원금과 이자에 미치지 못한다면, 채권 투자자의 청구권은 잔여재산에 한정된다. 이로 인하여 채권 투자자가 주식회사의 잔여재산에 한정된 청구권을 비소구권(non-recourse)이라고 지칭한다. 즉 채권 투자자는 해당기업에 자산에 대하여 소유권

---

2 우선주 주주는 주주총회에 참석할 수 없다.
3 당기순이익은 영업이익에서 영업외 손익, (채권에 대한) 이자비용과 법인세를 제외하고 결정된다.
4 물론 현실에서 청산절차의 경우 장기가 소요되며, 투자자별 청산금액 지급 시기와 금액도 일정 부분 불확실성도 발생한다.

을 주장할 수 있지만, 기업의 소유주인 주주에게 무한한 책임을 요구할 수는 없다. 예를 들어 채권 투자자는 해당 기업의 자산을 제외한 주주가 소유한 다른 자산을 대상으로 원리금 상환을 청구할 수 없다.

그림 12-2_ 잔여재산의 청구권과 주주별 배분

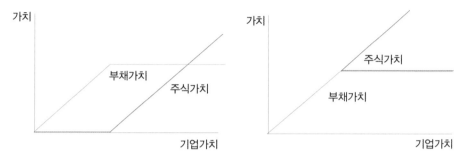

2) 주가지수

주가지수는 주식시장의 전반적 움직임을 보여준다. 코스피와 코스닥에는 코스피지수 그리고 코스닥지수 등이 있으며, 시장가격, 즉 시장가격을 기준으로 작성된다. 특정 날짜에 해당 시장에 상장된 주식(보통주)의 시가총액(market capitalization)을 더하여 계산하는 것이다. 여기에서 시가총액은 발행 주식수× 주식 가격이다.[5]

코스피지수는 1980년 1월 4일을 100, 그리고 코스닥지수는 1996년 7월 1일을 1000으로 간주하고 지수를 산정한다. 코스피지수가 3000이라고 하면, 코스피의 상장된 주식의 시가는 1980년 1월 4일에 30배라고 해석할 수 있다. 여기에서 주의할 점은 코스피 시장에는 새로 상장된 주식과 상장 폐지되는 주식이 있다는 것도 생각할 필요가 있으며, 결국 일부 주식의 상장과 폐지는 지수 산정에 (간접적인 방식으로) 반영된다.

그 외 코스피 200지수, 코스피 100지수 혹은 KRX 100지수 등 다양한 지수가 산출된다. 코스피 200은 코스피를 대표하는 주식 종목 200개로 구성되어 있

---

5 시가 총액을 산정하는 방식이 아니고 주식수를 고려하지 않으며, 개별 주식의 가격을 평균으로 지수를 계산하는 방식 등 다양한 방식으로 지수를 산출할 수 있다.

으며, 시가총액이 크고 거래량이 많은 주식이 선정되어 작성된다. 코스피 100지수는 코스피를 대표하는 종목 100개로 구성되어 있고, 시가총액 비중을 기준으로 상위 100 종목으로 구성된다. KRX 100지수는 코스피와 코스닥에 시가총액, 거래대금, 자기자본이익율, 부채비율, 유보율 등의 기준으로 선정된 100 종목으로 작성된다.

4. 주식의 가치평가

1) 본질적 가치평가: 매입과 보유 전략과 주식평가

주식 가치를 평가하기 위해서는 주식의 미래 배당을 예상해야 한다. 그리고 일반적으로 주식회사는 영구적으로 유지된다.

주식회사에서 한 주의 주식에 최근 d 의 배당이 지급되었다고 하자. 이와 동일한 배당이 유지된다고 가정할 수 있다.[6] 이와 같은 주식을 매입하고 보유하는 경우 주식의 가치

$$V = d/\rho \tag{1}$$

이다. 물론 여기에서 ρ 는 투자자의 할인율이다.

예를 들어 한 주식이 매년 1만 원의 배당이 유지되고 할인율이 5%라면, 해당 주식의 가치는 20만 원이다. 그러나 여기에서 동일한 배당이 영구적으로 유지된다는 가정은 합리적이지 않을 수도 있다.

일반적으로 개별 주식에서 향후 $d_1, d_2, d_3, \cdots$ 의 배당이 발생하는 경우 주식의 가치

$$V = d_1/(1+\rho) + d_2/(1+\rho)^2 + d_3/(1+\rho)^3 + \cdots \tag{2}$$

이다. 여기에서 $d_1, d_2, d_3, \cdots$ 에 대한 예측이 필요하다.

---

6 참고로 회사가 파산할 것이라고 생각하고 투자하는 경우는 없을 것이다.

수식 (2)에서 최근 배당, 즉 d_0은 알고 있으며, 향후 배당의 수준이 g만큼 지속적으로 성장한다고 가정하자. 즉 배당 성장률에 대한 예측 즉 $E(g)$가 일정하게 g의 비율로 증가하는 것이다.[7] 이는 $d_1 = d_0(1+g)$, $d_2 = d_0(1+g)^2$, $d_3 = d_0(1+g)^3$, … 을 의미하며, 수식 (2)에 적용하면 주식의 가치

$$V = \frac{d_1}{\rho - g} = \frac{d_0(1+g)}{\rho - g} \tag{3}$$

이다. 결국 기댓값인 g에 대한 예측으로 주식의 가치를 도출할 수 있다. 여기에서 수식 (3)은 수식 (2)를 단순화한 것이다. 하지만 안정적으로 배당이 성장하지 않는 경우 혹은 d_0가 알려지지 않은 경우(일부 기업은 성장 또는 신규 투자 등을 위하여 상당 기간 배정을 하지 않을 수도 있음), 수식 (3)은 성립하지 않는다.

그럼에도 수식 (3)을 많은 참여자들은 변형하여 활용한다. 주식의 가치평가에서 주식회사가 특정 시점 동안 일명 안정화 기간(stabilization period) 동안 배당을 추정한다. 그리고 안정화 기간 이후에 배당이 안정적으로 성장한다고 가정하여 수식 (3)을 활용하는 것이다. 이 경우 안정화 기간까지의 배당에 대한 예측과 수식 (3)을 이용하여 가치추정이 가능하다. 예를 들어 현재부터 3기 이후 배당이 안정화한다면, 주식의 가치는

$$V = d_1/(1+\rho) + d_2/(1+\rho)^2 + d_3/(1+\rho)^3 + (\frac{d_3(1+g)}{\rho - g})/(1+\rho)^3 \tag{4}$$

이다. 여기에서 d_1, d_2, d_3 그리고 g를 예측을 통하여 가치평가가 진행된다.

동 방법론을 활용하여 매입과 매각을 고려한 가치추정도 가능하다. 주식을 매입하여 보유하고 있는 기간 동안 배당 그리고 배당이 안정화된 이후 매각한다. 이와 같은 상황을 고려하는 경우 예를 들어 수식 (4)와 유사한 방식으로 가치추정이 가능하다. 하지만 향후 현금흐름을 예측하는 것은 쉬운 작업은 아니다.

---

7 미래 무한한 숫자의 배당에 대한 예측을 하나의 변수를 이용하여 가능하게 한다. 하지만 이는 물론 미래 예측을 단순화하는 장점이 있지만, 현실적 배당의 흐름을 제대로 반영하지 못한다는 한계도 있다.

2) 상대적 가치평가

주식시장에서는 다양한 방식을 활용하여 가치추정이 이루어진다. 배수(multiple, 일명 멀티플)를 활용한 상대적 가치평가가 진행되기도 한다.

상대적 가치평가에서는 대상 주식과 유사한 (비교대상) 주식을 선정하는 중요한 절차이다. 유사한 주식이란 비교 대상 주식을 의미하며, 투자를 진행하는 주식과 유사한 산업에서 비슷한 사업을 영위하는 기업의 주식을 선정한다. 그리고 투자한 회사와 유사한 재무적 규모와 구조를 지니고 있는 경우가 바람직하다.

주식시장에서는 다양한 배수들이 가치평가에 활용되고 있다. 대표적 배수로는 주가이익비율(price earning ratio: PER), 주가순자산비율(price to book value ratio: PBR) 등이 있다.

PER은 1주당 주가를 주당순이익으로 나눈

$$PER = 주당주가/주당순이익 \qquad (5)$$

이다. 따라서 PER 비율이 5이란 의미는 5년 동안 발생하는 순이익을 합하게 되면 주식의 가치와 동일함을 의미한다. 대상자산과 비교대상 자산의 PER은 서로 유사해야 한다는 관점으로 가치평가가 이루어진다.

PER을 토대로 주식가치를 평가하는 것은 주가는 주식의 순이익을 반영하여 결정된다는 관점이다. 이는 물론 과거의 순이익을 고려하기보다는 미래 순이익을 반영하여 형성된다는 측면에서 비판도 있다. 하지만 이와 같은 제한은 다른 가치평가에서 발견되는 유사한 한계이다.

PBR은 주당 장부가치와 주식가격의 비율, 즉

$$PBR = 주당주가/주당장부가치 \qquad (6)$$

이다. 여기에 주당장부가치는 대차대조표에서 자본금, 자본잉여금, 그리고 이익잉여금으로 구성된 자기자본을 발행된 주식수로 나눈 것이다. 만일 PBR이 1보다 크다면 시장가격이 대차대조표의 장부가치보다 높게 형성되었음을 의미한다. 그리고 반대라면 시장가격이 대차대조표의 장부가치보다 낮게 형성되었음을 의미한다.

회계적 기준에 의해서 작성된 장부가치(book value)를 활용하는 방법과 장부가치를 시장가치에 대한 반영 여부에 대한 평가대상과 비교대상이 같아야 한다는 가정이 필요하며, 동 가정은 현실성에 대한 비판도 있다.

EBITDA 비율이 있으며 이는 Earnings Before Interest, Taxes, Depreciation and Amortization으로 현금흐름을 기준으로 영업이익을 산출한 것이다. 세금과 이자를 납부하지 않고 감가상각도 하지 않은 상황에서 영업이익으로

$$\text{EBITDA 비율} = \text{주당주가}/\text{주당 EBITDA} \tag{7}$$

이다. 따라서 EBITDA 비율이 5란 이야기는 영업이익을 5년간 합하면 주식가격과 같다는 의미이다. 흔히 EBITDA 비율이 높은 주식을 성장주(growth stock) 그리고 낮은 주식을 가치주(value stock)라고 지칭한다. 이외 주식시장에는 주식가격을 평가하기 위하여 사용되는 다양한 지표가 있지만, 본 절에서는 앞의 세 개의 배수에 한정한다.

개별 지표들은 단순하게 상대적인 비교를 진행하므로, 개별 지표마다 분명한 장점과 단점이 있다. 그리고 개별 지표가 내포한 한계를 극복하기 위하여 특정 지표보다는 (여기에서 모수 고려하지 않은) 여러 지표를 동시에 활용하여 체계적인 비교분석을 진행하는 경우가 많다.

3) 매입기간 수익률

주식에 대한 가치평가에 대하여 살펴보았다. 그리고 이것은 매입보유전략으로 장기적이며 소극적인 투자전략이라고 간주된다. 이는 주식에 투자하고 영속적으로 보유한다는 전략이기 때문이다.

이와 다르게 단기적이며 적극적인 투자전략으로 일정 기간 보유하고 매각하는 전략도 있으며, 이에 근거하여 수익률을 계산하는 것이 매입기간 수익률(holding period returns)이다. 물론 이와 같은 전략에서 얼마의 기간을 보유하느

나는 중요한 의사결정이지만, 이것이 T로 주어졌다고 가정한다. 매입기간, 즉 t에서 T기간까지 매입기간 수익률의 경우 $r_{t,T} = (E(P_T) + E(D_T) - P_t)/P_t$ 로 정의한다.

앞 절에서와 같이 (보유기간) 전체 배당(D_T)과 함께 판매 시점에 가격에 대한 예측도 필요하다. 투자 시점에 주식의 가치 혹은 가격은 알 수 있다. 매입 기간은 투자 시점에 결정할 수도 있지만, 일정한 경우 P_T가 트리거(trigger)라 불리는 수준에 도달하는 기간까지 보유하는 것을 투자의 최종 목표를 설정할 수도 있다. 이는 가격수준이 해당 트리거에 도달했을 때 매각하는 전략이다. 이 경우 주식을 매각하는 시점, 즉 T를 투자를 실행하는 시점에 예상을 하지 못하지만, 주식을 매각하는 가격수준, 즉 P_T에 도달하는 시간까지 기다리는 전략을 구사하는 것이다.

5. 수익률의 의미

1) 시간가중(time weighted), 금액가중(value weighted), 동일가중(equal weighted) 수익률

주식에 2년 동안 투자하여, 초기 1년의 수익률이 2% 그리고 다음 1년의 수익률이 4%라고 한다. 이 경우 두 기간 평균 수익률은 3%라고 계산할 수 있다. 그리고 이는 시간가중 평균 수익률이다.

앞의 투자에서 초기 1년 동안 400만 원 투자하고, 다음 1년 동안 100만 원에 투자하였다고 한다면, 앞과는 다른 수익률 지표를 활용할 수 있다. 투자금액을 고려하여 가중 평균 수익률을 계산한다면 2%×(400/500) + 4%(100/500) = 2.4%로 계산이 가능하다. 이와 같이 투자자금을 고려한 수익률은 금액가중 평균 수익률이다.

앞의 시간가중과 같이 투자금액을 고려하지 않고 계산하는 수익률을 동일가중 평균 수익률이라고 한다. 그리고 많은 경우 동일가중 평균수익률을 수익률이라고 지칭하기도 한다.

2) 수익률 분포

주식시장에서는 수익률을 많이 언급하고 동시에 수익률은 정규분포(normal distribution)를 따른다고 알려져 있다. 정규분포를 만드는 과정은 이산분포가 정규분포로 이어지는 직관적 사례의 확인이 필요하다.[8]

수익률이 정규분포를 따른다는 것을 이해하기 위하여 1년 동안 (2019년 12월 10일–2020년 12월 10일) 삼성전자 주식의 일별 수익률을 막대그래프로 그리는 경우 <그림 12-3>과 같다.

그림 12-3_ 삼성전자의 일별 수익률 분포

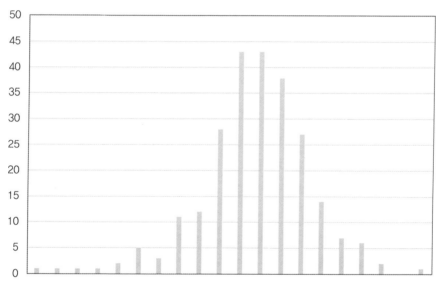

자료: KRX(2019년 12월 10일-2020년 12월 10일)

그리고 일별 수익률의 평균과 분산을 이용하여 정규분포를 그린다면 <그림 12-4>와 같다. 1년 동안 삼성전자의 일별 수익률로 작성한 정규분포와 앞에서 막대그래프로 작성한 그림은 서로 매우 유사하다. 주식의 가격이 아닌 주식의 수익률 분포는 정규분포와 유사한 분포를 따르는 것으로 알려져 있다.

---

8 유튜브에서 https://www.youtube.com/watch?v=4HpvBZnHOVI를 시청하기 바란다.

그림 12-4_ 삼성전자 수익률의 평균과 표준편차에 기반한 정규분포

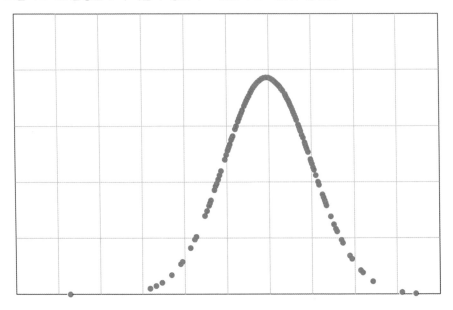

주식시장에 대한 분석에서는 수익률이 정규분포를 따른다고 가정하는 경우가 빈번하다. 정규분포의 장점은 평균과 분산을 알고 있다면, 분포의 작성이 가능하다. 주식 수익률의 평균과 분산을 안다면 주식 수익률의 정규분포를 작성할 수 있으며, 수익률을 기반으로 현재 주식의 가격을 안다면 미래 주식가격의 분포를 작성할 수 있다.

하지만 전문적으로 주식의 수익률 분포가 정규분포와 반드시 동일하지는 않다. 즉 정규분포와 매우 유사한 모양을 보여주는 것으로 알려져 있지만, 일부 차이도 보고되고 있다. 대표적으로 주식의 수익률 분포는 약간의 비대칭성을 보이고 동시에 꼬리 부분이 보다 두툼한(heavy-tailed) 것으로 알려져 있다. 이와 같은 수익률 분포의 비대칭성과 수익률 분포에서 보이는 극단 값이 중요한 의미를 부여하기도 하지만, 일반적으로 많은 연구와 시장분석 보고서에서는 일반적으로 주식의 가격은 로그 정규분포를 따른다고 생각하는 경우가 많다.

삼성전자의 최근 1년간 일별 종가들을 활용하여 분포를 작성하시오. 그리고 삼성전자의 최근 1년간 종가를 활용하여 일별 수익률을 계산하고 이들을 활용하여 분포를 작성하시오. 앞과 동일한 연습을 자신이 선정한 주식 종목으로 진행하고, 이를 삼성전자와 비교하시오.

1. IPO의 두 가지 유형을 설명하시오.

2. 비소구권이 무엇인지 설명하시오.

3. 최근 1년간 주식시장의 시가총액을 조사하시오.

4. 최근 1년간 삼성전자 주식의 시가총액을 조사하시오.

5. 주가이익비율을 정의하고 이를 설명하시오.

6. 1만원에 주식을 한 주 구입하였다. 1년 이후 1만 2천원으로 상승하였다. 이 경우 수익률을 계산하시오. 그리고 1년 이후 다시 1만원으로 하락하였다. 이 경우 수익률을 계산하시오. 이와 같은 차이가 발생하는 이유를 설명하시오.

7. 1백만원을 주식 A에 그리고 2백만원을 주식 B에 투자하였다. 1년 이후 A 주식의 평가는 1백 1십만원이고, B 주식은 1백 9십만원이다. 동일가중 수익률과 금액가중 수익률을 계산하시오. 그리고 그 차이를 설명하시오.

8. 삼성전자의 최근 2년간 가격정보를 활용하여 분포를 작성하시오. 그리고 수익률 정보를 활용하여 분포를 작성하시오.

9. 정규분포를 수식으로 나타내고, 정규분포를 결정하기 위한 주요한 변수 두 가지를 제시하시오.

PART 04

리스크와 리스크관리

CHAPTER

지산투자의 이해

CHAPTER 13

불확실성과 리스크

○ ● ○

자산투자에서는 일반적으로 수익에 관심이 집중된다. 하지만 투자에서는 수익과 동시에 위험, 즉 리스크에 대한 이해도 필요하다. 자산시장에서 전문가들도 불확실성과 리스크는 동일한 것으로 인식하고 있는 경우를 종종 목격할 수 있다. 자산시장에서 수익과 리스크는 별개로 취급하기 어렵다. 따라서 자산투자에서 수익이란 일면만을 바라보는 관점의 변화가 필요하다.

본 장에서는 불확실성에 대한 이해, 그리고 투자에 있어서 리스크 그리고 리스크 관리에 대한 전반적 설명을 진행한다. 또한 자산시장에서 투자분석시 불확실성을 고려하는 방법과 리스크에 대한 원천을 설명한다. 이를 통하여 자산시장에서 투자를 진행하는 과정에서 수익과 리스크의 양면을 적절하게 관리하는 방안에 대한 지식을 습득한다.

1. 불확실성과 리스크

불확실성과 리스크는 서로 밀접한 관련이 있지만, 불확실성은 리스크와 항상 직결된다고 할 수는 없다. 위험 혹은 리스크와 관련하여 불확실성이 아닌, 리스크는 불확실성과 더불어 손실(loss) 혹은 손실의 가능성을 고려한다.

동전 던지기 게임을 다시 생각해 보자. 동전의 앞면(Head, 이하 H)이 나올 확률이 p라면 전체 사건이 발생할 확률은 1이므로 뒷면(Tail, 이하 T)이 실현될 확률은 $1-p$이다.

동 게임을 위해서는 판돈 100원이 요구되며, 보상(payoffs)은 다음과 같다. 판돈을 제시한 사람은 H가 나오면 1,000원 그리고 T이 나오면 2,000원을 받는다고 하자. 이 때 향후 실현되는 경우의 수를 모르는 불확실성 혹은 불확정성 (indeterminacy)이 있다. 하지만 이에 대하여 우리는 리스크에 노출되어 있다고 하지는 않는다.

불확실한 것은 사실로 확인할 수 있지만, 실현된 결과로 어떠한 경우에도 게임에 참여한 사람이 부정적 결과에 직면하지 않기 때문이다. 다시 말해 어떤 경우가 현실화되더라도 게임에 참여한 사람은 항상 좋은 결과, 즉 H인 경우 900원 혹은 T인 경우 1900원의 결과를 받는다. 결국 불확실성은 있지만, 리스크는 없다고 볼 수 있다.

다른 유형의 게임, 즉 100원의 판돈을 제시하고 H가 실현되면 300원의 보상 그리고 T가 실현되면 보상이 없는 경우를 생각해 보자. 이번 게임은 앞에서 제시한 게임과는 다른 상황이다. 즉 T가 나오는 경우 게임에 참여자는 음의 순보상(net pay-offs), 즉 -100원의 판돈을 잃고 손실이 발생하기 때문이다. 하지만 H가 나오면 200원을 얻게 된다.[1] 이 게임에 참여한 사람은 리스크에 노출되어 있다고 이야기 할 수 있다.

앞의 게임은 공정한 게임(fair game)이었다. 동전던지기 게임에서 실수로 동전이 찌그러져 p=0.9가 된다든지, 혹은 게임을 진행하고 나서 H가 나와도 300원을 받지 못하는 등 현실에서 발생할 수도 있는 다양한 가능성을 완전히 배제한 것이다. 현실 투자에서는 다양한 요인들이 투자의 위험을 초래할 수도 있다.

2. 기댓값과 변동성

어떤 사건의 미래 결과를 알 수 없지만, 그 결과에 대해 예상이 가능한 경우도 있다. 만일 실현 가능한 값 그리고 그 값의 가능성을 동시에 고려하면, 현재 시점의 기댓값을 계산할 수 있다.

동전 던지기 게임의 사례를 생각해 보자. H가 나오면 300원 그리고 T가 나오면 0원을 받는다. 사전적으로 300원이 나올지 0원이 나올지, 즉 실현될 값은

---

[1] 짧은 순간의 게임으로 시간가치를 고려하지 않고, 게임에 다른 비용이 소요되지 않는다고 가정한다.

모르지만, 실현 가능한 경우의 수는 이미 알고 있다. 즉 H와 T의 경우와 각각의 확률도 알고 있다. 동 게임의 기댓값은 $1/2 \times 300 + (1 - 1/2) \times 0$원이다. 확률 p와 실현 값을 X라고 한다면 $E(X) = \Sigma p \times X$이다. 다른 사례로 H가 나오면 400원 혹은 T가 나오면 -100원인 경우를 생각해 보자. 동 게임의 기댓값도 $1/2 \times 400 + (1 - 1/2) \times (-100) = 150$이다.

즉 첫 번째 게임의 기댓값 E(X)와 두 번째 게임의 기댓값 E(Y)는 서로 같으므로 E(X)=E(Y)이다. 앞의 두 가지 게임을 서로 구분하는 방법을 생각해 보자. 변동성을 고려하는 경우, $VAR(X) = 1/2 \times (300 - 150)^2 + 1/2 \times (0 - 150)^2 = 22,500$원 그리고 VAR(Y)=125,000원이므로, Var(X) < Var(Y)이다. 따라서 두 번째 게임이 첫 번째 게임보다 변동성이 높다. 앞의 실례로 제시한 의미를 직관적으로 이해할 수 있도록 노력해 보자.

일반적으로 Var를 변동성을 제시하는 지표로 활용된다. 즉 분산으로 흔히 대변되는 변동성이란 평균으로부터 떨어져 있는 정도이다. 평균에서 멀리 떨어져 있을수록 그 떨어져 있는 정도를 더 크게 고려하는 것이다. 흔히 활용하는 분산이란 제곱을 활용해서 차이가 큰 것에 훨씬 높은 비중을 주어 이를 강조한다고 볼 수 있다.[2] 분산의 제곱을 통한 영향을 감소시키기 위하여 일반적으로 표준편차(standard deviation), 즉 $\sqrt{Var}$도 자주 활용한다. 즉 각각의 표준편차는 SD(X)=150 그리고 SD(Y)=353.4이다.

이로 인하여 첫 번째 게임보다는 두 번째 게임이 변동성이 크다는 것을 알 수 있다. 그리고 서로의 위험을 상호비교하기 위해서 분산 또는 표준편차를 계산한다. 두 번째 게임이 H가 나왔을 때 첫 번째 게임과 비교하여 보상이 증가하지만, T가 나왔을 때 손실이 발생할 수 있기 때문이다.

참고로 동전 던지기와 다르게 현실에서 개별 사건에 대하여 p와 X에 대한 평가는 모든 사람들이 동일하지 않을 수 있다는 것도 명심할 필요가 있다. 즉 투자자들은 주관적(subjective) p와 X에 대한 평가가 다를 수 있다. 따라서 주관적 기댓값과 분산이 있을 수 있다. 앞의 동전 던지기와 다르게 유명 화가의 그림에 투자하는 경우를 고려해 보자. 동 그림에 대한 개인적 평가의 가치는 서로

---

2 분산을 정의할 때 떨어진 정도를 제곱하여 적용하는 방식이 아니라, 절대 값을 적용하여 그 떨어진 정도를 평가하는 경우도 있다.

다를 수 있다. 따라서 X에 대한 평가는 투자자의 선호에 따라 결정될 수 있는 것이다.

자산시장에서 일반적으로 생각되는 객관적(objective)인 p와 X가 있을 수 있다. 이를 고려하여 객관적인 기댓값과 분산을 추정할 수 있다. 참고할 것은 객관적인 기댓값을 결정하기 위해서는 주관적인 기댓값들에 대한 분포가 있다는 것을 전제로 한다.

사례

우리나라와 외국의 대표 축구팀이 월드컵 예선전을 치른다고 생각해 보자. 우리나라 축구팀이 승리할 확률은 어떻게 될까. 물론 우리나라 국민들은 상대방 국가의 국민들보다 우리가 승리할 확률이 높다고 생각할 것이다. 물론 상대방 국민도 마찬가지이다. 하지만 제3의 국가에서 생각하는 승률과 다를 수 있다. 결국 각 국가의 대표팀이 경기할 때 각국 국민들은 승리할 확률에 자국만의 희망과 염원을 반영하는 것이다.

사례

자산시장에서 개별 투자자는 자산가격의 변화에 대한 주관적인 의견이 있다. 주관적 의견은 변화할 수 있고, 개별 투자자의 다양한 주관적 의견의 전체에 반영하여 자산시장에서 객관적 의견이 형성될 수 있다.

3. 불확실성의 모형화

1) 확정적 가치의 변화

자산의 현재 가치를 P_0라고 하며, 동 가격이 연속복리 기준으로 가치 상승률을 μ이라고 정의하면, 동 자산의 미래 t 시점에서 가치 P_t는

$$P_t = P_0 e^{\mu t} \tag{1}$$

이다. 현재 시장에서 가격이 P_0인 경우 그 현재 가치를 알 수 있고 가치의 증

가율 μ을 알고 있다면, t 시점의 가치 P_t를 계산할 수 있다.

미래 가치는 현재의 가치와 그 가치의 증가율이 알려져 있다면 계산이 가능하다. 참고로 수식 (1)에서 미래 가치와 연관된 불확실성이 없다. 그리고 수식 (1)에 양변을 자연로그, 즉 ln을 취한다면

$$\ln (P_t) = \ln(P_0) + \mu\, t \tag{2}$$

이다. 따라서 양변을 미분한다면 $(1/P_t)\ \triangle P_t / \triangle t = \mu$이므로,

$$\triangle P_t / P_t = \mu \triangle t \tag{3}$$

이다. 수식 (3)은 자산의 가치 P_t를 알고 있다면 아주 짧은 시간, 즉 일시적인 $\triangle t$ 동안의 가치변화, 즉 $\triangle P_t$가 일어난다. 수식 (1)에서는 장기적인 미래 t 시점의 가치 P_t에 관심이 있지만, 자산의 순간적 가치변화, 즉 $\triangle P_t$는 자산의 가치 즉 P_t와 가치의 성장률 μ 그리고 시간변화 $\triangle t$로 계산할 수 있다. 그리고 $\triangle t$가 경과한 시점에서 자산의 가치는 $P_t + \triangle P_t$이다. 그리고 짧은 시간 이후에 자산가치, 즉 $P_t + \triangle P_t$는 $P_t + \mu P_t \triangle t$이다.

이와 같은 확실한 상황에 대한 설명은 다소 편리하게 진행할 수 있다. 앞으로 향후 가치변화에서 불확실성을 고려해 본다.

2) 불확실성을 고려한 가치변화

아주 짧은 기간이라도 현재 시점에서 미래가치의 변화를 예측하는 것은 결코 쉬운 일은 아니다. 자산시장의 현실을 고려한다면 수식 (3)보다는 불확실성을 고려한 새로운 접근법이 필요한 상황이다.

불확실성을 고려하기 위하여 표준정규분포(standard normal distribution)를 따르는 ϵ_t을 고려하자. 여기에서 정규분포의 평균은 0 그리고 표준편차가 1인 $\epsilon_t \sim N(0, 1)$이라고 하자. 자산시장 분석에서 일반적으로 활용되는 가정이며, 이를 일명 백색잡음(white noise)이라 지칭한다. 수식 (3)와 유사한 방식으로

$$\triangle P_t / P_t = \mu \ \triangle t + \sigma \ \epsilon_t \sqrt{\triangle t} \tag{4}$$

여기에서 불확실성은 $\sigma \ \epsilon_t \sqrt{\triangle t}$에 고려되어 있고, 평균이 0이고 표준편차가 $\sigma \ \sqrt{\triangle t}$인 정규분포이다.

　수식 (4)는 연속함수에서 불확실성을 내포하고 있다. 시간이 매우 짧은 기간 동안으로 제한한다면, $\triangle t \rightarrow 0$라면, 이산적 가격 변화를 연속적 가격 변화로 전환할 수 있다. 그리고 수식 (4)에서 $\triangle P_t$는 평균이 $\mu \ P_t \triangle t$이고, 표준편차가 $\sigma \ P_t \sqrt{\triangle t}$인 함수로 $\triangle P_t / P_t \sim N(\mu \ \triangle t, \ \sigma \ \sqrt{\triangle t})$이다. 수식 (4)는 두 가지 요인으로 구성되어 있다는 것을 확인할 수 있다. 확실성을 배제한 자산가격의 성장률로 간주할 수 있는 기대 수익률 μ 그리고 불확실성을 반영하는 기대되는 변동성 부분, 즉 σ이다. 여기에 μ과 σ의 두 가지 변수는 시장에서 경제주체가 기대하는 기댓값이다.

　수식 (4)에서 μ과 σ를 알고 있다고 가정한다. 그리고 이는 과거의 실적에 근거하여 계산한 μ과 σ이 향후에도 지속된다는 가정에 근거하여 추정하였다.[3] 이 경우 $\varepsilon_t \sqrt{\triangle t}$를 dW(t)로 정의하고, $\triangle \rightarrow d$라고 한다면,

$$d P_t / P_t = \mu \ dt + \sigma \ dW(t) \tag{5}$$

이다. 직관적으로 $\triangle$는 (인접한) 두 변수 사이의 차이로 표현할 수 있으며, d는 보다 극미한 차이로 볼 수 있다. 참고로 여러 변수로 이루어진 함수에서 ∂는 하나의 변수에 대한 변화량을 의미한다.

　수식 (5)가 금융시장에서 널리 알려진 기하브라운모션(Geometric Brownian Motion)이다.[4] 시간흐름에 따른 가격 혹은 가치의 변화를 확률과정(stochastic process)으로 표현한다. 확률변수인 ε_t는 시계열 자기상관(serial correlation)이 없으며, 즉 $E(\epsilon_t \epsilon_s) = 0$, 여기에서 $t \neq s$이며, $E(dW(t)) = 0$ 그리고 $Var(dW(t))$

---

3 가장 손쉽게 수식 (4)를 이해하는 방식은 근시안적인 접근법이다. 과거 역사적 성과를 기반으로 향후 미래에 대한 μ과 σ에 대한 값을 예측하는 것이다. 물론 보다 정교한 접근법으로 합리적(rational)인 접근법을 생각해 볼 수 있다.
4 이외 다양한 유형의 확률과정도 있다. 자세한 유형과 그 설명은 Dixit(1993)을 참조할 수 있다.

$= E(d\,W(t)^2) = dt$이다.

수식 (3)과 수식 (5)를 비교하면 차이를 이해할 수 있다. 이는 수식 (5)에서는 $\sigma\,dW(t)$가 고려된다. 표준편차(혹은 분산)가 고려되어 있어 현재 정확히 확정할 수 없는 미래의 실현 값은 dW(t)를 통하여 그 분포를 알려주고, 분포의 떨어진 정도는 σ로 나타낸다.

4. 코스피 지수의 추세분석

코스피 지수의 시계열 정보를 활용하여 앞에서 논의한 불확실성하에서 향후 지수의 전망을 진행한다. 기존 지수정보를 확인하기 위하여 2019년 1월에서 12월의 월별자료를 획득하였다. 일반적으로 수익률의 경우 $R_t = p_t/p_{t-1} - 1$로 계산한다. 주식시장에서 흔히 로그-수익률(log-return)인 $r_t = \ln(p_t/p_{t-1}) = \ln(p_t) - \ln(p_{t-1})$로도 계산할 수 있다.

이를 이해하기 위해서는 $\ln(\omega)$를 ω이 1의 값을 가질 때, 이 주변에 테일러공식(Taylor equation)을 활용하면 $\ln(\mu) = \ln(1) + (\omega - 1)/1 - (\omega - 1)^2/2 + \cdots$이다. 여기에서 $\ln(\omega) \cong 0 + \omega - 1$를 확인할 수 있으며, 따라서 $\ln(\omega) \leq \omega - 1$이다. $\ln(\omega)$의 $\omega = 1$ 주변에서 기울기(tangent)는 $\omega - 1$이다. 여기에서 $\omega\,(= p_t/p_{t-1})$가 비율이라면, 수익률을 서로 유사하며 대체도 가능하다. 두 기간 사이가 길어진다면 서로의 차이는 확대될 수밖에 없다.

1) 역사적 수익률과 변동성 계산

역사적 로그 수익률 $\omega_t = \ln(p_t/p_{t-1})$은 코스피 가격지수를 통하여 손쉽게 계산할 수 있다. 그리고 평균 수익률은

$$\hat{\mu}_m = \frac{1}{n}\sum_{t=1}^{n}\omega_t = \frac{1}{n}\sum_{t=1}^{n}\ln(p_t/p_{t-1}) \tag{6}$$

이다. 역사적 변동성은

$$\hat{\sigma}_m = \sqrt{\frac{1}{n-1}\sum_{t=1}^{n}(\omega_t - \mu)^2} \tag{7}$$

이다. 여기에서 주의할 것은 우리는 월간 지수를 활용하였다. 이를 통하여 $\hat{\mu}_m$ =0.62% 그리고 $\hat{\sigma}_m$ =4.57%가 된다고 계산하였다. 하지만 이를 연율(annual rate)로 전환하기 위해서는 $\hat{\mu} = (1+\hat{\mu}_m)^{12} - 1$ 그리고 $\hat{\sigma} = \hat{\sigma}_m * \sqrt{12}$ 를 적용한다. 여기에서 주간 수익률을 활용하는 경우 앞의 수식에서 12개월 대신 52주를 사용할 수 있다.

수식 (6)을 통하여 기존 지수의 평균 수익률 $\hat{\mu}$ =7.65% 그리고 $\hat{\sigma}$ =15.84%를 계산할 수 있다. 엑셀을 이용하는 경우 'AVERAGE' 함수와 'STDEV' 함수를 활용하여 월간 평균과 표준편차를 계산하고, 이를 다시 연간으로 환산한다.

표 13-1_ 코스피 역사적 가격지수

t	p_t	ω_t
2018년 12월	2,041.04	
2019년 1월	2,204.85	0.077
2019년 2월	2,195.44	-0.004
2019년 3월	2,140.67	-0.025
2019년 4월	2,203.59	0.029
2019년 5월	2,041.74	-0.076
2019년 6월	2,130.62	0.043
2019년 7월	2,024.55	-0.051
2019년 8월	1,967.79	-0.028
2019년 9월	2,063.05	0.047
2019년 10월	2,083.48	0.010
2019년 11월	2,087.96	0.002
2019년 12월	2,197.67	0.051

자료: 한국거래소.

참고로 월간 지수를 활용하여 연간 수익률을 7.65%로 추정하였다. 하지만 수익률을 계산하면 7.67%(= (2197.67−2041.04)/2041.04)로 서로 크게 차이가 있다.

2) 코스피지수의 예측

미래 지수의 추정을 위하여 역사적 평균 수익률 $\mu = 7.65\%$ 그리고 $\sigma = 15.84\%$이 향후 1년간 동일하게 유지될 것이라고 근시안적으로 가정한다. 여기에서는 과거 1년의 실적이 향후 1년간 유지된다고 생각하는 것이다. 매 월마다 지수의 예측치를 추정하기 위하여, 앞에서 계산한 $\mu_m = 0.62\%$ 그리고 $\sigma_m = 4.57\%$를 활용한다.[5]

앞에서 정규분포를 따르는 $\triangle P_t / P_t$에서 정규분포의 선형 함수 역시 정규분포를 따른다. 따라서 수식 (8)을 도출할 수 있으며, 이를 통하여 미래 지수를 예측할 수 있다.

$$\triangle P_t \sim \ N(\mu_m P_t \triangle t, \ \sigma_m P_t \sqrt{\triangle t}) \tag{8}$$

첫 번째로 표준 정규분포에서 난수를 평균이 0이고 분산이 1인 난수 ϵ_t를 생성할 수 있다. 난수는 매기에 산출하며, 이와 같은 연속적인 난수는 무한개를 생성할 수 있다.

본 사례에서는 두 개의 난수를 생성하였다. 현실에서는 이와 같은 난수를 수만 번을 생성하여 분석을 진행할 수 있다. 물론 이와 같은 수만 번 생성하는 과정은 각종 컴퓨터 소프트웨어의 도움을 받을 수 있다. 엑셀에서는 'RAND' 함수 그리고 'NORMSINV(RAND())' 함수 등을 활용하여 난수의 생성도 가능하다.

두 번째로 확률변수가 포함된 부분과 그렇지 않은 부분을 고려하여 $\triangle P_t$를 예측할 수 있다.

$\triangle P_1 = 0.62\% \times 2197.67 + 4.57\% \times 2197.67(-0.73) = -59.69,$

$\triangle P_2 = 0.62\% \times 2137.98 + 4.57\% \times 2137.98(0.60) = 71.88$

...

---

5 물론 향후 경제상황에 대한 예측을 고려하여 역사적 실적과 다른 수익률과 변동성이 발현된다고 가정할 수도 있다.

로 예측한다. 물론 이와 같은 과정을 수만 번 혹은 수십만 번을 반복하여 수행할 수 있다.

표 13-2_ 코스피 가격지수 예측: case 1

	εt	$\triangle p_t$	p_t
2020년 1월	-0.73	-59.69	2137.98
2020년 2월	0.60	71.88	2209.86
2020년 3월	0.10	23.80	2233.66
2020년 4월	-0.21	-7.59	2226.07
2020년 5월	1.77	192.85	2418.92
2020년 6월	-0.80	-73.44	2345.48
2020년 7월	-0.25	-11.18	2334.30
2020년 8월	1.72	195.82	2530.12
2020년 9월	-0.36	-25.94	2504.18
2020년 10월	0.98	127.68	2631.86
2020년 11월	1.79	231.61	2863.47
2020년 12월	-0.17	-3.18	2860.29

표 13-3_ 코스피 가격지수 예측: case 2

	εt	$\triangle p_t$	p_t
2020년 1월	0.97	111.05	2308.72
2020년 2월	1.50	172.58	2481.29
2020년 3월	1.03	132.18	2613.47
2020년 4월	-0.72	-69.79	2543.68
2020년 5월	-0.05	9.96	2553.64
2020년 6월	0.96	127.87	2681.51
2020년 7월	-0.66	-64.25	2617.25
2020년 8월	0.52	78.42	2695.68
2020년 9월	-0.85	-88.00	2607.68
2020년 10월	0.76	106.74	2714.41
2020년 11월	-0.60	-57.60	2656.81
2020년 12월	-0.32	-22.38	2634.43

<그림 13-1>은 동 과정을 5회 진행한 사례이다. 우리의 목표는 미래의 코스피 주가지수에 대한 예측이다. 예상을 하였을 수도 있겠지만 현재 시점에서 미래에 대한 예측에서는 다양한 가능성이 포함되어 있다. 이와 같은 절차는 반복적으로 진행도 가능하다.

개별적인 예측값이 현실적으로 의미를 내포하고 있다고 보기는 어려울 수 있다. 즉 이것은 다양한 가능성 가운데 하나의 실현 값이기 때문이다. 이와 같은 가능성은 현실화될 수 있지만, 현실화되지 않을 가능성도 배제할 수는 없다. 앞에서 현금흐름에 대한 분석은 수많은 예측값 가운데 가장 그럴듯한 결과란 것을 이해할 수 있다.

그림 13-1_ 코스피 가격지수 예측

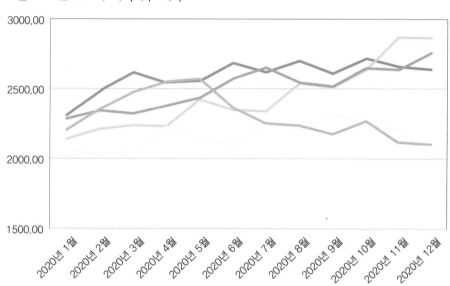

3) 코스피지수의 분포

수식 (5)에서 분포는 일반적으로 현재의 값이 P_0라면 $E(P_t) = P_0 \times \exp(\mu t)$ 그리고 $\mathrm{Var}(P_t) = P_0^2 \exp(2\mu t)[\exp(\sigma^2 t) - 1]$ 로 알려져 있다. 자세한 증명은 Dixit(1993)를 참조할 수 있다. 그리고 미래 t 시점에서

$$\ln \ P_t \sim \ \mathrm{N}(\ln \ P_0 + (\mu - 0.5\sigma^2)t, \ \sigma\sqrt{t}\ ) \tag{9}$$

이다. 수식 (9)는 $\ln(P_t/P_0) \sim \ \mathrm{N}((\mu - 0.5\sigma^2)t, \ \sigma\sqrt{t}\ )$로 전환이 가능하며, 이는 지수 자체가 아닌 지수의 수익률이 정규분포를 따른다는 것이다. 따라서 μ =7.65% 그리고 σ =15.84%이라면, $\ln \ P_t \sim \mathrm{N}(\ln \ (2{,}197.67) + (7.65\% - 0.5\times$ 15.84%$\times$15.84%)t, 15.84% $\sqrt{t}\ )$ =N(7.692 t, 15.84% $\sqrt{t}\ )$이다. 이를 통하여 1 년 이후 95%의 유의수준에서 P_t를 추정하기 위해서는

$$\mathrm{Prob}[7.692 - 1.96\times15.84\% \leq \ln \ P_t \leq 7.692 + 1.96\times15.84\%] = 0.95 \tag{10}$$

를 통하여 $\exp(7.70) \leq P_t \leq \exp(7.80)$ 이므로, 유의수준 95%에서 $1717.5 \leq P_t$ ≤ 3195.7가 된다고 예측이 가능하다.

그림 13-2_ 코스피 지수의 예측

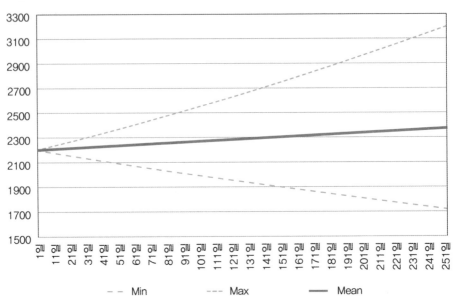

5. 리스크의 원천

자산투자에서 리스크는 투자단계에서의 투자 리스크와 운영단계에서 운영 리스크로 구분이 가능하다. 자산투자는 물론 자산의 운영에도 영향을 미치지만, 투자 리스크는 투자 결정에 부각되는 리스크라 볼 수 있다. 그리고 운영 리스크는 투자한 이후에 운영 및 유지 단계에서 부각되는 리스크이다. 흔히 투자결정 시 운영에 따른 위험을 고려하지 못하는 경우가 있어, 장기간 자산을 운영하는 경우 투자의 단계에서 운영리스크에 대한 고려도 필요하다.

자산투자에 대한 리스크 가운데 가장 자주 언급되는 것은 시장 리스크로 가격과 관련된 리스크이다. 대표적으로 가격변화에 따른 리스크로 시장에서는 가격, 금리, 그리고 환율 등이다.

앞 절에서는 자산가격의 변화를 모형화하였다. 금리의 경우 금융상품의 가격을 그리고 외환을 통하여 매출 혹은 비용이 결정되는 경우 환율도 가격에 영향을 준다. 가격은 투자대상인 자산가격과 더불어 투자비용에도 영향을 미칠 수 있다. 수입의 결정요인과 비용의 결정요인에서 가격과 관련된 리스크이다. 가격과 더불어 대상자산의 고유한 리스크도 있으며, 자산의 질적 리스크와 양적 리스크도 발생할 수 있다. 자산에 따라 오염과 변질이 발생할 수도 있으며, 자산을 이용하는 경우 감가상각이 발생하기도 한다. 다양한 유형의 리스크의 관리를 위하여 파생상품, 보험 등의 다양한 수단을 활용할 수 있다.

자산투자에서는 신용리스크가 부각될 수 있다. 자산투자는 자기자본과 더불어 부채를 이용하여 투자를 진행하는 경우가 빈번하다. 부채를 조달하는 경우 원리금 상환의무를 하지 않는다면 신용리스크가 현실화될 수 있다. 부채조달 규모가 확대될수록 투자사업의 신용리스크는 확대된다. 물론 부채조달을 확대하여 신용리스크를 확대할 수 있지만, 이에 따른 레버리지 효과(leverage effects)도 기대할 수 있다. 즉 동일한 자산의 수익 변화에서 부채가 확대될수록 자본의 수익 변화가 증가할 수 있다는 사실이다. 하지만 부채를 활용할 때 레버리지 효과를 적절히 감안하여 과도한 위험부담을 경계해야 한다.

투자의 실행과 더불어 관리와 운영에서도 비재무적인 리스크가 발생할 수 있다. 이는 법률적, 행정적, 또는 기관의 내부 규정 준수와 관련된 리스크이며,

이들은 주기적 혹은 수시로 변화할 수 있어 이에 대한 리스크 관리가 필요하다. 투자사업에서 제3자에 대한 배상책임이 발생하는 경우도 있다. 투자를 위한 운영 조직과 투자인력과 관련된 리스크도 투자의 성과에 영향을 미칠 수 있다. 비재무적인 부분에서 발생한 손실이 사업의 수익성을 악화시킬 수도 있다. 그리고 운영단계에서 기대하지 못한 다양한 리스크가 발현될 수 있으므로, 자산투자는 다양한 리스크 관리의 연속적인 과정이라고 볼 수 있다. 리스크 관리의 전략과 절차는 앞으로 자세하게 논의할 계획이다.

1. 불확실성과 리스크를 비교하여 그 차이를 설명하시오.

2. 주관적 확률과 객관적 확률을 설명하시오.

3. 자산의 운영단계에서 발생할 수 있는 리스크와 자산의 투자단계에서 발생할 수 있는 리스크를 구분하는 이유는 무엇인지 생각해 보시오.

4. 자산의 가격과 관련된 위험을 설명하시오.

5. 비재무적 리스크를 설명하시오.

CHAPTER 14

리스크 관리

○ ● ○

이미 앞 장에서 논의한 것처럼 투자자들은 수익에 대한 목표와 더불어 리스크에 대한 고민이 요구된다. 자산시장에서 자산투자에 경험이 많은 전문가들은 수익에 대한 목표보다는 리스크 관리가 더욱 중요할 수 있다고 이야기하는 경우가 많다.

리스크를 효과적으로 관리하기 위하여 기대하지 못한 부정적 사건이 발생하는 경우 손실을 최대한 줄이거나, 이와 같은 사건이 발생할 가능성을 축소한다면 수익에 대한 목표를 달성할 수 있다는 생각을 가지고 있는 경우도 있다. 수익만을 고려하는 것이 아니라 리스크의 관리를 통해 목표에 도달이 가능하다는 것이다.

본 장에서는 불확실성 상황에서 투자자가 직면할 수 있는 리스크 관리의 기본 개념을 살펴본다. 그리고 리스크 관리에 대한 절차와 수단들을 논의한다.

1. 리스크 관리전략

리스크는 수익 혹은 보상과 상충관계가 있다. 리스크를 낮추기 위해서는 그에 상응하는 비용이 필요하며, 이는 궁극적으로 보상의 감소로 이어질 수 있다. 높은 보상을 위해서는 상응하는 리스크 부담이 필요한 것이다.

이론적인 시각으로 낮은 리스크에 비해 높은 보상이 있는 자산이 있다면, 투자자들은 동 자산에 대한 투자를 확대할 것이다. 투자자들의 수요증가는 자산 가격의 상승으로 이어지고, 이는 수익률로 대변되는 낮은 보상으로 이어질 것이다. 리스크는 그 자체만 고려해서는 안되며, 그에 따른 보상과 비용을 동시에 고려하는 것이 필요하다.

사전적으로 투자에 따라 발생 가능한 위험을 인지하고, 기대 수익과의 상충관계를 고려하여 잠재적 손실에 대한 대비가 필요하다. 기대되는 손실을 방지하기 위하여 손인(peril)과 위태(危殆, hazard)에 대한 관리도 필요하다. 손인과 위태에 대한 내용은 다음 절에서 언급한다.

투자를 진행한 이후 사후적 리스크도 관리가 필요하다. 사후적 리스크는 손실이 가시화되기 이전과 손실이 가시화된 이후로 구분할 필요도 있다. 손실이 발생한 이후는 손실을 줄이는 대안도 필요하다. 손실의 극소화도 경제성을 고려할 필요가 있다. 손실이 발생하는 경우 적절한 투자를 통하여 손실을 줄이거나 회복할 수도 있지만, 이에 필요한 비용이 경제적이지 않은 경우 손실을 유지하는 것이 유효한 전략인 경우도 있다. 물론 손실이 발생하기 이전에 손실로 이어질 가능성을 줄이는 것이 필요하다.

손실이 실현될 가능성, 즉 확률과 손실이 현실화된 경우 손실의 규모, 즉 손실의 가액에 대한 고민을 통하여 기대손실(expected loss)을 이해해야 한다. 이는 투자에서 기대 수익을 고려하듯이 리스크 관리에서도 기대손실을 고려해야 한다. 예를 들어 공장에서 화재의 가능성을 낮추는 전략이 있고, 만일 화재가 발생하였다면 손실을 낮추는 전략을 동시에 고려해야 한다.

2. 손인(peril)과 위태(hazard)

손인은 손실을 발생시키는 원인이다. 화재, 폭발, 풍수해, 낙뢰, 사고 등 손실을 야기하는 원인이다. 미래에 손실 원인을 제공하는 것은 손인으로 관리가 필요하며, 손인이 발생한다고 반드시 손실이 이어지는 것은 아니다. 예를 들어 화재가 발생하더라도 손실이 발생하지 않을 수 있다. 소화기로 화재가 즉시적 제압되었다면, 손실은 소화기 재충전으로 제한된다.

손실이란 앞의 동전 던지기를 예를 들자면 실현 값이 음(negative)의 값을 갖는 것을 의미한다. 손인으로 인하여 1보다 작은 확률 p가 현실화 될 수 있지만, 손실이 발생하는 경우 실현 값의 크기를 변화시킬 수 있다. 이와 같은 실현 값의 변화를 도모할 수 있는 환경은 위태이다. 위태란 손인으로 인하여 현실화된 손실을 확장하거나 축소하는 역할을 하는 환경 또는 상황이라고 할 수 있다.

위태는 물리적 위태(physical hazard), 심리적 위태(morale hazard), 그리고 도덕적 위태(moral hazard)로 구분한다. 물리적 위태란 손실로 이어질 수 있는 환경 및 상황을 변화시키는 물리적인 환경과 특성이다. 예를 들어 인화물질이 화재현장 주변에 있다면, 손실이 증가된다. 심리적 위태란 경솔한 행동, 주의 부족, 태만 등으로 인하여 손실의 빈도와 금액의 증가를 유발하는 것이다. 마지막으로 도덕적 위태란 고의적으로 부도덕적, 부정직 등으로 손실의 빈도와 손실 금액의 증가를 유발한다.

심리적 위태와 도덕적인 위태는 고의적으로 의도한 행동인가 아닌가의 기준이 중요하다. 손실이 발생하였을 때 심리적 위태와 도덕적 위태를 구분하는 것은 법률적 분쟁으로 이어질 수 있다. 이는 손실에 대한 책임 여부를 결정할 수 있는 판단기준이 될 수 있다.

사례

2000년대 후반 미국 서브프라임(subprime) 시장에서 촉발된 위기는 미국과 더불어 세계 여러 국가에 부정적 영향을 미치고 세계금융위기로 이어졌다.
1. 2000년대 후반 미국의 서브프라임 시장에서 촉발된 위기를 조사하시오.
2. 서브프라임 위기는 이를 기초로 발행된 유동화 증권, 즉 MBS 시장에서 발생하였다고 한다고 알려져 있다. 유동화 증권과 서브프라임의 연관성을 조사하시오.
3. 투자자들은 유동화증권에 신용등급을 고려하여 투자한다. 2000년대 후반 서브프라임을 기초로 발행된 유동화증권에 대한 신용등급의 체계와 신용등급을 담당한 기관을 조사하시오.
4. 서브프라임 위기 이전에 신용평가사는 서브프라임 사태를 예상하고 신용등급을 부여하였는지 논의하시오.

3. 리스크에 대한 선호

리스크에 대한 선호를 이해하기 위해서 동전 던지기 게임을 다시 살펴보자. 동전을 던져서 H가 나오면 200원을 받고, T가 나오면 200원을 잃는다고 하자.

이에 대한 기댓값은 E(X) = 0이다. 일부는 이와 같은 게임을 원하고, 다른 일부는 원하지 않을 것이다. 물론 게임을 원하거나 원하지 않거나 사실 그 자체가 서로 무차별(indifferent)한 경우도 있을 것이다.

첫 번째로 이 게임이 무차별한 사람을 생각해 보자. 효용을 U(X)라고 한다면, 게임을 하지 않는다면 U(0)이다. 게임을 진행한다면 두 경우의 수, 즉 U(−200) 그리고 U(200)가 있다. 따라서 두 가지 경우의 수를 고려한 평균 효용은 U(−200)/2 + U(200)/2 = U(0)이다. U(−200)/2 + U(200)/2는 게임을 진행하는 경우 효용수준 그리고 U(0)는 게임을 진행하지 않는 경우 효용수준이기 때문이다. 이는 동전 던지기를 하던 하지 않던 서로 무차별하기 때문에 이들은 위험에 중립적(risk−neutral)이라고 지칭한다.

같은 논리로 위험한 게임을 선호하는 경우는 물론 U(−200)/2 + U(200)/2 > U(0)이다. 그리고 이와 같은 사람은 위험을 선호(risk−seeking)한다고 이야기 한다. 물론 위험을 기피하는(risk−averse) 경우는 U(−200)/2 + U(200)/2 < U(0)란 것을 알 수 있다. 실제 자산시장에서 동일한 위험에 대하여 다양한 시각을 지닌 투자자들은 있고, 이들은 각자의 선호에 따라 다른 투자전략을 구사한다.

이를 수리적으로 표현하면 H인 경우 보상이 $X^0 = 200$ 그리고 T인 경우 손실 $X_0 = -200$이다. 따라서 동전 던지기 게임의 기댓 값 $\overline{X} = (X^0 + X_0)/2 = 0$이다. 위험중립적인 경우는 $U(X_0) + U(X^0) = U(\overline{X})$, 위험기피적인 경우는 $U(X_0) + U(X^0) < U(\overline{X})$, 그리고 위험선호적인 경우는 $U(X_0) + U(X^0) > U(\overline{X})$이다. 여기에서 위험에 대한 대응은 발생한 사건보다는 사건의 결과에 따른 효용, 즉 개인의 태도가 중요하다는 것을 확인할 수 있다.

앞에서 살펴본 효용함수를 감안한 무차별 곡선의 모습은 <그림 14−1>에서 확인할 수 있다. 가장 왼쪽의 경우 위험기피적인 경우 오목한(concave) 함수 형태를 확인할 수 있다. 중간의 경우 위험중립적인 경우 선형(linear) 함수 그리고 가장 오른쪽의 위험선호적인 경우 볼록한(convex) 함수이다.

그림 14-1_ 리스크 유형에 따른 무차별 곡선

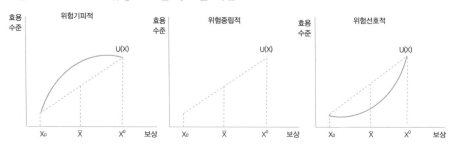

4. 리스크 관리의 절차

자산시장에서 투자자는 일정한 리스크를 고려하여 수익을 높이기 위한 전략을 채택한다. 그리고 다수의 투자자들은 손실을 극소화하는 경우 적절한 수익을 달성할 수 있다고 생각하기도 한다. 사실 이것은 두 가지 서로 차별적인 투자전략일 수 있다. 전자는 사전적으로 리스크를 고려한 투자전략이며, 후자는 사후적으로 리스크를 관리하는 전략이다. 전자는 위험과 수익의 상충관계를 고려한 투자의 계획과 집행을 의미한다. 후자는 투자가 집행된 이후 운영과 관리에서 손실의 발생 가능성 그리고 현실화된 경우 손실의 규모를 축소하는 전략이다.

그림 14-2_ 투자절차에 따른 위험과 수익전략

리스크 관리를 위한 절차로는 첫 번째 단계는 목표 설정이다. 두 번째 단계로는 리스크의 인식과 분류, 세 번째 단계로는 리스크의 가능성과 손실규모 평가, 네 번째로 위험에 대한 리스크 관리전략 수립, 그리고 마지막으로는 리스크 관리전략의 실행과 모니터링이다.

그림 14-3_ 리스크관리 절차

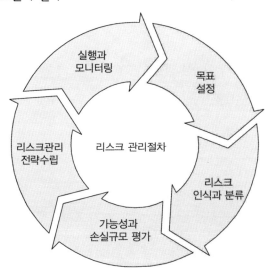

첫 번째 단계로 투자에서 감당할 수 있는 위험과 수익의 상관관계에 대한 명확한 인식이 필요하다. 투자를 진행한 이후 투자에 따른 다양한 위험을 관리하는 것이 핵심이 될 수 있으므로, 이에 적절한 관리가 중요하다. 투자자가 위험을 전혀 부담하지 않을 수 없으며, 부담 가능한 위험을 설정해야 한다.

두 번째 단계로 리스크가 발생하는 가능성과 그리고 관련 사례에 대한 수집과 분석이다. 자산투자에 직간접적으로 연관된 다양한 이해관계자들 즉 관련 경험, 지식을 보유하고 있는 사람들 혹은 투자하는 자산과 관련된 사람들과 논의를 진행한다.

동시에 관련 정보와 자료를 획득하여, 리스크의 유형을 파악하고 분류한다. 언급한 것처럼 시장에서 활용되는 데이터와 시장자료 등을 통하여 실적과 리스크를 점검하는 것도 필요하다. 투자에서는 법률적, 행정적 위험이 발생할 수 있으며, 시장에 대한 인식과 평판도 중요할 수 있다.

실물 자산의 경우 천재지변, 도난과 절도 등으로 인한 손실도 고려해야 한다. 자산이 가지고 있는 고유 위험과 자산과 연관된 이해 당사자들로부터 기대하지 못한 위험도 발생할 수도 있다. 자산을 세심하게 점검하고, 그 특성을 파악하는 것이 리스크 관리의 출발이다. 만일 이에 대한 적절한 이해와 판단이 어려운 경우 <표 14-1>과 같이 세부적 항목을 작성하여 가능성을 여부를 확인하는 것이 바람직하다.

표 14-1_ 리스크의 유형과 가능성 점검

	없음	가능성	위험	조치필요
화재				
도난				
사기				
주변환경				
법률변경				
벌금				
…				

세 번째로 개별 위험이 현실화된다면 손실의 빈도와 손실의 크기를 파악하는 것도 필요하다. 손실의 빈도와 손실의 크기를 화폐적이거나 수리적으로 계산할 수 있도록 노력해야 한다. 현실적으로 많은 리스크들이 빈도와 크기를 숫

그림 14-4_ 리스크 매트릭스(matrix) 설계

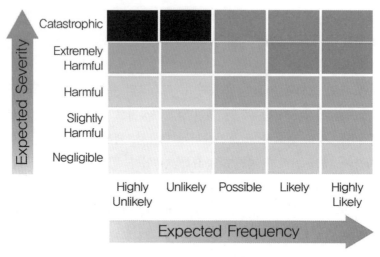

자료: CFA Foundation Institute

자로 나타내기 어려운 경우가 있다. <표 14-1>에서처럼 개별 항목에 대하여 가능성을 거의 확실, 매우 가능성이 높음, 가능성이 높음, 거의 가능성이 없음으로 구분하여 판단할 수 있다. 동시에 손실의 크기를 회복 불가, 매우 심각한 손실, 손실, 경미한 손실로 구분할 수 있다. 이와 같은 손실의 정도에 대하여 <그림 14-4>에서와 같이 2사분면을 활용하는 방법도 있다.

네 번째로 리스크를 관리할 수 있는 효율적이고 효과적인 대안 모색이 필요하다. 손실이 발생하는 경우 손실을 최대한 줄여서 효율적이고, 동시에 손실을 복구하기 위하여 최소 비용을 통하여 경제성을 달성할 수 있는 방안에 대한 검토가 필요한 것이다.

리스크를 관리하는 대표적 방법은 리스크를 부담(tolerate)하는 것이다. 경미하고, 가능성이 낮은 리스크 그리고 손실이 현실화된 경우 관리할 수 있는 수단이 있으며, 대안을 마련하기에 경제성이 낮은 경우 리스크를 그대로 부담한다. 리스크의 부담은 사실 가장 전통적이고 일반적 방법이다. 여기에서 구분할 것은 잠재적 위험을 사전에 인지하지 못하는 경우와 이를 인지하고 부담하는 경우는 차별적이다. 추가로 리스크 관리방안은 다음 절에서 논의한다.

마지막으로 선택된 관리방안을 실행하고 실행결과를 모니터링하는 것이다. 리스크를 관리할 수 있는 효율적 방안과 방법을 실행할 수 있는 수단을 마련해야 한다. 자산과 관련된 다양한 이해 당사자들이 방안을 가지고 실행하는 것이 바람직하다. 투자기관의 경우 위험에 대한 조기경보(early warning)와 관련 자료에 대한 세밀한 분석도 필요하다.

만일 기대되는 손실이 발생하는 경우, 이를 복구 및 처리하는 지침, 즉 매뉴얼(manual) 등이 구비되어야 한다. 각종 위험이 실현화되는 경우 이를 문서화하는 작업도 필요할 수 있다. 자산시장에서 투자로 인하여 이익이 발생하는 경우 관련 이해 당사자들은 상세한 설명을 요구하지 않을 수 있다. 하지만 손실이 발생한다면, 투자자들은 투자의 실행과 집행 그리고 위험의 관리와 위험을 제거하기 위한 방안에 대하여 자세한 설명을 요구할 가능성이 높다. 따라서 자산투자의 성과로 설명할 수 없는 상황에서는 효율적 위험 수단의 선택과 집행 그리고 이에 대한 자료확보와 보고(reporting)도 중요할 수 있다.

실행과 모니터링 단계에서는 개별적인 위험은 전체적인 관점에서 다시 조직하고 평가하고, 대체할 수 있는 방안을 고민해야 한다. 이는 개별적 리스크에 치중하여 다양한 상호 연관된 리스크로 인하여 발생하는 전반적 리스크를 관리하지 못하는 우려를 범하지 말아야 한다. 비유적으로 나무만 바라보다가 숲을 보지 못하는 오류를 범하지 않도록 총체적인 위험의 측면에서 리스크 관리가 필요하다.

5. 리스크 관리수단

리스크 관리수단들 가운데 대표적인 것은 앞절에서 언급한 대로 위험을 부담하는 것이다. 이를 통하여 위험과 수익의 상충관계를 달성할 수도 있을 것이다. 이를 위하여 기금을 적립(unfunded reserve)하거나, 혹은 위험을 관리할 수 있는 부서와 기관(insurance subsidiary)을 설립할 수 있다. 이는 자산에 대한 투자에 사전적 위험을 이야기하며, 사후적으로 손실이 발생할 가능성을 줄이고, 손실이 발생하는 경우 손실의 규모를 줄이는 방안이다.

두 번째로 손실의 발생 가능성을 줄이기 위하여 리스크를 의도적으로 회피(treat)할 수도 있다. 즉 손실이 유발되는 행동을 하지 않는 손실 예방(loss prevention)을 지칭한다. 손실이 현실화되었다면 손실을 최소화시킬 수 있다. 투자에서 중대 법률을 위반하는 경우에도 손실이 발생할 수 있다. 법률을 준수하고 변화하는 법률환경을 모니터링하는 것도 필요하다. 관련 행정, 제도 및 법률 상황을 고려하여 손실의 발생이 예상되면 이를 다양한 방안을 강구하여 회피도 가능하다.

리스크 발생을 다른 경제 주체에게 전가(transfer)도 가능하다. 예를 들어 어떤 자산을 구입할 때 혹시 발생할 수 있는 자산의 흠결을 방지하기 위하여 판매자에게 위험에 대하여 계약서에 명시하는 방식이 있다. 상대방뿐만 아니라 제3자에게 전가할 수도 있다. 계약을 통하여 제3자에게 위험을 전가할 수 있으며, 파생상품(derivative)은 위험을 전가하는 대표적 방법으로 금융시장에서 자리잡았다.

보험(insurance)도 보험회사에게 위험을 전가하는 방법이다. 감당할 수 있는 손실이 발생하는 것이 예상되는 경우 일부 경비를 마련하거나, 빈번하지는 않지만 다소 큰 규모의 손실이 발생할 가능성이 있다면 이에 대비하여 기금을 조성할 수도 있다. 대부분 금융기관은 리스크를 관리하는 별도의 조직이나 기관을 마련하고 있으며, 사고를 처리하는 자회사를 설립하여 운영하는 경우도 있다.

손실의 가능성과 손실의 규모를 감소(terminate)시킬 수 있다. 포트폴리오 관리와 다변화(diversification)도 의도적으로 위험을 줄일 수 있는 방법이다. 다양한 투자와 상호관계를 통하여 비체계적 위험을 줄이는 것이다. 리스크의 가능성과 규모에 대한 다양한 정보를 축적하고, 현실화된 경우 이를 관리할 수 있는 매뉴얼의 준비 등이 가능할 수 있다.

위험의 빈도를 줄이기 위한 활동을 하거나, 교육과 연수 등을 통하여 관련 기술을 습득할 수도 있다. 중요한 자료와 파일들은 예비본을 만들어 놓을 수도 있다. 동시에 리스크와 관련된 다양한 정보를 축적하여 이를 활용할 수 있는 기반을 마련하는 것도 리스크를 감소시킬 수 있다.

1. 기대손실을 정의하고, 기대손실을 구성하는 두 가지 요인을 설명하시오. 그리고 동 요인으로 기대손실을 줄일 수 있는 방안을 설명하시오.

2. 손인과 위태의 차이를 설명하시오.

3. 심리적 위태와 도덕적 위태의 차이를 설명하시오.

4. 이번 다가올 시험에서 손인과 위태를 설명하시오.

5. 자동차 사고에서 심리적 위태와 도덕적 위태의 차이를 예를 들어서 설명하시오.

6. '손실을 극소화하는 전략이 수익을 극대화하는 전략과 동일'한 것은 어떤 경우에 가능한지 설명하시오.

7. 사전적 리스크과 사후적 리스크를 정의하고 그 차이를 설명하시오.

8. 리스크를 관리하는 방법들 가운데 가장 일반적 방법은 무엇인지 논의하시오.

9. 동전 던지기 게임에서 H가 나오면 500원을 받고, T가 나오면 100원을 받는다. 그리고 이 게임에 참여하는 비용은 300원이다. 만일 참여자의 효용함수가 U(X)=X, 여기에서 X는 보상금이라면, 이 참여자의 위험에 대한 태도를 설명하시오. 그리고 본 게임에 참여의사를 설명하시오.

10. 동전 던지기 게임에서 H가 나오면 500원을 받고, T가 나오면 100원을 받는다. 그리고 이 게임에 참여하는 비용은 300원이다. 만일 참여자의 효용함수가 U(X)=ln(X), 여기에서 X는 보상금이라면, 이 참여자의 위험에 대한 태도를 설명하시오. 그리고 본 게임에 참여의사를 설명하시오.

CHAPTER 15

자산 포트폴리오 관리전략

○ ● ○

지금까지는 개별 자산을 중심으로 자산 투자의 이슈를 논의하였다. 실제 투자에서 투자자는 다양한 유형의 자산투자를 동시에 진행한다. 이로 인하여 여러 자산들의 관계를 고려한 투자전략을 수립할 필요도 있다.

여러 자산들의 집합을 자산 포트폴리오(asset portfolio)라고 하며, 본 장에서는 자산 포트폴리오 관리전략을 논의한다. 포트폴리오를 구축하는 데 있어서, 자산들 간의 상관관계, 위험자산들의 포트폴리오 전략, 그리고 위험자산과 무위험자산의 포트폴리오 전략을 이해한다. 그리고 포트폴리오 분산투자를 통한 위험관리를 살펴본다. 따라서 포트폴리오의 수익과 위험과 개별 자산의 수익과 위험의 관계를 이해하며, 서로의 차이를 구분할 필요가 있다.

1. 기본 지식

1) 동전 던지기 게임

다시 동전 던지기 게임에 대하여 생각해 보자. H가 나오면 투자한 금액의 두 배 그리고 T가 나오면 0원을 주는 게임이 있다. 동전 게임을 진행하기로 결정하며 판돈 100원을 걸고 게임을 진행할 수 있다. 이 경우 기댓값은 0원, 그리고 분산은 10,000원이 된다.

240

표 15-1_ 동전던지기 게임: 1회

가능성	확률	보상	순수익
H	1/2	200	100
T	1/2	0	-100

이제 이 게임을 두 번 연속한다. 그리고 한번 결정하면 두 번을 연달아 진행해야 하며, 매번 판돈으로 50원이라면 두 번을 연속하는 동전던지기 게임에 거는 판돈도 100원이다. 물론 이 경우 기댓값을 계산한다면 앞의 한번을 진행한 사례와 동일하게 0원이란 것을 확인할 수 있다. 하지만 분산은 변화하는 것을 확인할 수 있다.

표 15-2_ 동전던지기 게임: 2회

가능성		확률	보상	순수익
1회	2회			
H	H	1/4	200	100
	T	1/4	100	0
T	H	1/4	100	0
	t	1/4	0	-100

분산을 계산하면 5,000원이다. 한 번 동전던지기를 한 게임과 두 번 연속 동전 던지기 한 게임을 비교하면, 기댓 값은 같다. 하지만 분산이 감소하는 것을 확인할 수 있다. 그리고 이는 자산 포트폴리오 전략에 중요한 시사점을 제공한다.

사례

<표 15-2>에서 동전던지기 게임을 2번 실행한 경우 분산을 계산하시오.

2) 2개의 자산으로 포트폴리오 구성

a) 포트폴리오에 투자

자산의 집합인 포트폴리오를 가장 단순한 형태, 즉 2개 자산 자산i와 자산 j로 구성한다. 자산의 수익률이 각각 $E(i) = r_i$과 $E(j) = r_j$, 그리고 분산이 $VAR(i) = \sigma_i^2$과 $VAR(j) = \sigma_j^2$라고 정의한다면,

$$E(i + j) = r_i + r_j \tag{1}$$

이며,

$$VAR(i + j) = \sigma_i^2 + \sigma_j^2 + 2\sigma_{i,j} \tag{2}$$

이다. 여기에서 공분산(covariance) $\sigma_{i,j} = \rho_{i,j}\sigma_i\sigma_j$이며, $\rho_{i,j}$는 i와 j의 상관계수 (correlation coefficient)로 $-1 \leq \rho_{i,j} \leq 1$이다. 만일 $\rho_{i,j} = 1$이면 완전한 양의 상관관계이며, 만일 $\rho_{i,j} = -1$이면 완전한 음의 상관관계이다.

사례

<상관관계와 인과관계의 구분>
상관관계란 두 가지 사건이 서로 연관되어 있음을 의미하는 반면, 인과관계는 한 사건이 다른 사건에 영향을 주는 것을 의미한다.
상관관계와 인과관계에 관련한 신문기사를 읽고, 상관관계와 인과관계를 예를 들어 설명 하시오(https://www.nongmin.com/plan/pln/srs/317018/view)

---

b) 포트폴리오와 개별 자산의 비교

앞에 사례에서 각각 자산에 투자한 비중을 w_i, w_j라고 하면, 여기에서 $w_i + w_j = 1$이다. 그리고 이를 통하여 구성한 포트폴리오를 X_p라 정의한다. 그 리고 자산에 투자한 비중은 변화하지 않는다고 생각하자.
이 경우 포트폴리오의 기대값

$$E(X_p) = \omega_i r_i + (1 - \omega_i)r_j \tag{3}$$

그리고 분산

$$VAR(X_p) = w_i^2 \sigma_i^2 + (1 - w_i)^2 \sigma_j^2 + 2w_i(1 - w_j)\sigma_{i,j} \qquad (4)$$

여기에서 $\sigma_{i,j} = \rho_{i,j}\sigma_i\sigma_j$ 이다.[1] 따라서

$$VAR(X_p) = w_i^2 \sigma_i^2 + (1 - w_i)^2 \sigma_j^2 + 2w_i(1 - w_j)\rho_{i,j}\sigma_i\sigma_j \qquad (5)$$

이다. 여기에서 $\rho_{i,j}$를 주식시장을 중심으로 생각해 보기로 하자. 통계학에서는 $-1 \le \rho_{i,j} \le 1$라고 정의하고 있다. 그러나 주식시장에서 서로 다른 두 개의 자산이 아주 짧은 기간 동안 $\rho_{i,j} = 1$일 수도 있지만, 장기적이고 안정적으로 $\rho_{i,j} = 1$인 경우는 사실 없다.

하지만 만일 i자산과 j자산이 동일한 자산 예를 들어 i는 A 주식, j도 A 주식인 경우 $\rho_{i,j} = 1$이다. 그러나 서로 다른 자산은 $\rho_{i,j} < 1$일 수밖에 없다. 그리고 $\rho_{i,j} = -1$도 이론적 자산들 사이의 관계이며, 자산시장에서 현실적으로 장기간 상관관계가 음인 경우도 없다.[2]

최근에 자산시장에서 자산시장간 공조화의 영향도 고려할 필요가 있다. 즉 정보기술의 발달과 국제금융시장의 상호융합으로 시장이 같이 움직이는 경향, 즉 공조화가 증진되고 있다. 과거 2000년대 초반만 하더라도 우리나라에서 개인이 외국주식에 투자하는 것은 거의 불가능하였다. 하지만 지금은 소액투자의 경우 독자들도 해외 주식을 구입할 수 있다. 많은 경우 자산시장들 간 그리고 자산들간의 상관관계에서 공조화가 확대되고 있다.

특히 경제위기가 발생한 상황에서 자산의 상관관계는 높은 것으로 알려져 있다. 위기가 발생하는 경우 자산들의 수익률이 동시에 동반하여 하락하는 경향이 있다. 자산의 유형에 따라 서로 단기간 빈번하게 음의 상관관계가 될 수도 있다. 두 개 자산의 수익률이 서로 일시적으로 다른 방향으로 움직일 수도 있다. 하지만 이와 같은 관계는 장기간 지속되지 않는 경향이 있다.

---

1 정확한 수식에 대한 이해가 어려운 독자들은 경제(혹은 금융) 통계 관련 서적을 이해한다면 도움이 될 것이다.
2 물론 한 자산을 공매도(short-selling) 하고 동시에 그 자산을 매입한다면, 두 포지션의 상관관계는 -1이다. 하지만 두 개의 서로 다른 자산이 정반대로 움직이는, 즉 $\rho = -1$인 사례는 찾아보기 어렵다.

사례

수리적으로 사례를 설명하여 이해를 증진하고자 한다. 예를 들어 μ_i=5%, σ_i=8% 그리고 μ_j=13% σ_j=20%인 두 개의 서로 다른 자산을 생각해 보자. 그리고 ρ=1, 0.5, 0, 그리고 -1인 경우를 두 자산 수익률의 평균과 표준편차를 앞의 수식을 활용하여 계산하였다.

두 개의 자산으로 구성된 포트폴리오의 수익률과 분산(ρ=1, 0.5, 0, -1)

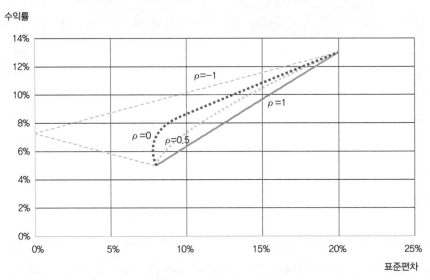

여기에서 $\rho_{i,j}=1$이라면 $VAR(X_p) = (w_i \sigma_i + (1-w_i)\sigma_j)^2$, 즉 $\sigma(X_p) = |w_i \sigma_i + (1-w_i)\sigma_j|$이므로 평균과 표준편차는 직선이 된다. 그리고 $\rho_{i,j}=-1$인 경우 $VAR(X_p) = (w_i \sigma_i - (1-w_i)\sigma_j)^2$이므로 역시 직선이다. 하지만 여기에서 $\rho_{i,j}=1$이면 직선 그리고 $\rho_{i,j}=-1$ 꺾인 직선임을 알 수 있다. 후자는 분산 혹은 표준편차가 0이라면, $0=(w_i \sigma_i - (1-w_i)\sigma_j)^2$이고, 결국 $0=w_i \sigma_i - (1-w_i)\sigma_j$이다. 이로 인하여 $w^*{}_i = \dfrac{\sigma_j}{\sigma_i + \sigma_j}$라면 표준편차는 0이 된다. 투자에서 포트폴리오를 하나의 종목으로 $\rho_{i,j}=1$ 그리고 공매도를 통하여 $\rho_{i,j}=-1$도 만들 수 있다. 그리고 앞에서 배운 수식을 활용하여 $\rho_{i,j}=0.5$ 그리고 $\rho_{i,j}=0$인 경우 계산이 가능하다.

이를 통하여 포트폴리오에서 동일한 수익에서 상관관계가 감소할수록 위험, 즉 표준편차는 감소하는 것을 확인할 수 있다. 이에 추가하여 포트폴리오들로 구성된 포트폴리오를 구성할 수 있다. 이와 같은 여러 번의 포트폴리오 구성을 통하여 최소 위험을 보유하고 있는 포트폴리오도 만들 수 있다.

c) 효율적 투자선(Efficient Frontier)

삼성전자와 포스코의 두 개의 종목으로 만들어진 효율적 투자선을 작성해 보자. 투자선은 두 종목의 포트폴리오에서 각 종목 비중의 변화에 따른 수익률과 표준편차를 보여준다.

한국거래소의 KRX Market Data에서 삼성전자와 포스코의 2020년 11월 1일부터 12월 11일까지 일별 데이터를 이용하여 작성한 포트폴리오의 수익률과 분산이다. 동기간 두 자산의 수익률의 상관관계는 0.53이며, 동기간 삼성전자 수익률의 평균은 0.84%, 표준편차는 2.16% 그리고 포스코 수익률의 평균은 0.74%, 표준편차는 2.03%이다.

두 자산의 비중변화에 따른 투자선은 <그림 15-1>과 같다. 삼성전자는 포스코에 비하여 수익률의 평균도 높고 수익률의 표준편차도 높다. 오른편 윗편에 삼성전자에 100%를 투자한 경우 수익과 표준편차이며, 아래 포스코에 100%에 투자한 경우 수익과 표준편차이다. 포스코의 비중이 높아질수록 수익률은 하락하지만, 포트폴리오 표준편차가 줄어드는 속도는 완만하다.

그림 15-1_ 포트폴리오의 투자선: 삼성전자와 포스코

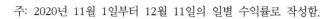

주: 2020년 11월 1일부터 12월 11일의 일별 수익률로 작성함.

합리적 투자자라면 계산된 투자선 아랫부분, 즉 위험이 동일한 수준에서도 수익률이 낮기 때문에 이를 선택하지 않는다. 포스코와 삼성전자의 분산투자는 효율적 투자안이라고 생각하기 어려운 포트폴리오의 구성이다. 위험과 수익의 상충관계를 고려하여 합리적인 투자자가 선택할 수 있는 효율적 투자선은 <그림 15-2>이다.

분석기간 동안 포스코의 100%를 투자하기보다는 포스코와 삼성전자의 분산투자로 포트폴리오 구축에 활용하는 것이 바람직한 결과를 도출할 수 있다.

사례

KRX에서 주식 두 종목을 선택하고 최근 1년간 주식가격을 활용하여 투자선과 효율적 투자선을 작성하시오.

그림 15-2_ 포트폴리오의 효율적 투자선: 삼성전자와 포스코

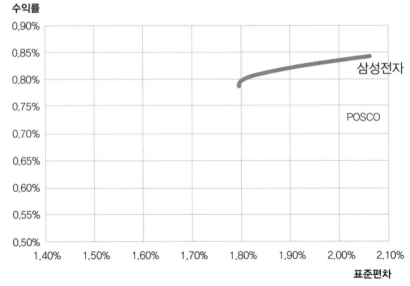

주: 2020년 11월 1일부터 12월 11일의 일별 수익률로 작성함.

3) n개 자산으로 포트폴리오

본 절에서는 수많은, 즉 n개 자산들로 구성된 포트폴리오 X_p을 살펴본다. 개별 i 자산의 수익률을 X_i로 $E(X_i) = \mu_i$라 정의한다. 그리고 각 자산의 비중을 w_i라고 정의하면,

$$\sum_{i=1}^{n} w_i = 1 \tag{6}$$

이다.[3] 이 경우 포트폴리오의 기댓값, 즉

$$E(X_p) = \omega_1 r_1 + \omega_2 r_2 + \cdots + \omega_n r_n = \sum_{i=1}^{n} \omega_i r_i \tag{7}$$

이다. 여기에서 n개 자산에 투자하였다는 것을 확인하자. 그리고 포트폴리오의 분산은

$$VAR(X_p) = \sum_{i=1}^{n} \sum_{j=1}^{n} w_i w_j \sigma_{i,j} \tag{8}$$

이고, $\sigma_{i,i} = \sigma_i^2$이며, $i \neq j$인 경우 $\sigma_{i,i}$는 언급한 대로 공분산이다.

직관적으로 이해하기 위해서 만일 $w_i = 1/n$이면, $E(X_p) = \sum_{i=1}^{n} \frac{1}{n} r_i$로 평균은 동일, 분산의 경우는 다른 모습을 나타난다. 즉 포트폴리오의 분산

$$VAR(X_p) = (\frac{1}{n}) \times 분산의\ 평균 + \frac{n^2 - n}{n^2}\ 공분산의\ 평균 \tag{9}$$

이다. 자세한 증명은 <부록 1>을 참고하기 바란다.

수식 (9)에서 만일 n이 증가하는 경우 분산의 평균은 점차 감소하게 되고 무한하게 증가한다면 사라지게 된다. 따라서 결국 공분산의 평균만이 남게 된

---

3 이와 같이 비중을 고려하는 것은 앞의 동전 던지기 2회와 같은 논리로, 일정 금액을 1개 자산과 2개 자산으로 포트폴리오를 구성하는 것이다. 예를 들어 한 번에 100원의 판돈을 걸고 게임을 진행한 것과 한 번에 100원의 판돈을 걸고 게임을 두 번 한 것을 비교한다면 두 번 게임을 한 것은 판돈이 크기가 늘어나므로 두 개의 서로 다른 게임을 비교하기는 어렵다. 이로 인하여 2회 던지기를 한다면 판돈은 50원으로 감소해야 한다.

다. 이는 $\dfrac{n^2-n}{n^2}$ 은 n^2 은 n과 비교하여 무한히 큰 숫자이므로, 분모와 분자는 서로 상쇄되기 때문이다. 따라서 결론적으로 $\lim\limits_{n \to INF} Var(X_p) =$ 공분산의 평균 (average covariance)이다.

사례

수식 (9)을 증명하시오.

이를 통하여 궁극적으로 잘 구축된 포트폴리오는 체계적 위험(systematic risk) 혹은 분산 불가능한 위험(non-diversifiable risk)만이 남게 된다. 이와 같이 포트폴리오의 구축을 통하여 경감할 수 있는 위험을 비체계적 위험(non-systematic risk) 혹은 분산 가능한 위험(diversifiable risk)이라 지칭한다.

4) 분산투자의 효과

실제 사례를 통하여 앞절의 내용을 살펴보자. n개 주식의 수익률이 각각 5% 그리고 표준편차가 10%인 포트폴리오를 상정해 보자. 그리고 자산들 간의 상관관계가 $\rho_{i,j} = 1$이라고 생각하자.

이는 동일한 n개 주식을 보유하고 있는 것으로 생각할 수 있다. 이 경우 포트폴리오의 표준편차는 n에 상관없이 항상 10%, 즉 0.1이다. 즉 하나의 종목을 동일하게 1/n을 투자하였다고 생각할 수 있다. 이로 인하여 수익률은 동일하며, 분산도 동일하다. <그림 15-3>을 작성하기 위해서 계산식은 <부록 2>를 참고할 수 있다.

그림 15-3_ 상관관계와 분산투자

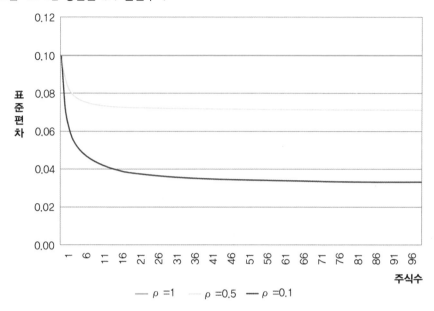

<그림 15-3>에서 수익률 5%이 그리고 표준편차 10%인 n개 주식의 포트폴리오에서 서로의 상관관계가 감소할수록, 즉 $\rho_{i,j} = 0.5$ 그리고 $\rho_{i,j} = 0.1$일수록 표준편차는 줄어드는 것을 확인할 수 있다. 상관관계가 낮은 자산에 투자를 높일수록 수익이 동일한 상황에서 포트폴리오의 전체 분산, 즉 포트폴리오의 위험이 감소됨을 확인할 수 있다. 포트폴리오에 투자한 자산의 개수가 늘어날수록 표준편차는 줄어드는 것이다.

2. 포트폴리오의 전략

1) 체계적 위험과 비체계적 위험

포트폴리오에 대한 분산투자를 통하여, 즉 상관관계가 낮은 자산에 투자하여 전체 포트폴리오의 위험을 감소시킬 수 있다. 여기서 적절한 포트폴리오 구축을 통하여 감소하는 위험은 이미 언급한 비체계적 위험, 즉 분산 가능한 위험이다. 하지만 상관관계가 낮은 자산들에 투자하더라도 자산들 개수가 늘어나더라도 줄어들지 않는 포트폴리오의 위험이 있다. 이는 체계적 위험, 즉 분산 불가능한 위험이다.

그림 15-4_ 체계적 위험과 비체계적 위험

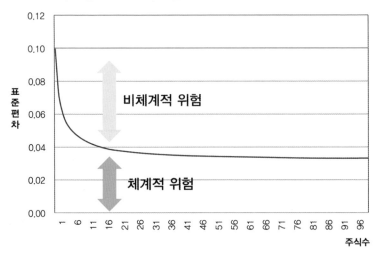

<그림 15-4>에서 체계적 위험은 개별 투자자가 포트폴리오 관리를 통하여 줄일 수 없는 위험이다. 이와 같은 체계적 위험은 경제상황 변화 예를 들어 금리, 국내 총생산의 변화 등의 변화로 발생하는 위험이라고 간주된다. 개인 투자자뿐만 아니라 자금이 풍부한 기관 투자자도 체계적인 포트폴리오 관리를 진행하더라도 결국 축소할 수 없는 자산시장에서 모든 자산에 공통으로 영향을 주는 위험이다.

비체계적인 위험의 경우 개별 자산들과 관련된 위험으로 일부 자산에게만 영향이 있어, 투자자가 전략적 포트폴리오의 관리를 통하여 제거할 수 있는 위험이다. "달걀을 한바구니에 담지 마라"란 유명한 말은 비체계적 위험을 줄일 수 있다는 의미이다.

사례

'달걀을 한 바구니에 담지 마라(Don't put all your eggs in one basket)'란 말은 리스크를 줄이기 위하여 포트폴리오를 구성하라는 의미이다.

토빈(Louis Michael Tobin) 예일대 교수가 노벨상 위원회에서 수상자로 지명되었을 때 기자회견장에서 포트폴리오 이론을 일반인들이 이해할 수 있는 표현으로 한 것으로 알려져 있다.[4]

효율적 포트폴리오 구성은 자산들 사이에 일종의 상호 보험의 역할을 수행한다고 간주할 수 있다. 즉 만일 하나의 자산이 성과가 안 좋은 경우, 다른 자산이 성과를 보완해주는 것이다. 따라서 포트폴리오의 구성은 최대한 서로 상관관계가 높지 않은 자산으로 선택하는 것이 바람직하다. 좀 더 구체적으로 유사한 자산을 다수로 선택하는 것이 아니라, 위기 시 상호 보완이 될 수 있는 자산을 선정하는 것이 바람직하다. 일반적인 상황에서 효율적 포트폴리오 구성은 효과적이지만, 위기상황이 도래하는 경우 포트폴리오에 대한 부정적 효과를 차단하는 투자전략이 유효할 수 있다.

2) 분산투자 응용

분산투자를 통하여 자산투자에서 비체계적 위험의 제거가 가능하다. 그리고 적절하게 관리된 투자자산은 체계적 위험만을 내포하고 있다.

따라서 자산시장이란 거시적 관점에서 시장에서 거래되고 있는 전체 자산들을 포트폴리오로 보유한다면 분산투자를 통하여 시장위험만이 남아 있으며 개별 자산에서 발생하는 비체계적 위험은 제거가 가능하다. 동 이론은 분산투자의 장점을 논의하며 시장 포트폴리오를 구성하는 것이 바람직하다고 규범적 설명을 하고 있다. 특히 대규모 자금과 전문인력을 보유한 기관 투자자의 경우 개인 투자자와 비교하여 분산투자가 상대적으로 용이할 수 있다. 분산투자는 이미 언급한 장점이 있지만, 분산투자로 인하여 추가적 비용이 야기되는 것도 사실이다.

기관 투자자와 다르게 개인 투자자가 다양한 자산에 대한 전문 지식을 보유하고 있지 않을 가능성이 높다. 따라서 분산투자를 위한 각종 비용이 과다하게 지불될 수 있다. 그리고 개인 투자자가 시장 포트폴리오를 구축하여 투자하는

---

4 https://eiec.kdi.re.kr/material/clickView.do?click_yymm＝201512&cidx＝1667 (2022년 10월)

것도 현실적으로 불가능할 수 있다. 따라서 개인 투자자의 자산관리에서는 적절한 자산 종류와 규모를 제한하고 이를 효과적으로 관리할 필요도 있다. 이로 인하여 시장 포트폴리오를 추구하는 투자상품에 투자하는 것도 대안이 될 수 있다.

사례

인덱스 펀드에 대하여 알아보자.
1. 인덱스 펀드란 무엇인가.
2. 우리나라 인덱스 펀드의 유형을 조사하시오.
3. 인덱스 펀드의 장점과 단점을 논의하시오.

3. 최소 분산선과 효율적 시장투자선

앞절에서 삼성전자 주식과 포스코 주식를 활용하여 효율적 투자선을 작성하였다. 하지만 자산시장에는 실제로 많은 자산이 있다. 이들 자산을 적극적으로 활용하여 효율적 투자선을 만드는 작업을 지속한다면 <그림 15-5>와 같이 효율적 시장투자선을 구성할 수 있다.

그리고 자산들을 적절히 투자하여 포트폴리오의 분산이 가장 작은 최소분산선(minium variance frontier)을 구축할 수 있다. 최소분산 포트폴리오보다 낮은 수익률을 보유한 투자선을 제거한다면, 효율적 시장투자선(efficient market frontier)의 구축이 가능하다. 효율적 시장투자선 아래의 부분은 동일한 포트폴리오 위험에 포트폴리오의 수익률이 하락하므로 합리적인 선택에서 제외되기 때문이다.

그림 15-5_ 최소분산선과 효율적 시장투자선

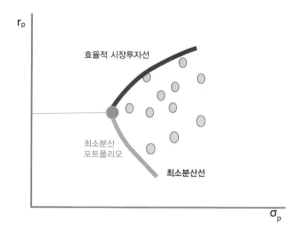

합리적 투자자는 시장에서 모든 정보를 가지고 있다고 가정하자. 그리고 이와 같은 투자자가 투자자금에 제약이 없고, 투자에 따른 비용도 없다고 가정한다. 이 경우 합리적 투자자는 자산시장에 있는 자산들을 활용하여 포트폴리오를 구축한다. 자산의 포트폴리오 그리고 이에 포트폴리오와 포트폴리오로 구성된 새로운 포트폴리오를 만드는 작업을 연속한다. 이와 같은 작업을 통하여 이론적으로 효율적 시장투자선의 구축이 가능하다.[5]

효율적 시장투자선 아래에 있는 자산들은 효율적 시장투자선상의 포트폴리오와 비교하여 바람직하지 않은 투자안이므로 합리적 투자자는 이들을 포트폴리오에 편입하지 않는다.[6] 반면 효율적 시장투자선 외부의 경우 투자자가 포트폴리오에 편입이 불가능하다. 동시에 최소 분산선 아래쪽 부분의 효율적 시장투자선은 위쪽의 부분의 선에 비하여 효율적이라고 볼 수는 없으므로, 이 또한 포트폴리오에 편입되지 않는다.

---

[5] 포트폴리오 이론은 다른 이론과 마찬가지로 합리적인 투자자를 상정하여 규범적인 시장 메커니즘을 설명한다.

[6] 물론 일부 시장에 제한적 합리성을 보유한 투자자는 효율적 투자선을 만들지 못할 수도 있지만 이와 같은 경우는 고려하지 않는다.

4. 무위험자산과 위험자산의 배분

1) 자본분배선

본 절에서는 위험자산 포트폴리오와 무위험자산 사이에 전략적 배분을 살펴본다. 수식 (3)에서 자산 j를 무위험자산이라면, $r_j \equiv r_f$ 여기에서 r_f는 무위험자산의 수익률로 정의할 수 있다. 따라서 포트폴리오의 기대 수익률

$$E(X_p) = \omega_i r_i + (1 - \omega_i) r_f = r_f + \omega_i(r_i - r_f) \tag{10}$$

이다. 그리고 무위험 자산은 위험이 없는 자산이므로 $\sigma_j = 0$이며, $\rho = 0$이므로 수식 (4)에서

$$VAR(X_p) = w_i^2 \sigma_i^2 \tag{11}$$

여기에서 $\sigma_p = VAR(X_p)$라 한다. 따라서 수식 (10)과 수식 (11)와 $r_p \equiv E(X_p)$라고 하면,

$$r_p = r_f + [(r_i - r_f)/\sigma_i] * \sigma_p \tag{12}$$

이다.

수식 (12)는 무위험자산과 위험자산의 자본분배선(Capital Allocation Line)이며, <그림 15-6>과 같이 직선이다. 수식 (12)에서 기울기, 즉

$$(r_i - r_f)/\sigma_i \tag{13}$$

는 위험과 수익의 관계를 보여주는 샤프비율(sharpe ratio)이라고 지칭한다. 이를 해석하자면 위험 한 단위당 초과 수익률을 의미한다. 여기에서 초과수익률이란 위험자산의 수익률에서 무위험자산의 수익률을 제외한다. 그리고 무위험

자산의 수익률은 투자에서 일종의 기회비용에 대한 고려이다.

그림 15-6_ 자본분배선

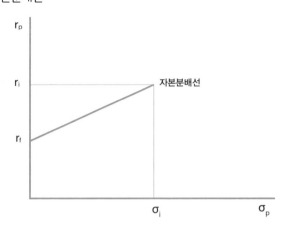

수식 (10)에서 무위험자산을 활용하여 부채로 조달한다면, 위험자산에 대한 추가 매입도 가능하다. 부채를 활용하여 투자를 진행하여 투자비중이 $w_i > 1$이 될 수 있으며, CAL은 전체 자산을 위험자산으로 구성하는, 즉 $w_i = 1$인 상황을 확장하여 <그림 15-7>에서와 같이 자본분배선이 연장될 수 있다. 단 무위험자산의 금리로 차입이 가능하며, 조달비용은 차입규모와 상관없이 일정하다고 생각한다. 참고로 부채로 조달하여 위험자산에 투자한다면, 수익과 위험이 동시

그림 15-7_ 부채를 활용한 자본분배선의 확장

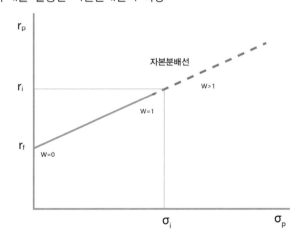

에 증가하는 일종의 지렛대 효과(leverage effects)가 있음을 확인할 수 있다.

2) 자본시장선

시장에 존재하는 위험자산을 활용하여 최소분산선을 구성하고, 합리적 투자자는 효율적 시장투자선상의 포트폴리오에 투자한다. 그리고 투자자는 자본분배선과 효율적 시장투자선이 서로 만나는 점에서 투자자는 시장에서 위험자산의 포트폴리오를 구성한다. 따라서 두 선이 만나는 점이 투자자에게는 최적 위험자산 포트폴리오(optimal risk asset portfolio), 즉 M이 된다. 최적 위험자산 포트폴리오를 지나는 자본분배선을 자본시장선(Capital Market Line)이라고 지칭한다.

수식 (12)에서 위험자산 i를 시장의 최적 위험자산 포트폴리오인 M으로 전환하면,

$$r_p = r_f + (r_M - r_f)\frac{\sigma_p}{\sigma_M} \tag{14}$$

이다. 따라서 자본시장선은 위험과 수익을 감안하여 r_f에서 출발하여 최적 위험자산의 포트폴리오(M)를 지나는 자본분배선이다.

합리적 투자자는 무위험자산을 기준으로 효율적 투자시장선이 만나는 점에 최적 위험자산 포트폴리오를 구성하며, 시장 포트폴리오(market portfolio)로 위험자산을 구성하는 전략을 채택한다. 물론 이와 같은 결과를 도출하기 위하여 몇 가지 중요한 가정들이 필요하다.

우선 자본시장이 완전 경쟁적이며, 이로 인하여 투자자들은 가격수용자(price-taker)가 된다. 모든 투자자는 미래에 대하여 동일한 기대를 갖는 동질적(homogeneous) 주체들이다.

자산의 거래와 관련된 각종 비용과 세금은 없으며, 자산시장 정보는 모든 투자자에게 공개된다. 투자는 시장에서 거래되는 자산에 한정되어 있고, 투자자는 평균과 분산의 관계를 고려한 투자를 진행한다. 그리고 이는 단기간(single-period) 모형으로 볼 수 있다. 앞의 설명에서 기간에 따라 변화하는 일종의 동학(dynamic)을 고려하지 못하였다는 것을 확인하자.

그림 15-8_ 자본시장선

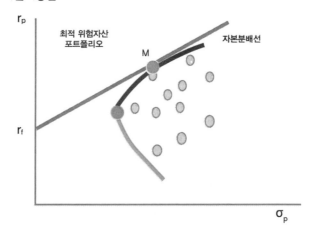

개별 투자자의 경우 M(최적 위험자산 포트폴리오)과 무위험자산 간의 선택은 투자자의 효용함수에 근거하여 선택한다. 위험과 수익은 서로 상충관계가 있으며, 위험을 선호하지 않지만, 수익을 선호하므로 투자자의 효용함수의 모습은 <그림 15-9>에서와 같다. 개별 투자자는 자신의 효용함수를 반영하여 무위험 자산과 M의 선택전략을 채택한다.

언급한 것과 같이 M의 경우 모든 투자자들이 동일하게 보유하고 있는 최적 위험자산 시장포트폴리오이다. 이와 같은 결과는 모든 경제주체들이 효용함수

그림 15-9_ 최적 포트폴리오 선택

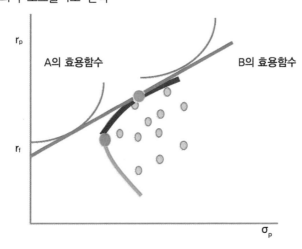

를 제외한 다른 조건들이 동질적이라고 생각하였기 때문이다.

개별 투자자가 포트폴리오 전략을 통하여 비체계적인 위험을 제거할 수 있다고 알고 있다. 그리고 개별 자산의 가치평가는 그 자산이 시장포트폴리오에 구성되어 있을 때 체계적 위험과 관련되어 있다.

3) 자본배분 절차

정리하자면 자산투자에서 투자자본을 배분하는 전략에서는 일차적으로 위험자산과 무위험자산 간의 자본배분(capital allocation)이 필요하다. 이차적으로 다양한 자산군 가운데 자산유형의 배분(asset allocation)이 필요하다. 예를 들어 주식, 채권, 부동산 등 자산 유형을 선택하고 그 비율을 결정해야 한다. 마지막으로 증권선택(security selection)으로 해당 자산군에서 특정 자산을 선택한다.

5. 자본자산가격결정모형(Capital Asset Pricing Model, 이하 CAPM)

1) 개별 증권과 포트폴리오의 관계

투자자들은 개별 자산의 가치측정에 관심을 가지고 있다. 개별 자산은 각 자산이 보유하고 있는 위험에 대한 보상으로 위험 프리미엄(risk premium)을 지급하며, 개별 주식의 수익과 시장 포트폴리오의 관계는

$$r_i - r_f = \beta_i (r_p - r_f) \tag{15}$$

이다. 여기에서 β_i는 자산 i에 대한 베타(beta)이다. 베타는 자산이 보유하고 있는 체계적 위험의 크기를 의미한다. $(r_p - r_f)$는 시장위험(market risk) 한 단위당 프리미엄을 보여준다. 수식 (15)에서 자산 i에 대한 리스크 프리미엄은 자산 i에 대한 체계적 위험과 시장위험 한 단위당 리스크 프리미엄의 곱이다.

수식 (15)를 CAPM이라고 하며 다시

$$r_i = r_f + \beta_i (r_p - r_f) \tag{16}$$

로 표시할 수 있다. CAPM의 증명은 <부록 3>을 확인할 수 있다. 베타는 금융시장 특히 주식시장에서 중요 지표이다. 수식 (16)는 시장의 리스크 프리미엄이 한 단위가 증가함에 따라 개별 자산 i의 위험 프리미엄이 베타만큼 증가한다는 의미이다. 시장 리스크 프리미엄이 없거나, 혹은 개별 자산의 위험 프리미엄이 없는 경우 $r_i = r_f$이다.

직관적으로 설명하자면 기대수익률은 결국 베타의 함수란 것이다. 기대수익률은 무위험 수익률과 베타 그리고 (시장의 기대수익률－무위험 수익률)로 결정된다. 이는 경제이론에 근거하여 도출된 관계이지만 시장을 단순화하여 도출된 관계이다. 하지만 시장에서 위험과 수익의 관계를 고려한 방향성을 제시해 준다는 관점에서 이를 시작점으로 하여 진일보한 학술적 그리고 실무적 논의가 자산시장에서 진행될 수 있었다.[7]

<그림 15－10>에서와 같이 네이버(naver)에서도 베타를 계산하여 공시하

그림 15-10_ 삼성전자의 베타

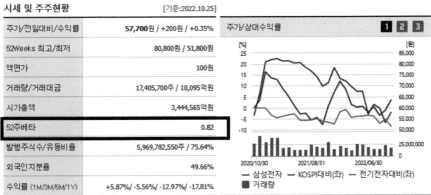

자료: naver 증권(2022년 10월)

---

7 자산시장에서는 이를 방향성으로 시장에서 현실적 응용이 가능한 후속 연구가 활발하게 진행되고 있다.

고 있을 만큼 자산시장에서 활발하게 활용되고 있다. 지난 52주간(1년) 동안 삼성전자 주식의 수익률과 시장의 수익률을 활용하여 계산한 삼성전자의 베타는 0.82이다. 이는 지난 52주간 삼성전자 주식이 보유하고 있는 체계적 위험은 시장이 보유한 체계적 위험보다 적었다. 따라서 삼성전자의 리스크 프리미엄은 시장의 리스크 프리미엄보다 적었다는 것을 알 수 있다.

자산 i의 베타가 1이라면 시장과 동일한 체계적 위험을 가지고 있으며, 1보다 적은 경우 시장보다 작은 체계적 위험을 그리고 1보다 큰 경우 시장보다 큰 체계적 위험이 있다.

체계적 위험의 관점에서 전체 주식시장에 모든 주식에 투자한 경우 체계적 위험만이 남고, 비체계적인 위험은 사라지게 된다. 자산시장에 모든 자산에 투자하였다면 개별적 자산의 위험은 없으므로 결국 베타는 1이 된다.

2) 증권시장선(Security Market Line)

증권시장선은 개별 자산의 프리미엄과 시장 베타와의 관계를 보여준다. 베타란 개별 자산의 체계적 위험을 나타내며, 베타가 높다면 시장의 움직임보다 민감하게 반응한다는 것이다. 반대로 베타가 낮은 경우 시장의 움직임보다 민감도가 낮다는 것이다. 자산 i의 기대가치는 무위험 수익률과 자산 i의 체계적 위험의 크기(즉 베타)×시장 리스크 프리미엄이다.

그림 15-11_ 증권시장선

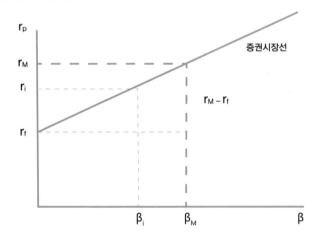

개별자산이 균형상황에서 있는 SML선이 도출되어야 한다. 즉 균형에서 기대수익률을 계산하면 직선상에 있어야 한다. SML보다 위에 있다면 동일한 위험에서 기대 수익이 높다는 것, 결국 주식 가격이 높게 평가되었음을 의미한다. 동일한 위험에서 기대 수익이 낮다는 것은 주식의 가격이 낮게 평가되었다는 것을 시사한다.

CAPM을 추정함에서 있어서 수식 (15)에서

$$r_i - r_f = \alpha_i + \beta_i(r_p - r_f) \tag{17}$$

를 활용한다.

이미 앞에서 논의한 것처럼 이론적 측면에서 개별 자산 i에서 $\alpha_i = 0$이다. 이론은 현실을 극히 단순화하는 가정에 근거하여 설명한 것이다. 자산시장에서는 현실적으로 자산의 위험을 고려한 보상과 함께 별도의 추가적 보상인 α_i가 있는 경우도 빈번하다. 이와 같이 추가적 보상은 CAPM 모형에서 제한적인 자산이 보유한 다른 형태의 위험에 대한 보상으로 간주할 수 있다. 그리고 금융시장에서는 이를 베타에 상대적인 개념으로 알파(alpha)로 알려져 있다.

참고문헌

Wang, 2006, CAPM and APT, California Institute of Technology.

$$VAR(X_p) = \sum_{i=1}^{n} \sum_{j=1}^{n} (\frac{1}{n})^2 \sigma_{i,j} = \sum_{i=1}^{n} (\frac{1}{n})^2 \sigma_{i,i} + \sum_{i=1}^{n} \sum_{j \neq i}^{n} (\frac{1}{n})^2 \sigma_{i,j}$$

$$= (\frac{1}{n}) \sum_{i=1}^{n} (\frac{1}{n}) \sigma_{i,i} + \frac{n^2 - n}{n^2} [\frac{1}{n^2 - n} \sum_{i=1}^{n} \sum_{j \neq i}^{n} \sigma_{i,j}]$$

$$= (\frac{1}{n}) \times 분산의\ 평균 + \frac{n^2 - n}{n^2}\ 공분산의\ 평균$$

여기에서 $\sigma_{i,i} = \sigma_i^2$가 된다.

부록 2. n개 자산인 경우 사례: 엑셀을 활용한 계산

n개 주식의 수익률 5% 그리고 표준편차가 10%인 가상의 경우를 상정해 보자. 자산의 상관관계가 $0 < \rho_{i,j} \leq 1$이라고 가정하자. 우연히 현재의 가격이 동일하다고 가정하자. 이 경우 포트폴리오의 평균

$$E(X_p) = \sum_{i=1}^{n} \frac{1}{n} \mu_i = 5\% \tag{1}$$

$\sigma_{i,j} = \rho * \sigma_i * \sigma_j = \rho \times 0.01$이므로

$$VAR(X_p) = (\frac{1}{n}) \ 0.1^2 + \frac{n^2 - n}{n^2} * 0.01 * \rho \tag{2}$$

이다.

따라서 만일 $\rho = 1$이면 $VAR(X_p) = 0.1$임을 알 수 있다. 이를 엑셀로 계산을 하기 위하여 다음과 같은 엑셀의 수식이 필요하다.

	A	B	C	D
1		ρ=1	ρ=0.5	ρ=0.1
2	ρ	1	0.5	0.1
3	1	=SQRT(0.01/A3+(0.01×B2)×(A3×A3-A3)/(A3×A3))	=SQRT(0.01/A3+(0.01×C2)×(A3×A3-A3)/(A3×A3))	=SQRT(0.01/A3+(0.01×D2)×(A3×A3-A3)/(A3×A3))
4	2	=SQRT(0.01/A4+(0.01×B2)×(A4×A4-A4)/(A4×A4))	=SQRT(0.01/A4+(0.01×C2)×(A4×A4-A4)/(A4×A4))	=SQRT(0.01/A4+(0.01×D2)×(A4×A4-A4)/(A4×A4))

부록 3. CAPM의 증명

수식 (15)를 Wang(2016)은 다음과 같이 증명한다. 무위험자산과 n개 위험자산으로 구성된 포트폴리오의 수익은

$$r_p = r_f + \sum_i^n \omega_i (\mu_i - r_f) \tag{1}$$

이므로,

$$\frac{\triangle r_p}{\triangle \omega_i} = r_i - r_f \tag{2}$$

이다. 즉 포트폴리오에서 자산 i가 증가하므로 늘어나는 포트폴리오 측면의 수익을 우리는 흔히 자산 i의 위험 프리미엄=자산 i의 기대수익률 (μ_i) - 무위험자산의 수익률 (r_f)이다.

그리고 포트폴리오의 위험은 수식 (8)에서

$$\frac{\triangle \sigma_p^2}{\triangle w_i} = 2w_i\sigma_i^2 + 2\sum_{j \neq i}^n w_j \sigma_{ji} = 2\sum_{j=1}^n w_j \sigma_{ij} = 2\,Cov(r_i, r_p), \text{ and}$$

$$\frac{\triangle \sigma_p}{\triangle w_i} = \frac{1}{2\sigma_p}\frac{\triangle \sigma_p^2}{\triangle w_i} = cov(r_i, r_p) = \sigma_{ip}/\sigma_p \tag{3}$$

이다. 그리고 시장에서 한계 수익과 한계 위험의 상관관계를 고려하였을 때, 모든 자산의 한계 수익과 한계 위험의 상관관계가 동일하지 않다면 시장의 균형이라고 할 수 없다. 따라서

$$\frac{\Delta r_p}{\Delta \omega_i} \bigg/ \frac{\Delta \sigma_p}{\Delta w_i} = \frac{\Delta r_p}{\Delta \omega_j} \bigg/ \frac{\Delta \sigma_p}{\Delta w_j}$$

$$= \dots = \frac{\Delta r_p}{\Delta \omega_M} \bigg/ \frac{\Delta \sigma_p}{\Delta w_M} \tag{4}$$

이므로

$$(r_i - r_f)/(\sigma_{ip}/\sigma_p) = (r_j - r_f)/(\sigma_{jp}/\sigma_p) = \dots = (r_M - r_f)/(\sigma_{Mp}/\sigma_p) \tag{5}$$

에서

$$(r_i - r_f)/(\sigma_{iM}/\sigma_M) = (r_M - r_f)/\sigma_M \tag{6}$$

이며

$$(r_i - r_f) = (\sigma_{iM}/\sigma_M^2)(r_M - r_f) \tag{7}$$

이며, 따라서 수식 (7) 에서 $\sigma_{iM}/\sigma_M^2 \equiv \beta_i$라 하면, 수식 (15)가 도출된다.

CHAPTER 16

파생상품

○ ● ○

우리는 이미 앞에서 위험관리를 위하여 다양한 수단과 도구가 활용되고 있다는 것을 이해하였다. 그리고 금융시장의 발전으로 최근 주목을 받고있는 위험관리의 수단은 파생상품이다. 자산시장에서 무수하게 많은 파생상품이 거래되고 있다. 하지만 대표적인 파생상품은 선도, 선물, 그리고 옵션이다. 이를 기반으로 자산의 위험을 관리할 수 있는 다양한 파생상품이 거래되고 있다. 위험관리의 수단뿐만 아니라 다수의 투자자는 파생상품을 투자대상으로 간주하기도 한다.

최근에 자산유동화와 구조금융의 발전으로 파생상품이 급속도로 다양화되고, 파생상품의 시장규모가 급격하게 성장하였다. 본 장에서는 급격하게 성장한 파생상품 시장에서 기본 상품으로 이해가 필요한 선도(forwards), 선물(futures), 그리고 옵션(options)을 학습한다.

1. 파생상품(derivative)

파생상품이란 기초자산(underlying asset)의 가치로부터 파생되는 계약 또는 증권을 의미한다. 예를 들어 설명하자면 벼를 재배하는 농부는 봄에 종자를 파종하여, 가을에 수확한 쌀을 판매하여 소득을 얻는다. 농부는 가을에 쌀의 가격에 따라 소득이 변화하는 위험에 노출된다. 수확기에 가격변화로 인하여 발생하는 위험의 관리를 위하여 농부는 쌀로 과자를 만드는 상인과 가을에 거래를 위한 계약을 체결할 수 있다. 쌀을 수확한 시점에 특정가격에 거래하기로 서로 계약을 체결하는 것이다. 동 계약은 쌀의 가격을 기초로 만들어진 선도계약이다.

선도계약에서 농부는 수확기에 시장가격이 상승하면 계약가격에 판매하여야 하므로 손해이지만, 시장가격이 하락하더라도 계약가격에 판매할 수 있어 이득이다. 농부는 시장가격이 하락한 경우를 대비하여 계약을 체결하였고, 계약 당시에 장래 발생할 손해의 가능성을 제거하기 위해 파생상품을 활용한다.

여기에서 농부와 계약을 체결한 상대방, 즉 과자 상인은 농부와 정반대의 보상체계를 가지고 있다. 농부는 미리 합의된 가격에 과자 상인에게 쌀을 판매할 수 있으므로, 쌀의 시장가격 변화와 상관없이 수입은 일정하다. 농부는 장래 가격변화 위험을 제거하고 이를 통하여 본업에만 집중할 수 있으며, 거래상대방도 마찬가지이다. 파생상품 시장에서는 경제주체가 자신의 경제활동에서 발생하는 위험을 제거하기 위해 파생상품을 거래한다.

앞서 언급한 경우와 차별적으로 농부가 '팔 수 있는 권리'를 보유할 수 있다면 더욱 바람직하다. 팔 수 있는 권리를 보유한 농부는 수확기에 계약가격보다 시장가격이 하락한다면 계약가격에 쌀을 판매하여 이익을 본다. 하지만 계약가격보다 시장가격이 상승한다면, 팔 수 있는 권리를 행사하지 않고 시장가격에 판매하여 이익을 본다. 이처럼 '팔 수 있는 권리'는 풋 옵션(put option)이라고 하며, 반면 합의된 계약가격에 '살 수 있는 권리'는 콜 옵션(call option)이라 한다.

파생상품은 앞의 사례와 마찬가지로 기초가 되는 자산, 즉 기초자산의 가격변화에 따른 위험을 제거하여 다시 말해 리스크를 헤지(hedge)하기 위하여 사용되기 시작되었다. 하지만 시장에서 투자자들은 투기(speculation)를 위하여 파생상품을 거래하는 경우도 있다.[1] 여기에서 투기란 경제활동에서 발생하는 위험을 제거하기 위하여 파생상품을 거래하는 것이 아니라, (경제활동이 부재한 상황에서) 자산가격의 변화에서 이익을 기대하고 파생상품을 거래하는 것이다.

파생상품을 활용하여 수익을 미리 확정할 수도, (이자율 파생상품 등을 통하여) 채무위험을 미리 방지할 수도 있다. 자산을 매입 혹은 매도하여 파생상품을 활용하여 포트폴리오를 재편할 수도 있다. 하지만 투기자들은 파생상품 시장에서 위험관리보다는 의도적으로 위험에 대한 노출을 통하여 이익을 추구하게 된다. 투기자가 예상한 방향과 같은 방향으로 자산시장이 움직인다면 해당 투기

---

1 경제주체가 경제활동으로부터 발생하는 잠재적 위험을 관리하기 위하여 파생상품을 거래하지 않는다면 투기로 간주할 수 있다.

자는 이익을 보겠지만, 그렇지 않다면 손실이 불가피하다.

　이미 살펴본 앞의 사례에서 쌀을 기초자산으로 체결된 계약을 선도계약이라고 지칭하였다. 그리고 경제주체는 쌀의 가격변화 위험에 노출되어 있었다. 이미 자산시장의 유형에 대한 논의에서 장내시장과 장외시장에 대하여 차이를 이해하고 있다. 앞의 선도시장은 실제 장외시장에서 농부와 상인이 임의적인 계약을 체결한 것이다. 이와 같은 계약이 공식 시장에서 체계화되고 표준화된 원칙에 따라 계약이 체결된 경우 이를 선물계약이라고 한다.

그림 16-1_ 선도와 선물거래

　<그림 16-1>에서와 같이 선도계약은 계약당사자가 계약조건을 상호 협의하여 체결하지만, 선물계약은 거래소에서 표준화된 계약을 거래소를 통하여 체결한다. 거래소에서 계약이 표준화되는 경우 파생상품의 원활한 거래를 도모할 수 있다. 선도와 선물 등 파생상품 매입자는 매입포지션 혹은 롱포지션(long position)에 있으며, 매도자는 매도포지션 혹은 숏포지션(short position)에 있다.

　파생상품이 거래되는 기초자산은 다양하다. 대표적으로 농산품의 경우 쌀, 밀, 콩, 목화, 우유, 버터 등이 기초자산이 된다. 소, 돼지와 같은 가축도 기초자산으로 파생상품이 거래된다. 그리고 석유, 가스, 금, 은, 그리고 목재와 같은 천연자원도 기초자산으로 활용된다. 각국의 통화, 각종 금리, 그리고 개별 채권과 주식과 같은 금융상품과 더불어 주식시장 지수(KOSPI 지수 등), 시장 금리 등을 활용한 파생상품도 거래된다.

사례

<스포츠 입장권 파생상품(Sports Ticket Derivatives)>

미국에서 유행하고 있는 미식 축구의 하이라이트는 최종전인 슈퍼보올(Super Bowl)이다. 이를 직접 관람하기 위한 입장권의 가격은 매우 높다. 한 자료에 따르면 평균 입장권 가격은 미화 약 6,600달러로 가장 비싼 자리는 미화 5만 달러에 달한다. 언론에 따르면 슈퍼보올을 관람하기 위해 집을 팔았다는 팬도 있다.

스포츠 입장권 파생상품은 2004년에 도입되었다. 현재에 미식축구뿐만 아니라, 농구 경기, 축구 경기 등에서도 활용된다. 예를 들어 자신이 응원하는 팀이 슈퍼보올에 가기 위하여 미리 슈퍼보올 입장권 판매가격에 대략 10%를 납부한다. 실제로 자신이 선택한 팀이 슈퍼보올, 즉 최종 전에 가는 경우, 그 게임에 입장권을 얻게된다.

자료: https://thelinknews.net/2016/08/12/ticketscore-com-%E2%80%94-a-better-way
-to-the-big-game(2022년 10월)/

파생상품의 기초자산의 대상과 범위는 시장에서 지속적으로 확장되고 있다. 날씨, 자연 재해뿐만 아니라 각종 스포츠 경기, 공연 등을 기초자산으로 파생상품이 거래된다. 산업의 발달과 기술진보 등으로 향후 우리가 기대하지 못한 다양한 상품과 서비스를 기초자산으로 파생상품이 개발되고 거래될 것으로 기대된다.

2. 선도계약(forward contract)

선도계약의 경우 장래에 기초자산인 대상물을 사전에 정해진 가격(과 수량)으로 거래하기로 약속을 하는 것이다. 선도 매입자와 선도 매도자는 기초자산의 가격위험을 제거할 수 있다. 계약 당시 합의된 가격으로 권리와 의무를 행사하는 가격이 고정되므로 기초자산의 가격변화에 따라 선도계약의 가치도 변화한다.

한 선도계약에서 미래의 특정시점(일명 만기)에 특정가격(일명 선도가격)을 F로 결정하였다. 그리고 만기 기초자산 가격을 V_T라고 한다. 이 경우 $V_T > F$이면, 롱 포지션을 보유한 선도계약 매수자는 $V_T - F$가 이익이다. 하지만 가격이 $V_T < F$이면 매수자는 $-(V_T - F)$가 손해이다. 따라서 만기에 선도계약 매수자

의 손익은 <그림 16-2>의 왼쪽 그림이다. 반면 오른쪽 그림은 선도계약의 상대방인 숏 포지션을 보유한 매도자의 손익이다. 이를 통하여 기초자산 가격 변화에 따른 만기시점에 각 포지션의 가치변화를 알 수 있다.

선도계약이 체결하는 당시 계약당사자들은 V_T에 대한 기대를 갖고 있으며, 만기에 V_T가 실현된다. 매도자와 매수자는 만기에 기초자산의 거래가격을 F로 사전에 결정한 것이다. 그리고 V_T의 변화에 따라 거래 당사자의 손해와 이익 이 결정된다.

그림 16-2_ 선도거래의 만기 손익

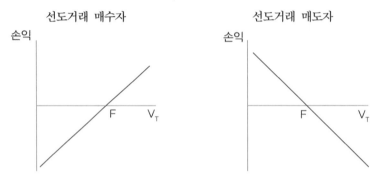

자산시장에서 선도계약에는 한계가 있다. 반대거래를 원하는 거래 당사자를 찾기는 쉬운 일이 아니다. 선도계약의 다양한 조건, 즉 만기, 행사가격(exercise price), 상품의 질, 인도조건 등 협상도 쉬운 과정은 아니다. 어렵게 반대거래를 원하는 계약 당사자를 찾고 해당 계약조건에 합의할지라도, 거래 당사자가 계약 을 이행하지 않을 수도 있다. 즉 파산을 하거나, 계약실행을 거부할 수도 있다.

선도계약의 한계를 극복하기 위하여 자산시장에서는 선물계약이 발전하였 다. 참고로 선도계약은 기초상품의 실질적 인도를 전제로 계약이 체결된다. 하 지만 선물계약에서는 기초상품의 인도가 실제 발생하지 않는 경우가 많다. 이 에 대하여 다음 절에서 자세하게 알아보자.

3. 선물계약(futures contract)

선물계약의 경우 거래소가 있어, 이를 통한 선물계약이 체결된다. 선물계약의 보상구조와 선도계약의 보상구조는 유사하다. 하지만 선물계약에서 거래소가 다양한 거래 당사자들과 표준화된 계약을 체결한다. 선물의 매도인과 매수인은 거래소와 각각 계약을 체결하여, 거래 상대방의 파산위험은 없다고 볼 수 있다. 거래소에서 거래에 대한 표준화된 규칙을 제공하며, 이에 따라서 거래가 체결된다. 규격화된 거래를 통하여 거래에서 발생 가능한 위험을 대폭 줄이게 된다. 이를 통하여 거래의 활성화를 도모할 수 있다. 선물거래와 선도계약의 차이는 <표 16-1>에서 확인할 수 있다.

표 16-1_ 선물거래와 선도거래 비교

		선물거래	선도거래
거래 조선	인도일	거래소 지정	사적 합의
	계약 단위	표준화 또는 규격화	사적 합의
	인도 조건	표준화 또는 규격화	
거래 장소		거래소	거래소 이외
일일 정산		가격변동에 따른 일일 정산	계약 인도(혹은 일시 정산)
실물 청산		극소수의 거래만이 실물로 청산되며, 대부분의 경우 반대매매로 청산됨	거래만기에 실물 청산됨
신용위험		거의 없음	있음

선물만기에 실제 상품거래는 거의 발생하지 않고, 대부분 거래는 현금으로 일일정산(daily marked to market)된다. 이는 선물거래를 통하여 손실이 발생하는 경우 거래자의 계좌에서 현금이 (자동적으로) 인출되며, 이익이 발생하는 경우 해당 계좌에 현금이 입금된다. 거래자의 계좌에는 손실이 발생한다면 해당 금액이 인출될 수 있도록 일정한 규모의 보증금, 즉 증거금이 필요하다.

계약자는 선물거래에서 증거금(margin)을 납입한다. 증거금은 위탁증거금(customer's margin)과 매매증거금(member's margin)이 있다. 위탁증거금은 개시증거금(initial margin), 유지증거금(maintenance margin), 그리고 추가증거금(variation margin 혹은 변동증거금)이 있다. 개시증거금을 본인 계좌에 납입으로 선물거래가 시작한다. 매매증거금은 중개회사가 위탁증거금의 일부를 청산소에 납입하는 것을 의미하며, 청산소의 역할은 추가로 설명할 예정이다.

계좌에 증거금의 경우 일일정산이 되며 일정 잔액이 유지되어야 한다. 이로 인하여 유지증거금과 추가증거금도 필요하다. 선물계약을 체결한 이후에는 일정 범위(예) 계약금액의 15%)의 유지증거금을 납부한다. 만일 선물계약에서 손실이 발생하여 특정 수준(보통 10%) 이하로 증거금이 감소하면, 변동증거금을 유지증거금 수준으로 추가 납부해야 한다. 그리고 변동증거금을 납입하는 연락을 마진 콜(margin call)이라고 한다.

표 16-2_ 위탁증거금 유형

개시증거금	최초 계약 매매시점에 납부하는 증거금, 예) KOSPI 200은 15%
유지증거금	계약유지를 위한 최소 증거금, 예) KOSPI 200은 10%
추가증거금	계약보유에 따른 손실발생 시 납부하는 증거금

그림 16-3_ 선물거래의 구조도

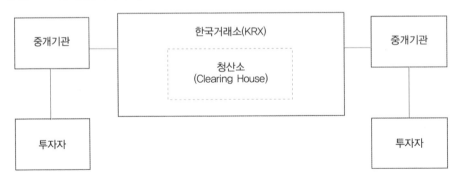

<그림 16-3>에서 청산소(clearing house)의 경우 선물거래의 이행을 보증하고 정산한다. 청산소는 거래소와 별개로 혹은 거래소 내부에 설치될 수 있다. 주요 역할은 개시증거금과 변동증거금을 결정하고, 선물계약을 종료하여 계

약을 청산하는 기능을 한다. 거래소에서는 각종 거래와 관련된 정책을 결정하고, 선물계약에서 매매의 중개를 담당하며, 시장의 조성자 역할을 수행한다.

사례

한국거래소에서 돼지가격을 기초로 발행된 돈육선물을 살펴본다. 돼지고기, 즉 돈육에 대한 선물은 사전에 약속된 (미래) 특정시점에 1계약당 1,000kg에 해당하는 돈육의 대표가격을 사거나 팔 것을 약정하는 거래이다.

돈육선물의 경우 다른 선물과 마찬가지로 만기에 실제 실물, 즉 돼지를 사거나 팔지는 않는다. 돈육선물의 결제월은 예를 들어 7월 말을 기준으로 8월, 9월 그리고 10월, 11월, 12월, 그리고 1월물이 상장되어 거래된다. 최종결제일은 최종거래일+2일이다(증권선물거래소, 2008).

돈육선물의 계약명세

거래대상	돈육대표가격(산출기관: 축산물품질평가원)
계약크기	1,000kg
결제월	분기월 중 2개와 그 밖의 월 중 4개
최장거래기간	6개월
가격의 표시	원/kg
호가가격단위	5원
최소가격변동금액	5,000원(1,000Kg×5원)
거래시간	10:15~15:45(최종거래일)
최종거래일	각 결제월의 세 번째 수요일
최종결제일	결제월의 최종거래일부터 기산하여 3일째 거래일
결제방법	현금결제
가격제한폭	기준가격 대비 상하 ± 21%

자료: 한국거래소.

4. 옵션계약(option contract)

1) 옵션계약

옵션에서는 옵션 매수자가 유리하면 계약에 따라 거래를 진행하고, 불리한 경우 동 거래를 하지 않을 수 있는 권리를 보유한다. 즉 살 수 있는 권리(the right to buy)를 의미하며, 동 권리는 옵션 계약에 근거한다. 앞의 쌀의 거래에서 농부는 팔 수 있는 권리(the right to sell)의 계약을 체결하였고, 이것을 풋 옵션이라고 지칭하였다. 하지만 살 수 있는 권리(the right to buy)는 콜 옵션이다. 이와 같은 콜 옵션 매수자의 만기 이익은 <그림 16-4>의 왼쪽 그림과 같다. 오른쪽 그림은 농부의 경우 풋 옵션 매수자일 것이다.

그림 16-4_ 콜옵션과 풋옵션 매수자의 손익

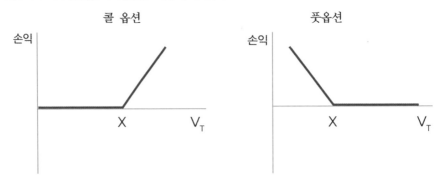

따라서 콜 옵션의 만기시점에 내재가치(intrisic value)

$$C_T = \max\{V_T - X, 0\} \tag{1}$$

로 만일 $V_T \geq X$이면 $C_T = V_T - X$ 이지만, $V_T \leq X$이면 $C_T = 0$이다. 수식 (1)은 만기시점의 가치이고, 만기 이전에는 이에 대한 예상을 추정할 수 있다. 차별적으로 풋 옵션의 내재가치는

$$P_T = \max\{0, X - V_T\} \tag{2}$$

이다.

　여기에서 농부와 상인의 관심은 서로 다르다. 즉 농부는 풋 옵션에 대한 매수 포지션 혹은 롱 포지션을 소유하고 싶어 한다. 반면 상인은 콜 옵션에 대한 매수 포지션 혹은 롱 포지션을 소유하고 싶어 한다. 이와 같이 서로 원하는 포지션을 행사하기 위해서 비용이 소요되며, 이와 같은 비용을 일명 옵션 가격(option price) 또는 프리미엄(premium)이라고 한다. 물론 공짜인 점심은 없다.

　시장에서는 미래 쌀의 가격변화에 대하여 투자자들이 서로 다른 생각을 가지고 있을 수 있다. 일부는 쌀의 가격이 하락한다고 확신하는 투자자도 있고, 반대로 쌀의 가격이 상승한다고 확신하는 투자자도 있다. 쌀 가격의 하락을 확신하는 투자자는 상인으로부터 옵션 프리미엄을 받고, 상인과 반대 포지션을 취할 것이다. 쌀 가격의 상승은 불가능하다고 믿고 있는 투자자는 쌀 가격의 하락시 어떤 손실도 보지 않으므로 상인과 반대 포지션을 취하면서 프리미엄을 받아 이익을 향유한다. 그러나 만일 가격이 상승하는 경우 보상체계는 달라질 수 있다. 따라서 이들의 만기의 보상은 <그림 16-5>의 왼쪽 그림이다.

그림 16-5_ 콜옵션과 풋옵션 매도자 포지션의 손익

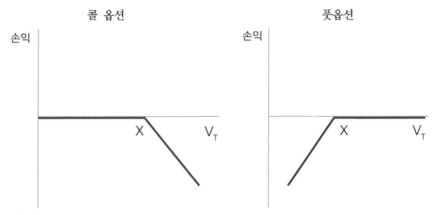

　반대로 쌀 가격의 상승을 예상하는 투자자는 옵션 프리미엄을 받고, 농부와 반대 포지션을 취할 것이다. 쌀 가격의 하락은 불가능하다고 확신하는 투자자들은 계약 당시 생각하기를 쌀 가격이 상승한다면 어떤 손실도 보지 않기 때문

에 가격에 대한 이익이 있다고 생각한다. 이들의 만기의 보상은 <그림 16-5>의 오른쪽이다.

여기에서 콜 옵션의 매수 포지션과 매도 포지션을 합하는 경우 가격의 변화에 따라 서로의 보상은 일정하게 유지된다. 그리고 이는 풋옵션도 마찬가지이다. 옵션가격을 고려하는 경우 각 포지션의 보상은 <그림 16-6>과 같이 변화한다. 여기에서 옵션가치 만기까지 가치변화가 없다고 가정하고 있으며, 가치변화가 있더라도 계산이 다소 복잡할 수 있지만, 동일한 논리가 적용된다.

그림 16-6_ 옵션 프리미엄을 고려한 포지션의 손익

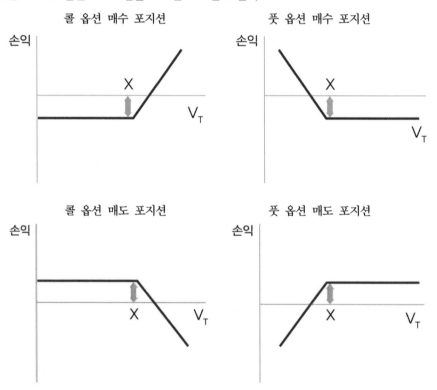

옵션거래의 경우 기초자산으로 일반적인 자산과 더불어 파생상품도 옵션거래의 기초자산이 될 수 있다. 일반적인 자산을 기초로 한 옵션을 현물 옵션, 선물을 기초로 한 옵션을 선물옵션이라고 지칭한다.

상품의 만기도 주요한 관심의 대상이다. 앞의 쌀의 거래사례와 같이 미래 특정 시점에 거래할 수 있는, 즉 만기가 정해진 옵션을 유러피언 옵션(European option) 그리고 만기의 범위에서 언제나 거래를 할 수 있는 옵션을 아메리칸 옵션(American option)이라고 한다.

콜옵션의 경우 만기이전에 기초자산의 현재 t시점의, 즉 V_t 여기에서 $t \leq T$라고 하면 만일 현재 기초자산의 가격이 행사가격보다 높으면 내가격 흔히 in the money, 서로 동일하다면 등가격, 즉 at the money, 그리고 기초자산의 가격이 행사가격보다 낮다면 외가격, 흔히 out of the money라고 지칭한다.

콜옵션의 내가격, 외가격, 등가격의 구간은 <그림 16−7>에서 확인할 수 있다. 옵션의 행사를 통하여 양의 가치를 도출하면 내가격, 옵션의 행사를 통하여 음의 가치를 도출하면 외가격, 그리고 이외의 경우 등가격이라고 한다.

그림 16-7_ **콜옵션의 내가격, 외가격, 등가격**

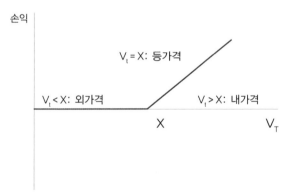

풋옵션의 경우 콜옵션과 서로 내가격과 외가격이 다르며, 이를 정리한 것이 <표 16−3>이다.

표 16-3_ **콜옵션과 풋옵션의 가격**

	콜옵션	**풋옵션**
$V_t > X$	내가격	외가격
$V_t = X$	등가격	등가격
$V_t < X$	외가격	내가격

2) 옵션 가치를 결정하는 주요 요인

옵션의 가치는 다양한 요인에 의해 영향을 받는다. 거래구조와 연관하여 주요한 요인을 살펴보자. 그리고 옵션의 (만기에) 보상과 옵션의 가격(혹은 가치)은 차등적인 개념이다. 옵션의 보상구조를 기반으로 옵션의 가격이 결정된다.

기초자산 가격은 옵션의 가치를 결정하는 요인이다. 자산가격 변화로 옵션이 거래되고, 자산가격이 상승하는 경우 콜 옵션 가치는 상승한다. 하지만 풋 옵션 가치는 하락한다. 여기에서 다른 결정요인은 변화하지 않는 동일한 상황에서 기초자산의 가격상승에 따른 각각의 옵션 가치의 변화를 의미한다.

기초자산 가격의 변동성도 옵션의 가치를 결정하는 요인이다. 만일 가격의 변동성이 높은 경우 만기에 기초자산의 가격이 크게 변화할 수 있어 확률적으로인 개념으로 분포가 널리 퍼져 분포할 수 있어 옵션의 가치는 높게 형성된다. 기초자산의 변동성이 확대되는 경우 옵션의 가치는 상승한다. 이는 옵션의 기본 위험관리의 역할을 감안한다면 쉽게 이해가 된다. 즉 미래 기초자산의 가격이 변화할 가능성이 높으면 높을수록 옵션을 통하여 위험을 관리할 수 있는 가능성을 확대하여 옵션의 가치는 상승한다.

그림 16-8_ 기초자산의 변동성이 확대되는 경우 콜옵션 보유자의 보상

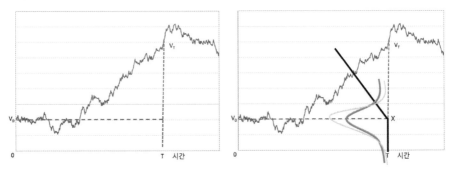

주: 오른쪽 도표에서 상대적으로 더욱 진한 파란색 정규분포는 만기 변동성의 확대를 의미하는 분포임. 검은 실선은 콜옵션 보유자의 보상임

행사가격도 옵션의 가치를 결정하는 원인이다. 다른 요인이 고정되었을 때 행사가격의 상승은 콜 옵션 보유자의 보상을 감소시킨다. 이로 인하여 행사가

격의 상승은 콜 옵션의 가치를 상승을 유발하고, 반대로 풋옵션 가치의 하락을 유발한다. 동 사례도 <그림 16-8>에서 행사가격을 조정하여 이해할 수 있다.

만기도 옵션가치를 결정하는 중요한 요인이 된다. 유러피안 옵션은 옵션 보유자가 만기에 권리를 행사하지만, 아메리칸 옵션은 옵션 보유자가 만기의 범위 내에서 권리의 행사가 가능하다. 따라서 일반적으로 만기가 길어지면 질수록 옵션가치는 상승한다.

옵션가치는 무위험 이자율의 변화에도 영향을 받는다. 이는 현재 가치와 미래가치를 연결하는 이자율의 경우, 자산가치에 영향을 주기 때문이다. 기초자산의 현재 가격과 더불어 행사가격에 대한 현재의 평가에도 영향을 준다.

그 외 다양한 시장요인과 시장 참여자의 유형과 위험에 대한 태도, 그리고 다른 시장과의 관계도 물론 옵션의 가치에 영향을 줄 수 있다.

연습문제

1. 파생상품의 기초자산이 되는 자산을 조사하시오.

2. 선물의 기초자산 가운데 가장 흥미로운 자산을 선정하고 동 자산이 거래되기 위한 요건을 조사하시오.

3. 풋 옵션과 콜 옵션의 차이를 설명하시오.

4. 선도거래와 선물거래의 차이를 설명하시오.

5. 선물거래에서 일일정산이란 무엇인지 설명하시오.

6. 선물거래에서 개시증거금, 유지증거금, 그리고 추가증거금은 무엇인가 설명하시오.

7. 유러피안 옵션과 아메리칸 옵션의 차이를 설명하시오.

8. 내가격과 외가격을 설명하시오.

찾아보기

저자약력

유승동

캐나다 University of British Columbia, Sauder School of Business, Strategy and Business
　Economics Division 박사
미국 Cornell University, Baker Program in Real Estate 석사
서강대학교 경제학과 석사, 학사

현) 상명대학교 경제금융학부 교수 및 부동산학과 학과장
전) 캐나다 UBC Centre for Urban Economics and Real Estate 방문교수
전) 서강대학교 경제학부 대우교수
전) 서울과학기술대학교 주택대학원 겸임교수
전) 상명대학교 웰스매니지먼트학과 학과장
이메일: peter.you@live.com
홈페이지: www.peteryou.co.kr

자산투자의 이해

초판발행	2023년 2월 20일
지은이	유승동
펴낸이	안종만 · 안상준
편 집	배근하
기획/마케팅	장규식
표지디자인	BEN STORY
제 작	고철민 · 조영환
펴낸곳	(주) **박영사**
	서울특별시 금천구 가산디지털2로 53, 210호(가산동, 한라시그마밸리)
	등록 1959. 3. 11. 제300-1959-1호(倫)
전 화	02)733-6771
f a x	02)736-4818
e-mail	pys@pybook.co.kr
homepage	www.pybook.co.kr
ISBN	979-11-303-1656-7 93320

정 가   24,000원